国家文化产业资金支持媒体融合重大项目
21世纪高职高专精品教材·经济贸易类

进出口贸易实务

JINCHUKOU MAOYI SHIWU

（第四版）

余心之 编著

东北财经大学出版社
Dongbei University of Finance & Economics Press
大连

图书在版编目（CIP）数据

进出口贸易实务 / 余心之编著. —4版. —大连：东北财经大学出版社，2019.2（2021.1重印）
（21世纪高职高专精品教材·经济贸易类）
ISBN 978-7-5654-3466-2

Ⅰ. 进… Ⅱ. 余… Ⅲ. 进出口贸易-贸易实务-高等职业教育-教材
Ⅳ. F740.4

中国版本图书馆CIP数据核字（2019）第031067号

东北财经大学出版社出版
（大连市黑石礁尖山街217号 邮政编码 116025）
网 址：http://www.dufep.cn
读者信箱：dufep@dufe.edu.cn
大连图腾彩色印刷有限公司印刷 东北财经大学出版社发行

幅面尺寸：185mm×260mm 字数：338千字 印张：14.5
2019年2月第4版 2021年1月第6次印刷

责任编辑：张晓鹏 孟 鑫 石建华 责任校对：何 荔
龚小晖 徐 群
封面设计：张智波 版式设计：钟福建

定价：32.00元

教学支持 售后服务 联系电话：（0411）84710309

如有印装质量问题，请联系营销部：（0411）84710711

第四版前言

在当今经济全球化的大潮推动下，国际贸易已成为世界各国政治、经济、文化交往的重要领域和平台，成为人们社会经济生活中不可缺少的内容。

本次修订在保持前三版体例、框架不变的基础上，对相关内容进行了必要的更新，增加并完善了实践教学案例，对前三版文字方面的表述做了进一步的调整，以满足职业技能训练的要求。

本书第四版主要特色如下：

（1）可读性强。本书采用统一的体例，每章开篇有明确的学习目标；由引例导出正文，同时辅以案例分析、业务流程图、小资料等栏目，丰富教材内容；在每章章尾设置拓展阅读以及习题和实践训练。在保证教材内容科学性、严谨性的前提下，兼顾了教材的信息量和生动性，具有较强的可读性。

（2）内容新颖。本书结合当前外贸企业的实际运作，依据最新修订的国际贸易惯例和有关法规，从国际货物买卖合同入手，以合同标的、贸易术语与价格、货物交付与保险、货款支付等合同交易条件为主线，对整个贸易流程所涉及的业务环节进行分析与阐述，力求适应国际贸易迅速发展的需要，内容新颖并具有一定的前瞻性。

（3）注重实用性。本书在写作过程中尽量避免烦琐的文字描述，注重简洁明了的案例分析和实践操作，将国际法规和贸易惯例以小资料的形式嵌入文中，画龙点睛，使读者在学习的过程中有的放矢，突出实践能力的培养和锻炼。

（4）二维码应用。本书第四版将各章的小资料部分以二维码的形式体现，读者可通过扫描二维码了解相关内容。

本书自2007年8月出版以来，深受广大职业院校师生、外经贸工作人员的欢迎，在此深表谢意。由于编者水平有限，书中难免存在疏漏和不足之处，恳请各位专家、同仁和朋友一如既往地对本书予以支持和批评指教。

余心之

2019年1月

于大连职业技术学院

目　　录

第1章

国际货物买卖合同

● 学习目标

在学习完本章之后，你应该能够：

了解：国际货物买卖合同的概念及其在进出口业务中的作用；

明确：法律冲突与法律适用的内涵；

熟知：国际货物买卖合同适用的法律；

掌握：国际货物买卖合同的结构和内容。

【引例】

4月4日，美国C公司向我F公司发来出售鱼粉的实盘，并规定于当天下午5时前答复有效。该实盘主要内容是：秘鲁或智利鱼粉，数量10 000公吨，允许5%溢短装，价格条款为每公吨483美元CFR上海，交货期为5—6月，信用证付款，还有索赔及其他条款。当天，F公司回电，要求C公司将价格降至每公吨480美元，同时对索赔条款提出了修改意见，并明确指出："以上两点如同意，请速告，并可签约。"4月5日，C公司与F公司直接通过电话协商，双方各做了让步，F公司同意接受每公吨483美元的价格，但坚持修改索赔条款，即"货到45天内，经中国商检机构检验后，如发现问题，在此期限内提出索赔。"至此，双方口头上达成了一致意见。4月7日，C公司在给F公司的电传中，重申了实盘的主要内容和双方电话协商的结果。同日，F公司回电传给C公司，并告知由F公司的部门经理某先生在广交会期间直接与C公司签署合同。

4月22日，C公司副总裁来广交会会见了F公司部门经理，并交给他C公司已签了字的合同文本。该经理表示要审阅后再签字。

5月2日，C公司致电给F公司，要求其开立信用证。

5月3日，F公司回电称：该公司部门经理某先生4月22日在接到合同文本时明确表示："须对合同条款做完善补充后，我方才能签字。"在买卖双方未签约之前，不存在买方开信用证问题。5月5日，C公司致电传给F公司，辩称，双方之间有约束力的合同仍然存在，要对所受损失保留索赔的权利。

问题：

1. 双方于4月5日通过电话协商达成一致意见是否表示合同已于此时成立？

2. F公司要求签署书面合同是否仅仅是一种形式而不会影响合同的有效成立？

此案例涉及合同的订立形式以及合同是否有效成立，纠纷解决的关键在于适用的法律。用什么法律作为解决争议的依据，要由法律适用规范或冲突规范来决定。应根据法律适用规范，确定用来解决进出口贸易争议的某个实体法。本章要阐述的问题就是，如果贸易合同没有确定所适用的法律，用哪国法律来解决争议。

● 1.1 国际货物买卖合同概述

在进出口业务中，合同具有十分重要的作用。合同是当事人之间相互约定的各自的行为准则，合同内容的严密性对于争议的防范与处理有着重要的意义。在业务活动的各个具体环节上，几乎都是通过合同这种形式将有关当事人联系起来的。他们各自按照规定的义务执行合同，从而使整个业务活动有序地运行。

1.1.1 国际货物买卖合同的概念

国际货物买卖合同，也称国际货物销售合同（Contracts for the International Sale of Goods，Contract of International Sales），是指营业地处于不同国家或地区的当事人之间所达成的、以买卖货物为目的的协议。就一国而言，国际货物买卖合同是该国企业与他国企业订立的有关货物进口或出口的合同。

国际货物买卖合同具备两项基本特征：

（1）此类合同属货物买卖合同，受各国民商法管辖。

（2）合同当事人通常分属不同国籍，或虽属同一国籍，但营业场所却分设于不同国家或地区，因此，若发生合同争议，就可能产生法律冲突。

各国民商法存在差异，在某些方面存在严重分歧。这不仅表现在大陆法系和英美法系之间，而且表现在，即使同属一个法系的国家之间（如美国和英国），对许多具体问题的规定和解释也不尽相同。如何处理进出口业务活动涉及的合同纠纷遂成为复杂的法律问题。

小资料1-1：大陆法系与英美法系

1.1.2 国际货物买卖合同适用的法律

进出口贸易活动不仅是一种经济活动，而且是一种法律行为。国际货物买卖合同与其他经济合同一样，不仅体现了双方当事人的买卖关系即经济关系，而且也体现了双方当事人的法律关系，需要运用法律调整当事人之间的关系。因此，订立和履行国际货物买卖合同，必须使其符合法律规范。

国际货物买卖合同适用的法律，概括起来有三种：国内法、国际条约或公约、国际贸易惯例。

1）国内法

国内法是指由国家制定或认可并在本国主权管辖范围内生效的法律。一般而言，世界各国在制定有关贸易的法律时不对国内贸易和国际贸易分别立法，即其有关贸易的法律既适用于国内贸易，也适用于国际贸易。但在司法实践中，还是存在着国内与国际的差别，主要表现为：作为国内贸易法，是一种强制性的法规；而作为国际贸易法，则在很大程度上以贸易当事人的意思自治为原则。

(1) 大陆法系国家的贸易法

欧洲的大陆法系国家，大多把有关贸易的法律编入民法典内，作为民法典的一个组成部分。如法国《民法典》第3篇第6章，德国《民法典》第2篇第2章，日本《民法典》第2章第3节，都对贸易双方的权利、义务做出了具体规定。这些国家除《民法典》外还有《商法典》，专门就商事行为、海商、保险、票据或公司等方面的法律分别做出具体的规定。这些国家采取民法与商法分立的做法，把民法与商法分别编纂为两部法典，以民法为普通法，以商法作为民法的特别法。民法的一般原则可以适用于商事活动，而凡属商法另有特别规定的事项，则应适用商法的有关规定。但是，也有一些大陆法系国家采取民法、商法合一的形式，只有民法典而没有单独的商法典。例如，意大利就只有民法典，瑞士只有债务法典。

(2) 英美法系国家的贸易法

英美法系各国，原则上不存在民法与商法的区分。在英美法系国家既没有民法典，也没有大陆法意义上的商法典。这些国家的贸易法由两个部分组成：一是普通法，即由法院以判例形式所确立的法律原则，属于不成文法；二是成文法或称制定法，即有关货物贸易的立法。

英国最早的调整货物买卖的成文法是《1893年货物买卖法》(Sale of Goods Act, 1893)，该法实际是判例法的成文化。后来英国在1979年制定了《1979年货物买卖法》，并于1994年修订为《1994年货物买卖与供应法》，适用范围扩大，不仅包括货物买卖，还包括货物供应，但关于货物买卖的规定没有多大变化。在美国，有关货物买卖的成文法是《统一商法典》(Uniform Commercial Code，UCC)，它由调整商事交易不同过程的规范组成。该法典于1952年正式公布，其后曾做过多次修订，现使用的是1977年公布的文本。该法典不是美国联邦法律，而是由民间组织起草制定、供各州采用的示范法。在美国，有关商事交易的法律是由州法调整的，所以各州对于是否采用《统一商法典》有完全的自主权。由于《统一商法典》能够适应当代美国经济发展的要求，因此现在美国50个州中，除了保持大陆法传统的路易安斯那州之外，其他各州均已通过本州的立法程序采用了《统一商法典》，使它成为本州的法律。

(3) 我国有关货物贸易的法律

我国有关货物贸易的法律主要是1999年10月1日起施行的《中华人民共和国合同法》，统一适用于国内买卖合同和国际买卖合同。按照我国法律，订立合同（包括涉外合同）必须遵守中华人民共和国法律，即使依照法律规定适用外国法律或者国际惯例的，也不得违反中华人民共和国的社会公共利益。但是，由于国际货物买卖合同的当事人所在的国家不同，他们各自又都要遵守所在国的国内法，而不同的国家往往对同一问题的有关法律规定不相一致，因而一旦发生争议引起诉讼时，就会产生究竟应适用何国法律的问题。为了解决这种“法律冲突”，通常采用在国内法中规定冲突规范的办法。我国法律对涉外经济合同的冲突规范也采用上述国际通用规则，并在《中华人民共和国合同法》第126条中做了原则规定：“涉外合同的当事人可以选择处理合同争议所适用的法律，但法律另有规定的除外。涉外合同的当事人没有选择的，适用与合同有最密切联系的国家法律。”据此，除法律另有规定外，我国当事人只要与国外当事人取得协议，就可在合同中选择处理合同争议所适用的法律或国际条约，既可选择按我国法律，也可选择按对方所在国法律或双方同意的第三国法律或者有关的国际条约。如果当事人未在合同中做出选择，则当争议发生时，由受理合同争议的法院或仲裁机构依照法院或仲裁机构视交易具体情况认定的"与合同有最密切联系的国家"的法律进行处理。

2）国际条约或公约

国际货物买卖合同的订立和履行还必须符合当事人所在国缔结或参加的与合同有关的双边或多边国际条约。国际条约是两个或两个以上主权国家为确定彼此的政治、经济、贸易、文化、军事等方面的权利和义务而缔结的诸如公约、协定、议定书等各种协议的总称。目前与我国对外贸易有关的国际条约，主要是我国与其他国家缔结的双边或多边的贸易协定、支付协定，以及我国缔结或参加的有关国际贸易、海运、陆运、空运、工业产权、知识产权、仲裁等方面的协定或公约。而其中与我国进行货物进出口贸易关系最大亦是最重要的一项国际条约，是自1988年1月1日起正式生效的《联合国国际货物销售合同公约》（United Nations Convention on Contracts for the International Sale of Goods，CISG）。

《联合国国际货物销售合同公约》（以下简称《公约》）是联合国国际贸易法委员会在1964年海牙会议上通过的由国际统一私法研究所拟订的两个统一法，即《国际货物买卖统一法》（The Uniform Law on International Sale of Goods）和《国际货物买卖合同订立统一法》（The Uniform Law on the Formation of Contracts for the International Sale of Goods）的基础上，广泛听取了各方面的意见，经过认真研究、准备和草拟，然后将上述两个统一法加以合并，于1980年4月在维也纳召开的，包括世界上所有主要的贸易国在内的62个国家的代表参加的外交会议上讨论修改后通过的。

我国政府派代表参加了1980年的维也纳会议，对公约的定稿和通过做出了一定贡献，并于1986年12月向联合国秘书长递交了对《公约》的核准书，成为最早加入联合国公约的缔约国之一。但是，我国在核准《公约》时，根据我国当时的具体情况对《公约》提出了两项保留：其一是关于《公约》适用范围的保留，即我国不同意扩大《公约》的适用范围，我国只承认《公约》的适用范围限于营业地分处于不同缔约国的当事人之间所订立的货物买卖合同；其二是关于合同形式的保留，即我国企业对外订立、变更或终止国际货物买卖合同都应采取书面形式。2013年1月，中国政府正式通知联合国秘书长，撤回对《联合国国际货物销售合同公约》所做"不受公约第十一条及与第十一条内容有关的规定的约束"的声明，该撤回已正式生效，即销售合同无须以书面订立或书面证明，在形式方面也不受任何其他条件的限制。销售合同可以用包括人证在内的任何方法证明。

《中华人民共和国民法通则》（以下简称《民法通则》）第142条明确规定："中华人民共和国缔结或者参加的国际条约同中华人民共和国的民事法律有不同规定的，适用国际条约的规定。但中华人民共和国声明保留的条款除外。"由此可见，根据"条约必须遵守"的原则，在法律适用的问题上，国家缔结或参加的有关国际条约或公约，除国家在缔结或参加时声明保留的条款以外，优先于国内法。

小资料1-2：《公约》的补充法规

3）国际贸易惯例

国际贸易惯例（International Trade Practice），或称国际商业惯例（International Commercial Practice），是指在国际贸易的长期实践中逐渐形成的，为大多数国家所认可的有确定内容的一些贸易习惯和一般做法。国际贸易惯例通常是由国际性的组织或商业团体制定的有关国际贸易的成文的通则、准则和规则。

国际贸易惯例虽然有确定的内容，可以作为行为规范使用，但不是国际法律，也不是某一国的国内法，因此，对国际贸易活动中的行为当事人不具有法律的强制性和约束力。只有当事人双方经过协商选用某一国际贸易惯例，并在合同中明确规定时，这一国际贸易惯例才具有约束力。因此，当事人在采用惯例时，可以对惯例的某项或某几项具体内容进行更改或补充。如果在国际货物买卖合同中做了与惯例不符的规定，在解释合同当事人义务时，以合同规定为准。

值得注意的是，国际贸易惯例虽然不是国际性法律，但却是重要的法律渊源之一。某些规则或解释经过长时期的运用和发展，逐渐成熟、定型，被列入法典当中，成为法律条款。还有些惯例成为国际上或某些国家之间签订的条约和协定的内容，这些惯例就升格为法律规定了。

在发生贸易纠纷时，国际贸易惯例可以作为解决纠纷的依据。如果合同中没有注明适用何种法律，对发生争执的有关问题也未做出明示或暗示的规定，则仲裁机构可以援引某一国际贸易惯例衡量当事人的权利和义务，以此作为依据进行裁决。

在实践中，国际贸易惯例通常能被大多数国家的贸易界人士所熟知，并能普遍地被他们所接受、应用和遵守。例如，国际商会制定的《国际贸易术语解释通则》、《托收统一规则》和《跟单信用证统一惯例》就是被世界上大多数国家的贸易商和银行广泛使用的国际贸易惯例。

我国《民法通则》第142条明确规定："中华人民共和国法律和中华人民共和国缔结或参加的国际条约没有规定的涉外民事关系，可以适用国际惯例。"

● 1.2　国际货物买卖合同的内容

1.2.1　合同的种类

合同必须符合法律规定的形式。在我国进出口贸易中，最常用的合同形式是销售合同和销售确认书。一般情况下，各出口企业都使用事先印制的有固定格式的合同，合同由买卖双方确认无误后会签，然后各执正本一份据以执行。

1）销售合同（Sales Contract）

销售合同又称买卖合同，是买卖双方就某项交易达成协议后为确定彼此的权利、义务、责任、豁免而订立的书面文件。销售合同具有法律效力，履约过程中若发生争议，销售合同即成为解决争议的书面证明。

根据《中华人民共和国合同法》和《联合国国际货物销售合同公约》的规定，买卖合同无须以书面订立或书面证明，在形式方面也不受任何其他条件的限制。但在实践中，以书面方式缔结合同仍然是最普遍的做法。

正式的书面合同格式由约首、正文、约尾三部分组成。通常正本一式两份，由买卖双方签字生效。

销售合同的内容比较全面，合同正面和背面的各项条款分别对买卖双方的权利、义务、责任、豁免以及争议的处理方法等诸多事项做出详细规定。

使用正式的销售合同格式对明确买卖双方责任，避免合同争议是有利的。大宗商品交易及各类大额交易应采用正式的销售合同格式。

2）销售确认书（Sales Confirmation）

销售确认书的内容较正式合同简略，通常只包括交易的主要条件。但销售确认书在法律上与正式合同具有同等效力。

销售确认书适用于内容简单、金额不大、成交零散的交易，或者代理、包销等长期贸易方式协议下的逐笔交易。

销售确认书虽然格式简单，但其主要交易条件仍然是完整而明确的，也是由约首、正文和约尾三部分组成。

除上述两种主要的合同格式外，实际工作中使用的书面合同还包括协议（Agreement）、备忘录（Memorandum）、意向书（Letter of Intent）、订单（Order, Indent）等。

一份合同在法律上是否有效不能单纯依据名称加以判断。只要其内容具备合同成立的基本要件，即使名称中没有“Contract”或“Agreement”字样，也可视为有效合同。

销售确认书样例

销售确认书

SALES CONFIRMATION

编号 No.

日期 Date

买方

Buyer: ______________________

地址

Address: ______________________

电话 传真

Tel: ______________________Fax: ______________________

兹经买卖双方同意成交下列商品并订立条款如下：

The undersigned Sellers and Buyers have agreed to close the following transaction to the terms and conditions stipulated below:

货物名称及规格 NAME OF COMMODITY AND SPECIFICATION	数量 QUANTITY	单价 UNIT PRICE	金额 AMOUNT
总值 TOTAL VALUE			

装运

SHIPMENT

付款条件

PAYMENT

包装

PACKING

唛头

MARKS & NOS.

保险

INSURANCE

买方（签章） 卖方（签章）

THE BUYER THE SELLER

1.2.2 合同的格式和内容

出口合同的基本格式可分为约首、正文、约尾三大部分。

1）约首（Head of Contract）

约首通常包括合同名称、合同编号、订约日期、订约地点、订约双方、合同序言等事项。

（1）合同名称（Title）。实际使用的出口合同主要使用两种名称，即销售合同（Sales Contract）和销售确认书（Sales Confirmation）。此外，合同还有多种表述方式，例如："Sales Agreement""Sales Note""Order Sheet" "Indent" "Memorandum""Letter of Intent"等。

（2）合同编号（Contract No.）。它可根据企业的实际需要自行编制，最后形成一定的次序，以方便业务联系、档案管理和日后核查。日常工作中，撰写函电、开立信用证、制单、制唛等业务环节都需引用合同编号。应注意的是合同编号不能重复使用，否则在出口退税等环节将会产生麻烦。

（3）订约日期（Date of Contract）。买卖合同文句多以订约日期开头，例如："This Contract is made and entered in Dalian on 10th of November, 2018."（本合同于2018年11月10日在大连制定并签署。）

订约日期有时也置于合同末端签名栏处。订约日期原则上被视为合同生效日期(Effective Date)，但也有一些例外。有时合同的订约日期对确定合同有效性也可能起到证据作用。

（4）订约地点（Place of Signing)。其规定可能关系到合同的法律适用。如合同未明确规定准据法（Governing Law）或诉讼管辖权（Jurisdiction)，订约地就将成为确定合同适用法律的重要依据。

实践中，根据不同情况和需要，订约地点可规定为中国或出口公司所在地。出访小组在国外签订的合同可订为出访国或出访地，或略而不提。

（5）订约双方（Parties)。买卖双方的名称应使用全名（Full Name）以表明其法律身份。当事人名称如在合同中反复出现，为简化起见，除在约首部分使用全称外，正文可使用简称。为此，应在约首部分当事人全称后加注简称。例如："ABC Import and Export Company（hereinafter called Seller)，DEF Trading Co.Ltd.（hereinafter called Buyer）"。

双方当事人的地址也要详细列明。合同当事人的地址除识别当事人之用外，在发生纠纷时还可作为确定诉讼管辖的重要依据。

进口方的名称、地址一般是与出口商直接磋商交易的对象的名称、地址。填写客户名称时要注意准确无误，以免日后产生麻烦。

（6）合同序言（Preamble of a Contract)。其声明双方订立合同的意愿和执行合同的保证。例如："This Contract is entered into the 10th day of November, 2018 between ABC Trading Co.Ltd.（hereinafter called "Seller"），who agrees to sell, and DEF Trading Co.Ltd.（hereinafter called "Buyer"） who agrees to buy the following goods on the following terms and conditions."（ABC贸易公司（卖方）和DEF贸易公司（买方），于2018年11月10日缔结合同。买卖双方同意根据下列条款买卖货物如下。）

销售确认书的序言内容较为简单。例如："We confirm having sold to you the following goods on terms and conditions set forth below."（我方确认根据以下条款向贵公司销售下列货物。）

2）正文（Body of Contract）

（1）合同正文的基本内容。合同正文是合同内容的主体，其中具体规定了买卖双方的权利、义务、责任、豁免。

一般说来，合同正文应具备下列基本内容：①合同的标的，主要包括货物的名称、质量、数量和包装。②货物的价格，通常包括货物的单价和总金额，或确定价格的方法，有时还规定有关价格调整条款。③卖方的义务，主要是何时、何地以何种方式交付货物，移交与货物有关的单据和转移货物的所有权。④买方的义务，主要涉及何时以何种方式支付货物价款和收取货物。⑤争议的预防与处理，主要包括商品检验、索赔、不可抗力、仲裁等事项的规定。

上述内容在合同中表现为主要交易条件和一般交易条件。合同各项交易条件的具体内容将在相关章节详细介绍。

（2）拟定合同正文应注意的问题。其包括：①各项条款的内容要明确、完整、肯定；②各项条款的内容不能相互矛盾。

3）约尾（End of Contract）

约尾部分包括合同的生效、合同条款的变更、合同的文字和效力、合同附件的名称与效力、双方当事人签字等项。

（1）合同的生效。部分合同因当事人双方约定或基于政府法令的规定，使得合同的生效日期与签约日期不尽相同，对此应予以说明。例如："This agreement takes effect from the date of approval on this agreement by the Department of Commerce of the Chinese government."（本合同自中国商务部批准之日起生效。）

（2）合同条款的变更。根据国际公约与各国合同法的一般精神，合同的成立及修改不拘于书面或口头形式。但一般而言，国际贸易合同多做成书面形式以避免争议。合同修改通常采取书面形式，对此可在合同中明确规定。例如："This agreement must not be changed, modified or amended by the parties of this contract provided that such change, modification or amendment must be in writing and be signed by both parties."

（3）合同的文字与效力。使用双方当事人同意的文字所签订的合同称为合同正本（Original Text, Authentic Text）。国际贸易合同多以英文缔结，因此合同中常注明"This agreement is written in English"，以此表明合同以英文文本作为正本。

当合同以两种不同文字做成（如中英文），并规定两种文本均为正本时，二者之间可能发生内容上的歧义。对此应予明确规定，例如："Authentic Text: The present contract is drawing in duplicate in the Chinese and English languages. All two texts being equally authentic.In case of any divergence of interpretation, the English text shall prevail."（正式文本：本合同使用中英两种文字，两种文本同等有效。如发生解释分歧，应以英文文本为准。）

（4）合同附件的名称与效力。例如："The annexes as listed in Article 16 to this Contract shall form an integral part of this Contract."（本合同第16条所列的附件为本合同不可分割的组成部分。）

（5）双方当事人签字。书面合同末端应有双方当事人签字（Signature）。签字可用盖章代替，也可只用记号、姓名的首字母等。但通常以签署全名并注明身份较好。签名一般应手签，以示合同的严肃性。

根据一般的法律规则，双方在书面合同上签字意味着合同的成立。符合法律规范的合同经双方当事人或其授权代表签署后，即成为有效的法律文件。

【拓展阅读1-1】

法律冲突与法律适用规范

国际贸易关系是一种涉外民事关系。由于涉外民事关系具有涉外因素，这就产生了一个法律适用问题，即适用国内法还是适用外国法，以及具体适用哪一外国法的问题。应根据法律适用规范，确定用来处理国际贸易争议的某个实体法。

法律冲突（Conflict of Law）是指由于两个或者两个以上国家的法律对同一涉外民事关系的规定不一致，用不同国家的法律处理同一涉外民事关系会出现不同的法律结果，从而引起法律选用上的矛盾状态。

例如，合同的订立要经过要约和承诺两个阶段。按照各国法律，承诺一旦生效，合同即告成立。但是，关于承诺生效的时间，英美法采用投邮原则，以信件发出的时间为准；而德国法采用到达原则，以信件送达的时间为准。因此，一项按英美法的规定已经生效的合同，按德国法的规定则可能尚未生效。

面对法律冲突，必须要从不同国家的法律中选择一种法律来处理涉外民事关系，不然，问题就得不到解决。这种法律选择被称为法律适用。法律适用问题在对外经济贸易领域具有非常重要的意义。英国国际私法学专家施米托夫在《出口贸易》一书中曾指出，法律适用问题是交易合同中的中心问题。

适用何国法律，要由法律适用规范或称冲突规范（Conflict Rules）来解决。法律适用规范并不直接确定法律关系当事人的权利和义务，而只是指出某种涉外民事关系应适用哪一国的法律——国内法或外国法。

根据法律适用规范的指示而找出的应适用的法律，被称为准据法。因此，准据法是用来处理具体涉外民事关系的特定国家的实体法。准据法本身不属于法律适用规范的范畴，它是各种法律渊源中的实体规范，而不是法律适用规范。法律适用规范只有与准据法配合，才能解决现实中存在的法律问题。

国际贸易中的法律适用规范一般采用以下几个基本原则：

（一）意思自治原则

意思自治（Autonomy of Will）原则是指由双方当事人在订立合同时，共同选择某国法律作为解决与该合同有关纠纷的依据。例如，"本合同受中国法支配。"又如，在英国轮船公司出具的提单内规定："本提单受英国《1971年海上货物运输法》的支配"等。意思自治原则在国际上的应用相当普遍，但主要用于国际经济贸易合同中的法律冲突。1999

年公布的《中华人民共和国合同法》第126条规定，涉外合同的当事人可以选择处理合同争议所适用的法律。

（二）客观标志原则

客观标志原则是指在合同当事人没有选择准据法的情况下，依据法律规定和合同的客观标志来确定合同的准据法。合同的客观标志即合同的客观联系因素。根据各国的立法和实践中采用的不同标准，客观标志原则主要有以下几种：

1.订约地原则

该原则是指根据合同缔结所在国的法律来解决与合同有关的纠纷。这一原则通常用来解决合同方式和合同有效性等方面的法律冲突。

2.履约地原则

该原则是指根据合同履行地所在国的法律来解决与合同有关的纠纷。这一原则通常用来解决合同内容即当事人的权利与义务方面的法律冲突，更多地用于解决合同履行方面的法律冲突。

3.法院地或仲裁地原则

该原则是指在何地法院起诉，则适用何地的法律。如果双方当事人已经订立仲裁协议或仲裁条款，则从协议或条款中可以确定仲裁地点，在处理纠纷的过程中，可以援引仲裁地的法律。

4.标的物所在地原则

合同标的为不动产时，解决有关物权的法律冲突，通常以标的物所在地的法律作为准据法。

除此之外，客观标志还有被告所在地、当事人的住所地或国籍、公司成立地和当事人营业地等。随着国际经济贸易活动日益多样化，合同种类不断增加，合同的客观标志越来越多。客观标志原则应用中的问题是采用了某一标志，就忽略了其他方面的标志，而且执行起来也有困难。

（三）最密切联系原则

最密切联系（the Closest Connection）原则是指在当事人没有选择应适用的法律的情况下，法律不具体规定应适用的准据法，而只规定一个原则，即由法官选择一个与合同联系最密切的法律予以适用。

在实践中，法官运用最密切联系原则，有的从利益分析的角度入手，去分析合同与何国的利益关系最密切；有的从客观标志的聚集点入手，找出与合同的客观标志联系较多的那个国家，然后适用该国法。最密切联系原则克服了客观标志原则呆板和片面的缺点，给法官以选择权，使法官可以在综合分析和比较的基础上确定适用的法律，因此，在世界各国的立法和司法实践中被广泛采用。

合同是由各种要素构成的，如合同的内容、合同的成立、合同的形式、合同当事人的缔约能力等，合同的法律冲突也就表现在各个要素方面。那么，是不是要把合同的不同冲突问题适用不同的法律来解决？在国际私法中，历来就有统一论和分割论两种不同的主张。统一论者认为，一个合同无论是在经济上还是在法律上，都应该是一个整体。合同准据法适用于合同的所有冲突，即合同的各个部分同时适用一个法律。分割论者认为，涉外合同比较复杂，合同的不同部分具有不同的性质，涉及不同的国家，因此，涉外合同的不同部分可以用不同国家的法律来调整。例如，对于合同的内容采用缔约地法；对于合同的效力适用履行地法，而在当事人无约定时，则可适用法院地法；对于合同当事人缔约能力的法律冲突，可适用属人法等。目前，大多数国家都采纳了分割论的主张，将合同的不同问题适用不同的法律。

●课堂讨论

1.1　我国外贸企业对外签订的销售合同适用哪些法律？

1.2　法律适用的原则是什么？

1.3　销售合同和销售确认书的格式应如何设计？

●知识掌握

1.1　国际货物买卖合同具有哪些特征？

1.2　国际货物买卖合同的形式和内容有哪些？

1.3　我国加入《联合国国际货物销售合同公约》时做了哪些保留？

●知识应用

□ 案例分析

1.1　中国某公司拟从美国一公司购进一批商品，经往来电传磋商，就合同的主要条款全部达成协议，但在最后一次我方所发的表示接受的电传中我方表示“以签订售货确认书为准”。事后对方拟就合同草稿，要我方签字，因我方对于合同中某些措辞不十分满意，一直未签字。不久，该商品国际市场价格下跌，美国公司催我开立信用证。我方以合同尚未有效成立为由拒绝开证。双方产生争议。

问题：此合同是否成立？为什么？

分析提示：主要考查合同的生效时间。

1.2　某年10月，美国A公司出售一批音响给我国B公司，装运港是美国纽约，目的港是中国大连，贸易术语为：FOB New York。双方并未在合同中规定适用的法律，在执行合同时，对合同的解释产生了争议。

问题：此种合同纠纷应当适用于哪国法律？为什么？

分析提示：主要考查法律适用问题。

□ 实践训练

根据下列所给资料，缮制出口销售确认书

确认书号码：2018123

卖方：辽宁土畜产进出口公司

买方：鹿特丹食品进出口公司

商品名称：花生

规格：2018产大路货

数量：50公吨
单价：CIFC3%鹿特丹每公吨3 500元
总金额：人民币175 000元
包装：双层麻袋装
保险：由卖方按发票全额的100%投保一切险和战争险
装运港：中国大连
目的港：荷兰鹿特丹
唛头：由卖方选定
交货期：2018年10月
支付条件：凭不可撤销的即期信用证
签约地点和日期：2018年9月15日于辽宁大连

第2章

国际货物买卖合同标的

● 学习目标

在学习完本章之后，你应该能够：

了解：合同标的的内涵；

明确：订立进出口合同品名、品质、数量、包装条款的法律意义；

熟知：品质的表示方法、计算重量的方法以及包装标志；

掌握：订立进出口合同品名、品质、数量、包装条款应注意的问题。

【引例】

1.我国某进出口公司对外销售自行车5 000辆。合同规定4 000辆自行车为黑色，1 000辆自行车为湖蓝色。该公司员工在备货过程中发现黑色自行车有货，而湖蓝色自行车无货。该员工认为我方与客户关系较好，而且对方要货很急，于是在没有征得客户同意的情况下，用300辆桔红色自行车、300辆绿色自行车、400辆银灰色自行车代替原合同中的1 000辆湖蓝色自行车装运出口。单据寄到国外后，客户拒绝付款赎单，理由是货物与合同规定不一致。我方反复与之联系，除了答应把湖蓝色自行车补交外，本批杂色车一律按原价的70%处理。

2.我国某进出口公司对外出口一批罐头，合同规定：1 000箱，纸箱装，每箱454克×24听。我方根据库存状况，实际发货500箱，每箱454克×48听，总数量不变。外商以我方包装不符合同规定为由拒收货物。双方产生争议。

上述两个案例均是关于合同标的条款的纠纷，孰是孰非就是本章需要解决的问题。

合同标的（Subject Matter）是指合同法律行为所要达到的目的。在进出口贸易活动中，标的是指交易的商品。交易标的物一般是在贸易合同中的“品名”的标题下予以限定，直接写明买卖双方交易的具体商品名称。在进出口交易中，买卖双方交易的每一种商品，都有其具体的名称，表现为一定的品质并涉及数量和包装，因此，买卖双方在交易中必须首先明确商品的品名、品质、数量和包装，这是商定合同时首先要解决的问题。

● 2.1 商品名称

2.1.1 约定品名条款的意义

商品的名称（Name of Commodity），是指能区别于其他商品的一种称呼或概念。商品的名称在一定程度上体现了商品的自然属性、用途以及主要的性能特征。加工程度低的商品，其名称一般较多地反映该商品所具有的自然属性；加工程度高的商品，其名称一般较多地体现该商品的性能特征。

恰如其分的商品名称，不仅能高度概括商品的特性，而且能促进消费者的消费，激发消费者的购买欲望。而且，交易双方在交易洽商和签订买卖合同时，通常很少能看到具体实物，一般只是凭借对拟买卖的商品做必要的描述来确定交易标的。因此，列明合同标的物的具体名称，就成为必不可少的条件。

按照有关的法律和惯例，对交易标的物的描述是货物说明的一个主要组成部分，是买卖双方交接货物的一项基本依据，它关系到买卖双方的权利和义务。若卖方交付的货物不符合约定的品名或说明，买方有权提出索赔要求，直接拒收货物或撤销合同，因此，列明合同标的物具有重要的法律和实践意义。

2.1.2 品名条款的基本内容

合同中的品名条款一般比较简单，通常是在“商品名称”或“品名”的标题下，列明买卖双方成交商品的名称，也可不加标题，而在合同的开头部分列明交易双方同意买卖某种商品的文句。

2.1.3 规定品名条款应注意的问题

国际货物买卖合同中的品名条款，是合同中的主要交易条件。虽然简单，但也要给予足够的重视，否则会产生贸易纠纷。规定此项条款时，应注意下列事项：

（1）必须明确、具体。规定商品名称时，必须能确切反映交易商品的特点，避免空泛、笼统的规定。必要时可将品名、品质条款结合起来使用。

（2）尽可能使用国际上通用的名称。对于商品的名称及其译名，应力求准确、易懂，并符合国际上通行的称呼。国际上关于商品分类的标准有：1950年联合国经济和社会理事会发布的《国际贸易标准分类》（SITC）和世界主要贸易国在比利时布鲁塞尔签订的《海关合作理事会商品分类目录》（CCCN，又称《布鲁塞尔海关商品分类目录》（BTN））以及海关合作理事会在上述两个规则的基础上主持制定的《商品名称及编码协调制度》（The Harmonized Commodity Description and Coding System，简称H.S.编码制度）。我国于1992年1月1日起采用该制度。

（3）注意选用合适的品名。如果一种商品可以有不同的名称，则在确定品名时，应注意相关国家海关税则和进出口限制的有关规定，在不违反国家政策的前提下，从中选择有利于降低关税或方便进出口的名称。同时，还须注意品名与运费、仓储费用的关系。目前有些仓库和班轮公司执行的是等级费率型的收费标准，名称不同，收取的费率也不同。因此，选用合适的品名也有利于降低储运费用。

2.2　商品品质

2.2.1　商品品质的重要性

商品品质（Quality of Goods）是指商品的内在质量和外观形态的综合，前者包括商品的物理性能、机械性能、化学成分和生物特征等自然属性；后者包括商品的外型、色泽、款式和透明度等等。

合同中的品质条件是构成商品说明的重要组成部分，是买卖双方交接货物的依据。《联合国国际货物销售合同公约》规定，卖方交货达到符合约定的品质，如卖方交货未达到约定的品质，买方有权要求损害赔偿，也可要求修理或交付替代货物，甚至拒收货物、撤销合同。因此，提高商品的质量、保持商品质量的稳定性，已成为各国商家增强市场竞争力的重要手段。

2.2.2　商品品质的表示方法

在规定商品品质时，主要采用实物和文字说明两类表示方法。

1）凭实物买卖

凭实物买卖包括看货买卖和凭样品买卖。

（1）看货买卖。它指买方或其代理人现场验看货物。只要卖方交付的是验看过的货物，买方就不得对品质提出异议。看货买卖多用于寄售、拍卖、展卖等贸易方式中，适用于珠宝、字画等商品的买卖。

（2）凭样品买卖（Sale by Sample）。样品通常是指从一批商品中抽出来的或由生产、使用部门设计、加工出来的，足以反映和代表整批商品品质的少量实物。用样品表示商品品质的方法，称为凭样品买卖，即买卖双方约定以样品作为交货品质依据的买卖。

凭样品买卖通常是由卖方提供样品，称为凭卖方样品买卖（Sale by Seller’s Sample）；但有时也可以由买方提供样品，称为凭买方样品买卖（Sale by Buyer’s Sample）。无论是凭卖方样品买卖还是凭买方样品买卖，买卖双方约定的样品通常称为标准样品（Type Sample）。卖方须承担交货时货物品质与标准样品一致或基本一致的责任。同时，该样品应被视为买卖合同不可分割的一部分。

在出口贸易中采用凭样品买卖时，应该注意以下几个问题：

（1）对外寄送的样品应具有代表性。应从大批货物中选择中等质量的实物作为样品。避免由于样品与货物品质不一，给日后交货带来困难，引起纠纷或造成损失。

（2）对外寄送的样品应留有复样。所谓复样（Duplicate Sample），是指选择或制造与寄送样品在品质上一致或基本一致的实物，对于对外寄出的每一种样品或成交的样品（标准样品），都应留存复样，以备日后交货查照或处理品质纠纷时核对之用。为了避免买卖双方在履约过程中产生质量争议，必要时还可使用封样（Sealed Sample），即由第三方或公证机构（如商检部门）在一批产品中抽取同样质量的样品若干份，每份样品采用铅丸、钢卡、封条、封识章、不干胶印纸以及火漆等各种方式加封识别，由第三方或公证机构留存一份备案，其余供当事人使用。

【案例 2-1】

我国某公司凭样出口大豆一批，货物抵达进口国后，国外进口商提出货样不符，并出具当地检验部门签发的检验证明，上面写明货样确有差异，据以向我方索赔。

问题：我方应如何处理？

分析提示：我方应复查留存之复样，再决定是否赔付。如情况属实，则应予赔付；如不符，则另当别论。此案中，我方最好事先留存封样作为证据，这样会对解决品质纠纷更为有利。

（3）在“凭买方样品买卖”时，应尽量争取按“对等样品”方式成交。“凭买方样品买卖”，在我国也称为“来样成交”或“来样加工”。由于目前国际市场竞争激烈。对商品的花色、品种、造型的要求瞬息万变，而买方对目标市场的需求状况熟悉，买方提供的样品往往更能直接地反映出当地消费者的需要，因此，为提高我国商品的适应性，我们可以利用“来样成交”方法，即“凭买方样品买卖”。但为了避免交货时发生争议，或客户故意挑剔，卖方可根据买方提供的样品，加工复制或选择出一个类似的样品，作为“回样”或称为“对等样品”（Counter Sample）寄交买方确认，作为交货时的依据。如果买方确认了“回样”，交易的性质就由“凭买方样品买卖”变成了“凭卖方样品买卖”，使卖方处于比较有利的地位。这种方式就是“凭对等样品买卖”方式。

（4）签订出口合同时，可规定：“交货品质与样品大致相同”（Quality to be considered as being about equal to the sample）。样品无论是由买方提供或是由卖方提供，一经确认便成为履行合同时交货的品质依据，卖方须承担交货品质与样品一致的责任，否则，买方有权索赔甚至拒收货物、撤销合同，这是凭样品买卖的基本特点。但是由于凭样品买卖多属品质难以规格化、标准化的货物，要求交货品质与样品完全相符，有时很难办到，这种情况下应在订立合同时特别规定一些弹性条款。例如，“质量与样品大致相同”或“质量与样品近似”，以表示交货质量无法严格与样品相符，防止被动。

【案例 2-2】

我国某公司向美国一客户凭样出口一批瓷器，合同规定复验期为60天，货物到美方复验后，未提出任何异议，但时隔半年，美方来电称瓷器全部釉裂，只能削价处理，因此要求我方赔偿损失，我方立即查看留存之复样，也发现了裂痕。

小资料 2-1：有关法律对凭样品买卖的规定

问题：我方该如何处理？

分析提示：虽然复验期已过，但瓷器釉裂确属质量问题，有些国家法律或惯例规定，商品不应含有在合理检查时不易发现的，不适合商销的瑕疵。釉裂，俗称“冷裂”，是加工过程中不合理配方所致，属于隐含缺陷，而且此缺陷在合理检查时不易发现。对于该质量问题，我方应给予赔偿。

2）凭文字说明买卖（Sale by Description）

在进出口业务当中，除部分货物采用凭实物买卖外，大多数货物采用文字说明来明确其质量，用文字说明表示商品质量的方法称为“凭文字说明买卖”，具体可分为：

（1）凭规格买卖（Sale by Specification）。商品规格是指一些足以反映商品品质的主要指标，如成分、含量、纯度、容量、性能、大小、长短、粗细等。

例 1：印花布	纱支（支数）	纱线密度（每英寸）	幅阔（英寸）
Printed Shirting	Yarn（counts）	No. of Threads（per inch）	Width（inch）
	30×36	72×79	35″/36″

例2：大豆，含油量最低16%，水分最高15%，杂质不超过1%，不完整粒不超过7%。

Soybean, Oil Content Min. 16%, Moisture Max. 15%, Admixture Max. 1%, Imperfect Grains Max.7%

凭规格买卖能比较准确地表示商品的品质，简单易行，在进出口业务中应用最广。

(2) 凭等级买卖（Sale by Grade）。商品等级是指同一类商品，按其质地的差异或尺寸、形状、重量、成分、构造、效能等的不同，用文字、数字或符号所做的分类。

例1：中国绿茶　　特珍眉特级　　货号12654

Chinese Green Tea　　Special Chunmee Special Grade　　Art. No.12654

例2：中国一级钨砂 Chinese Tungsten Grade 1

各种等级钨砂规格见表2-1。

表2-1 **各种等级钨砂的规格**

Content（含量）/ Grade（等级）	Tungsten Trioxide Min.%（三氧化钨）（最少%）	Tin Max.%（锡）（最多%）	Arsenic Max.%（砷）（最多%）	Sulphur Max.%（硫）（最多%）
Superior（特级）	70	0.2	0.2	0.8
1级	65	0.2	0.2	0.8
2级	65	0.1	0.2	0.8

商品的等级通常是在长期生产和贸易实践的基础上产生的，等级不同，其代表的规格亦有所差异。在实践中，交易双方须在对等级理解一致的情况下方可使用之。

(3) 凭标准买卖（Sale by Standard）。商品标准是指商品规格、等级的标准化。在国外，商品的标准分为五类：①企业标准；②团体标准，如英国劳氏船级社《船舶规范条例》；③国家标准，如美国国家标准ANSI、英国国家标准BS等；④区域标准，如欧洲合格评定（CE）标准；⑤国际标准，如国际标准化组织（ISO）标准、国际电工委员会（IE）标准等。我国有国家标准、部颁标准和企业标准。由于标准常随生产技术的发展而进行修改和变更，同一国家颁布的某类商品的标准有不同年份的版本，因而品质标准也往往不同，以标准作为商品品质依据时必须注明标准的版本年份，以免交易当事人在适用标准时发生纠纷。

例：利福平（甲哌利福霉素）　　英国药典　　2019年版

Rifampicin　　B.P.　　2019

在进出口业务中，对某些品质变化较大而难以规定统一标准的农副产品的买卖，有时还采用“良好平均品质”（Fair Average Quality, F.A.Q）或“上好可销品质”（Good Merchantable Quality, G.M.Q）来表示其质量标准。良好平均品质是指在一定时期或季节某地出口货物的平均品质水平，一般指中等货或大路货而言。这种品质标准很笼统，使用时，除在合同中注明F.A.Q外，一般还要订明该商品的主要规格。

例：中国桐油，良好平均品质，游离脂肪酸不超过4%。

Chinese Tung Oil　　F.A.Q.　　F.F.A. 4% Max.

上好可销品质是指卖方只要保证货物品质良好，适于销售即可。这种标准更为笼统，在我国很少使用。

(4) 凭说明书和图样买卖（Sale by Description and Illustration）。一些机、电、仪产品及成套设备，由于其结构和性能复杂，安装、使用、维修都有一定操作规程，因此须以说明书详细说明其构造、性能、用材和使用方法等，必要时还须辅以图样、照片来完整说明其品质特征，此种方法称为凭说明书和图样买卖。

(5) 凭商标或牌名买卖（Sale by Trade Mark or Brand）。在进出口业务中，在市场上行销已久、质量稳定、信誉良好的产品，其商标或牌名也往往为买方或消费者所熟悉喜爱。生产厂商或销售商用商标或牌名来表示商品品质，与买方交易，称为"凭商标或牌名买卖"。

例：大白兔清凉奶糖

White Rabbit Mint Creamy Candy

著名的商标或牌名不仅代表一定的质量水平，而且代表消费者一定的品位，能刺激消费者的购买欲望，成为强有力的竞销手段。

(6) 凭产地名称买卖（Sale by Name of Origin）。有些产品，受产区的自然条件、传统加工工艺等因素的影响，在品质方面具有其他产区的同类产品所不具有的独特风格和特色，对于这类产品可用产地名称表示商品品质。

例：四川榨菜

Sichuan Preserved Vegetable

东北大豆

Chinese Northeast Soybean

2.2.3 规定品质条款应注意的问题

1）正确运用各种表示品质的方法

在实践中，应根据商品特性选定表示品质的方法。一般来说，凡能用科学指标说明商品品质的，则适于凭规格、等级或标准买卖；有些难以规格化和标准化的商品，如手工制作的工艺品等，则适于凭样品买卖；某些质量好并具有一定特色的名优商品，适于凭商标或牌名买卖；某些性能复杂的机、电、仪产品，则适于凭说明书和图样买卖；而具有地方风味和特色的产品，则适于凭产地名称买卖。上述这些表示品质的方法不能随意滥用，而应进行合理的选择。

【案例 2-3】

我国某公司向德国一客户出口一批农产品，合同规定水分最高为15%，杂质不得超过3%。但在成交前我方曾向对方寄过样品，签订合同后，我方又电告对方成交货物与样品相似。货到德国后，买方提出货样不符，并出示当地检验机构的检验证明，证明货样有差异，而且差异较大，据以向我方提出索赔。

问题：我方应否赔偿？应吸取什么教训？

分析提示：①若对方所述情况属实，我方应予赔偿，因为此合同系既凭规格又凭样品买卖的合同，相当于给合同的品质条款设置了双重标准，卖方交货既要符合合同所述规格，又要符合样品，如货样不符，理应赔偿。②我方应吸取两点教训：一是品质的表述要合理，凡能用一种方法表示商品品质的，一般不宜采用两种或两种以上方法表示；二是对于成交前后的函电往来措辞要谨慎，若我方在电文中声明该样品乃参考样品，就不会引发此纠纷了。

2）规定质量机动幅度条款

质量机动幅度条款是指允许卖方所交货物的质量指标在一定幅度内具有灵活性的条款。卖方所交货物质量只要在灵活范围内，即可认为交货质量与合同相符，买方无权拒收。质量机动幅度条款又可具体分为品质机动幅度和品质公差两部分内容。

（1）品质机动幅度。它是指对特定质量指标在一定幅度内可以机动。具体的规定方法有：

①规定范围。

例： 棉坯布 幅阔25″/26″

Cotton Grey Shirting Width 25″/26″

②规定极限。

例： 鱼粉 蛋白质最低55%

脂肪最高10%

水分最高12%

盐分最高4%

砂分最高3%

Fish Meal	Protein	55%	Min.
	Fat	10%	Max.
	Moisture	12%	Max.
	Salt	4%	Max.
	Sand	3%	Max.

③规定上下差异。

例： 灰鸭毛，含绒量16%，允许上下浮动1%（±1%）

Grey Duck Down 16%，allowing 1% more or less

（2）品质公差。它是指国际同行业公认的产品品质误差。针对这种公认的误差，即使合同没有规定，只要卖方交货品质在公差范围内，买方就无权拒收货物或要求调整价格。但为明确起见，还是应在合同品质条款中订明公差的允许幅度。这一幅度既可由买卖双方协商确定，也可采用国际公认的误差。

品质公差主要适用于工业制成品，而品质机动幅度主要适用于初级产品。

2.3 商品数量

商品数量是国际货物买卖合同中不可缺少的主要交易条件之一。正确掌握成交数量，对促进交易的达成、争取有利的价格具有重要的作用。联合国《国际货物销售合同公约》第35条、第37条、第52条规定，卖方交付的货物必须与合同所规定的数量相符。如果卖方交货数量大于合同规定的数量，买方可以收取也可以拒收多交部分的货物。如果买方收取多交部分货物的全部或一部分，买方必须按合同价格付款。如果卖方交货数量少于合同约定的数量或交货数量中只有一部分符合合同规定，卖方应在规定的交货期届满前补齐，但不得使买方遭受不合理的不便或承担不合理的开支，即便如此，买方也有保留要求损害赔偿的权利。因此，订好合同中的数量条款具有十分重要的意义。

【案例 2-4】

中国某公司从美国进口小麦，合同数量为100万公吨，而外商装船时共装运了120万公吨。

问题：对多装的数量，我方应如何处理？

分析提示：中国和美国均是《公约》的缔约国，本案适用于《公约》。《公约》规定，卖方交付的货物必须与合同所规定的数量相符。如果卖方交货数量大于合同规定的数量，买方可以收取也可以拒收多交部分的货物。如果买方收取多交部分货物的全部或一部分，其必须按合同价格付款。对于本案中多装的小麦数量，我方可照《公约》的规定处理。

2.3.1 度量衡制度与计量单位

1）国际贸易中常用的度量衡制度

在国际贸易中，通常使用的度量衡制度有四种：国际单位制（International System of Units）；公制或米制（Metric System）；英制（British System）；美制（U.S. System）。由于不同的国家使用不同的度量衡制度，因此同一计量单位表示的实际数量有时会有很大差异。比如“吨”，在不同的度量衡制度下，有公吨、长吨、短吨之分，1公吨=1 000千克；1长吨=1 016千克；1短吨=907.2千克。不同的度量衡制度如果在合同中不明确表示，很可能会产生合同争议与纠纷，为了解决这一问题，国际单位制正被广泛推广应用。国际单位制是在公制的基础上发展起来的，目前已被世界上一百多个国家采用。国际单位制的实施和推广，有利于计量单位的统一，标志着计量制度的日趋国际化和标准化。

我国采用的是国际单位制。《中华人民共和国计量法》规定：“国家采用国际单位制。国际单位制计量单位和国家选定的其他计量单位，为国家法定计量单位。”目前，除个别特殊领域外，一般不允许使用非法定计量单位。我国出口商品，除照顾对方国家贸易习惯约定采用公制、英制或美制计量单位外，应使用法定计量单位。我国进口的机器设备和仪器等，应要求使用法定计量单位，否则，一般不允许进口。如确有特殊需要，须经有关标准计量管理部门批准。

小资料2-2：国际单位制的单位

2）计量单位

在国际贸易中，由于商品的种类和性质不同，使用的计量单位也不同。又由于各国采用的度量衡制度不同，计量单位名称和其代表的实际数量也不同。常用的计量单位有以下六种：

（1）重量单位（Weight），如克（Gram，G）、千克（Kilogram，KG）、公吨（Metric Ton，M/T）、长吨（Long Ton，LT）、短吨（Short Ton，ST）、磅（Pound，LB）、盎司（Ounce，OZ）等。重量单位多用于农副产品、矿产品和某些工业产品，如大豆、铁矿、钢材等。

（2）数量单位（Number），如件（Piece，PC）、双（Pair）、套（Set）、打（Dozen，Doz.）、卷（Roll）、令（Ream，RM.）、罗（Gross，GR）、袋（Bag）、包（Bale）等。数量单位多用于消费品、轻工业品和机械产品等工业制成品及部分土特产品，如服装、文体用品、车辆、活牲畜等。

（3）长度单位（Length），如米（Meter，M.）、英尺（Foot，FT.）、码（Yard，YD.）

等。长度单位多用于布匹、绳索、电线电缆等。

（4）面积单位（Area），如平方米（Square Meter）、平方英尺（Square Foot）、平方码（Square Yard）等。面积单位多用于玻璃板、地毯、皮革等商品。

（5）体积单位（Volume），如立方米（Cubic Meter）、立方英尺（Cubic Foot）、立方码（Cubic Yard）等。体积单位多用于木材、砂石等商品。

（6）容积单位（Capacity），如升（Liter，L）、加仑（Gallon，Gal.）、蒲式耳（Bushel）等。容积单位多用于谷物、液体及气体等商品交易，如小麦、汽油、液化气等。

【案例2-5】

大连某出口公司向日本出口大米一批，在洽谈时，谈妥出口2 000公吨，每公吨收US＄280.00 FOB大连。但在签订合同时，合同中只是笼统地写着2 000吨，我方当事人认为合同上的吨就是指公吨，而发货时日商却要求按长吨供货。

问题：我方在此交易中有何不妥？

分析提示：此争议是由于合同条款制定得不严密所致。因各国采用的度量衡制度不同，在签订国际贸易合同时应明确度量衡制度下的计量单位。对本案而言，即明确公吨、长吨、短吨。当然，若有证据表明洽谈过程中皆使用公吨，则对我方争取按公吨交易还是有利的。

2.3.2　计算重量的方法

在国际贸易中，有很多货物是按重量计算的，计算重量的方法主要有：

1）毛重（Gross Weight）

毛重是指商品本身的重量加上包装的重量。一些价值不高的产品可按毛重计价，即习惯上所称“以毛作净”（Gross for Net）的办法。例如：大米，1 000公吨，新麻袋装，每袋100千克，以毛作净。

2）净重（Net Weight）

净重是指除掉包装后商品本身的重量。如果按净重计价，则必须从毛重中减去包装物的重量，也就是减去皮重。计算皮重主要有四种方法：

（1）按实际皮重（Actual Tare）。它是指将整批货物的包装逐一过秤求得包装重量。

（2）按平均皮重（Average Tare）。它是指从整批商品中抽取几件，称其包装的重量，然后求出平均皮重，再用平均皮重乘以总件数，得出整批货物的皮重。

（3）按习惯皮重（Customary Tare）。它是指经市场确认的规格化包装的货物，按习惯公认的皮重乘以总件数得出包装重量。

（4）按约定皮重（Computed Tare）。它是指按交易双方事先约定的单件包装重量乘以总件数，得出整批货物的皮重。

采取哪种计算皮重的方法，都应根据商品的特点和商业习惯，由交易双方事先商定并列入合同。《公约》规定，如果在合同中没有规定商品重量是按毛重还是净重计量，则按净重计量。

3）公量（Conditioned Weight）

公量是指用科学方法抽去商品中的水分后，再加上标准含水量所求得的重量，适用于商品价值较高，而含水量不稳定的羊毛、生丝等商品。公量的计算公式是：

$$公量=实际重量\times\frac{1+标准回潮率}{1+实际回潮率}$$

4）理论重量（Theoretical Weight）

理论重量是指某些有固定规格和尺寸的商品，每件重量大体是相同的，可以根据其件数计算出重量，如马口铁、钢板等。

5）法定重量（Legal Weight）

法定重量是指商品重量加上直接接触商品的包装材料（如销售包装等）的重量。法定重量主要在海关征税时使用。

【案例2-6】

我国某出口公司与日本某客户按每公吨500美元FOB大连成交某农产品200公吨，合同规定：麻袋装，每袋25千克，信用证方式付款。我公司发货并顺利结汇。货到日本后，对方称所交货物扣除皮重后，实际到货不足200公吨，要求按净重计算价格，退回因短重多收的货款。我公司以合同未规定按净重计价为由拒绝退款。

问题：我公司的做法是否有理？为什么？

分析提示：解决该争议可参考《联合国国际货物销售合同公约》的相关规定。《公约》规定，如果在合同中没有规定商品重量是按毛重还是净重计量，则按净重计量。据此，我方做法无理。

2.3.3 合同中的数量条款

1）数量条款的基本内容

数量条款主要包括成交商品的数量和计量单位，按重量成交的商品，还要订明计算重量的方法，如按毛重、净重等。

例：东北大豆，1 000公吨，以毛作净。

Northeast soybean，1 000M/T，Gross for Net.

2）订立数量条款应注意事项

(1) 数量条款应明确具体。商品数量一般不宜采用“大约”“近似”“左右”（about，circa，approximate）等模糊性的词语来说明。因为各国对这类词语的理解不一，容易引起纠纷。

【拓展阅读2-1】

《跟单信用证统一惯例》（《UCP600》，2007年修订本）对数量条款的相关规定

国际商会的《跟单信用证统一惯例》（《UCP600》，2007年修订本）第30条规定：(1)“约”或“大约”用于信用证金额或信用证规定的数量或单价时，应解释为允许有关金额或数量或单价有不超过10%的增减幅度；(2) 在信用证未以包装单位件数或自身件数的方式规定货物数量时，货物数量准许有5%的增减幅度，只要总支取金额不超过信用证金额即可。

【案例2-7】

我国某公司签订一份出口1 000台电扇的合同，合同规定，使用信用证方式结算，不准分批装运。该公司业务人员在发货时发现，有40台电扇包装破裂，其中有的电扇开关按钮脱落，有的电扇风罩变形。因没有准备备品，无法更换。该业务人员认为，根据《跟单信用证统一惯例》的规定，在所支付的款项不超过信用证金额的前提下，货物数量准许有5%的增减幅度，若此40台不装船，并未超过该批数量的5%，于是，其擅自将40台卸下，实际发货960台。结果持单到银行结汇时，遭拒付。

问题：银行拒付是否合理，为什么？

分析提示：分析此题需仔细研读《UCP600》相关条款的规定内容。《UCP600》规定，在信用证未以包装单位件数或自身件数的方式规定货物数量时，货物数量准许有5%的增减幅度，只要总支取金额不超过信用证金额即可。本案中，电扇是以台数计数，不适用上述惯例规定，因此不能增减5%。银行拒付合理。

（2）合理规定数量机动幅度。有些商品，如粮食、矿砂、化肥、食糖等，受本身特性、生产、运输、包装条件等的限制，在交货时往往很难做到绝对数量准确，为便于合同的顺利履行，减少争议，买卖双方可在合同中规定合理的数量机动幅度。数量机动幅度条款也叫溢短装条款（More or Less Clause），是指在买卖合同的数量条款中，明确规定卖方可以多装或少装的百分比，但以不超过规定的百分比为限。在订立溢短装条款时应注意以下三点：

①允许溢短装的比例。允许溢短装的比例，应视商品特性、行业贸易习惯和运输方式等因素而定，大小要适当。

②溢短装的选择权。一般情况下规定由卖方掌握，例如：1 000公吨，卖方溢短装5%（1 000M/T.with 5% more or less at seller' s option）；但是在买方负责租船运输时，为了便于与租船合同衔接，也可规定由买方掌握；为便于船长根据轮船的运载能力等具体情况考虑装运数量，也可以规定由船方掌握。

③溢短装部分的计价方法。对溢短装部分的计价。一般规定是按合同价计算；但对于价格波动较大的商品，为了防止享有溢短装选择权的一方故意多装或少装而从中获利，也可在合同中规定，溢短装部分按装船时或到货时的市价计算。

例：东北大豆10 000公吨，以毛作净，5%溢短装，由卖方决定，增减部分按合同价计算（Northeast Soybean 10 000M / T，5% more or less at seller's option at contract price）。

【案例2-8】

某厂外销布匹4万米，合同上订明：红白黄绿四种颜色各1万米，并附有允许卖方溢短装10%的条件。该厂实际交货数量为红色10 400米，白色8 000米，黄色9 100米，绿色9 000米，共计36 500米。该厂认为，白布虽超过10%的溢短装限度，但就四种颜色布的总量来说，并未超过10%的条件。

问题：在此情况下，是否构成违约？

分析提示：本题考查溢短装条款的应用。严格来说，合同中明确四种颜色布匹各1万米，而非合计4万米。则交付货物时四种颜色均不可超出10%的增减，否则视为违约。

● 2.4 商品包装

2.4.1 商品包装的重要性

在进出口业务中，商品种类繁多，性质、特点和形状各异，因而它们对包装的要求也各不相同。除少数不必包装可直接装入专门运输工具中的散装货（Bulk Cargo；Cargo in Bulk）和在形态上自然成件数，无须包装或略加捆扎即可成件的裸装货（Nude Cargo）外，其他绝大多数商品都需要适当的包装。

商品的包装是生产过程的继续，大部分商品只有经过包装，才能进入流通和消费领域，才能实现商品的价值和使用价值，并增加商品价值；经过适当包装的商品，不仅便于运输、装卸、搬运、储存、保管、清点、陈列和携带，而且不易丢失或被盗，为各方面提供了便利；良好的包装，不仅可以保护商品，而且还能宣传和美化商品，吸引顾客，扩大销路，提高售价。

在国际货物买卖中，包装还是货物说明的重要组成部分，包装条件是买卖合同中的一项主要条件。按照《公约》第35条的规定，卖方交付的货物须按合同所规定的方式装箱或包装。如果合同中没有相关约定，则“货物按照同类货物通用的方式装箱或包装，如果没有此种通用方式。则按照足以保全和保护货物的方式装箱或包装”。否则，货物即被视为与合同不符，卖方要根据实际情况承担相应的违约责任。

【案例2-9】

我国某公司从国外进口一批手套，合同上规定每箱60双，共100箱。货物运抵大连海关后，经检验发现外商擅自改为每箱50双，共计120箱。适逢该手套在国际市场上的价格大幅下跌。

问题：我方若据卖方的包装不符提出拒收或索赔是否合理？

分析提示：此题参照《公约》第35条规定。卖方交付的货物须按合同所规定的方式装箱或包装。本案中卖方未按合同规定的方式装箱，视为与合同不符，卖方要根据实际情况承担相应的违约责任。我方可拒收或索赔。

2.4.2 商品包装的分类

根据在流通过程中所起作用的不同，商品包装可分为运输包装和销售包装两类。

1）运输包装

运输包装（Transport Packing）又称大包装或外包装（Outer Packing），是指将货物装入特定容器，或以特定方式成件或成箱地包装。运输包装的主要作用一是保护商品，防止货损、货差；二是便于运输、储存和保管。

运输包装可分为单件运输包装和集合运输包装两类。

（1）单件运输包装，是指货物在运输过程中作为一个计件单位的包装，如箱（Case）、桶（Drum）、包（Bale）、袋（Bag）、捆（Bundle）等。

（2）集合运输包装，又称成组化包装，是指将一定数量的单件包装组合成一件大包装。集合运输包装有提高装卸效率、保护商品、节省费用的作用。常见的集合包装有：

①集装箱（Container），又称“货柜”，是一种运输货物的容器，是由金属板材或木材、塑料、纤维板材制成的长方形的大箱，可装载5～40公吨的货物。国际贸易中使用的集装箱有多种不同的标准规格，其中使用最多的是20英尺和40英尺标准化集装箱，我们通常称8×8×20英尺的集装箱规格为一个“标准箱位”，即“TEU”（Twenty-Feet Equivalent Unit）。

②集装袋（Flexible Container），是由合成纤维或复合材料编织成的圆形大袋或方形大包，容量一般为1～4公吨，高的可达13公吨，适于盛装粉状、粒状的化工产品、矿产品、农产品及水泥等散装货物。

③托盘（Pallet），是指由木材、金属或塑料制成的，能够用铲车叉起的托板，承载力一般为0.5～2公吨，用时将一定数量的单件货物堆放在托板上，捆扎加固，组成一个运输单位。

在国际贸易中，买卖双方究竟采用何种运输包装，应根据商品特性、形状、贸易习惯、货物运输路线的自然条件、运输方式和各种费用开支大小等因素，在洽商交易时谈妥，并在合同中具体订明。

2）销售包装

销售包装又称内包装（Inner Packing）、小包装、直接包装或陈列包装。它是直接接触商品并随商品进入零售网点，和消费者直接见面的包装。这类包装除具有保护商品的作用外，还具有美化、宣传商品，便于商品销售和使用等功能，因此，在国际贸易中，对销售包装的用料、造型结构、装潢画面和文字说明都有较高的要求。

（1）装潢画面。销售包装上一般都附有装潢画面，以突出商品特点，同时也为了美观大方，富有艺术吸引力。装潢画面的图案和色彩应适应有关国家的民族习惯和爱好。如大象在泰国和印度被看作是吉祥的动物，而英国则认为它是蠢笨的象征。日本认为荷花图形不吉利。信奉伊斯兰教的国家忌用猪形图案。德国、瑞典不喜欢红色，因为红色在那里表示凶兆。而法国、比利时对墨绿色反感，因为这是纳粹军服的颜色。

（2）文字说明。销售包装上应有必要的文字说明，如商标、牌号、品名、产地、生产日期、数量、规格、成分、用途和使用方法等。使用的文字应简明扼要，必要时也可中外文并用。文字说明应与装潢画面相结合，互相衬托、补充，以达到宣传和促销的目的。例如，加拿大政府要求商品包装上必须使用英、法两种文字说明；美国食品药品监督管理局（FDA）要求大部分食品必须标明至少14种营养成分的含量。

（3）条形码（Product Code），简称条码。商品销售包装上的条码是由一组按规则排列的黑白相间的条、空及相应字符组成的标记，用以表达一定的商品信息。国际上通用的条码有两种：一种是UPC（Universal Product Code）码；另一种是EAN（European Article Number）码。20世纪70年代初，美国首先将条码应用于食品零售杂货类商品上。目前，许多国家的超级市场中都使用条码技术进行扫描结算，如果商品包装上没有条码，即使是名优产品，也不能进入超级市场。有的国家甚至对某些商品的包装做出无条码标志即不予进口的规定。我国于1988年12月建立了"中国物品编码中心"，负责推广条码技术。并对其进行统一管理。1991年4月我国正式加入国际物品编码协会（前身为欧洲物品编码协会）。被分配的国别号为690-695（不包括港、澳、台地区）。由这几组代码打头的商品条码，即表示中国制造的产品。

条形码示例见图2-1。

图2-1　条形码示例

由于销售包装可采用不同的包装材料和不同的造型结构与式样，因此销售包装具有多样性。常见的销售包装有透明包装、便携包装、堆叠式包装、易开包装、喷雾包装、配套包装、礼品包装、复用包装、真空包装、一次性包装、软性包装等。

小资料2-3：国际物品编码协会

2.4.3 包装标志

为了便于在运输过程中快速、准确地识别货物，防止错发错运和损坏货物以及发生伤害人身的事故，需要在商品外包装上刷制各种有关的标志，以利于人们操作。在实务操作中，包装标志一般刷在货物外包装的一侧或两侧，以同时刷两侧为好。运输包装上的标志，按其用途可分为以下三种：

1）运输标志（Shipping Mark）

运输标志又称唛头，是一种识别标志。联合国欧洲经济委员会简化国际贸易程序工作组，在国际标准化组织和国际货物装卸协调协会的支持下制定了标准化的运输标志向各国推荐使用。该标志包括四项内容：①收货人名称的英文缩写或简称；②参考号，如运单号、订单号、发票号、合同号、信用证号；③目的地；④件号。

件号一般用m-n表示，n为总件数，m为整批货物中每件的顺序号。件号主要说明整批货与本件货物的关系。如果该批货只有一种规格时，货物的件号可以是一个。如果一批货物有不同规格时，则应采用顺序件号的方法，比如在包装上用1-100，2-100，…，等，以便理货清查短损。在业务往来函电中，有时会见到这样的写法："1-UP"，这表明包装件数待定，装运时按实际情况确定。

标准化的运输标志示例：

ABC	收货人代号
SC1234	合同号码
SAN FRANCISCO	目的地
1-20	件号和件数

运输标志在国际贸易中还有其特殊的作用。按《公约》的规定，在商品特定化以前，风险不转移给买方承担。而商品特定化最常见的方式，就是在商品外包装上标明运输标志。

有时，在运输标志上还加列重量尺码标志和产地标志。

重量尺码标志（Weight and Measurement Mark）即为表示该货物的毛、净重及它的实际体积（长×宽×高）的文字说明，以便于储运过程中安排装卸作业和舱位。例如：

Gross Weight（G.W.）55kg

Net Weight（N.W.）51kg

Measurement（m^3）162×40×30

商品产地是海关统计和征税的重要依据，一般由产地证证明产地。但习惯上在商品内外包上也注明产地，即产地标志（Place of Origin Mark），作为商品说明的一个重要内容。

商品以集装箱方式运输时，运输标志可被集装箱号码和封口号码取代。

2）指示性标志（Indicative Mark）

这种标志又称注意标志，是提示人们在装卸、运输和保管过程中需要注意的事项，一般都是以简单醒目的图形和文字在包装上标出（如图2-2所示）。

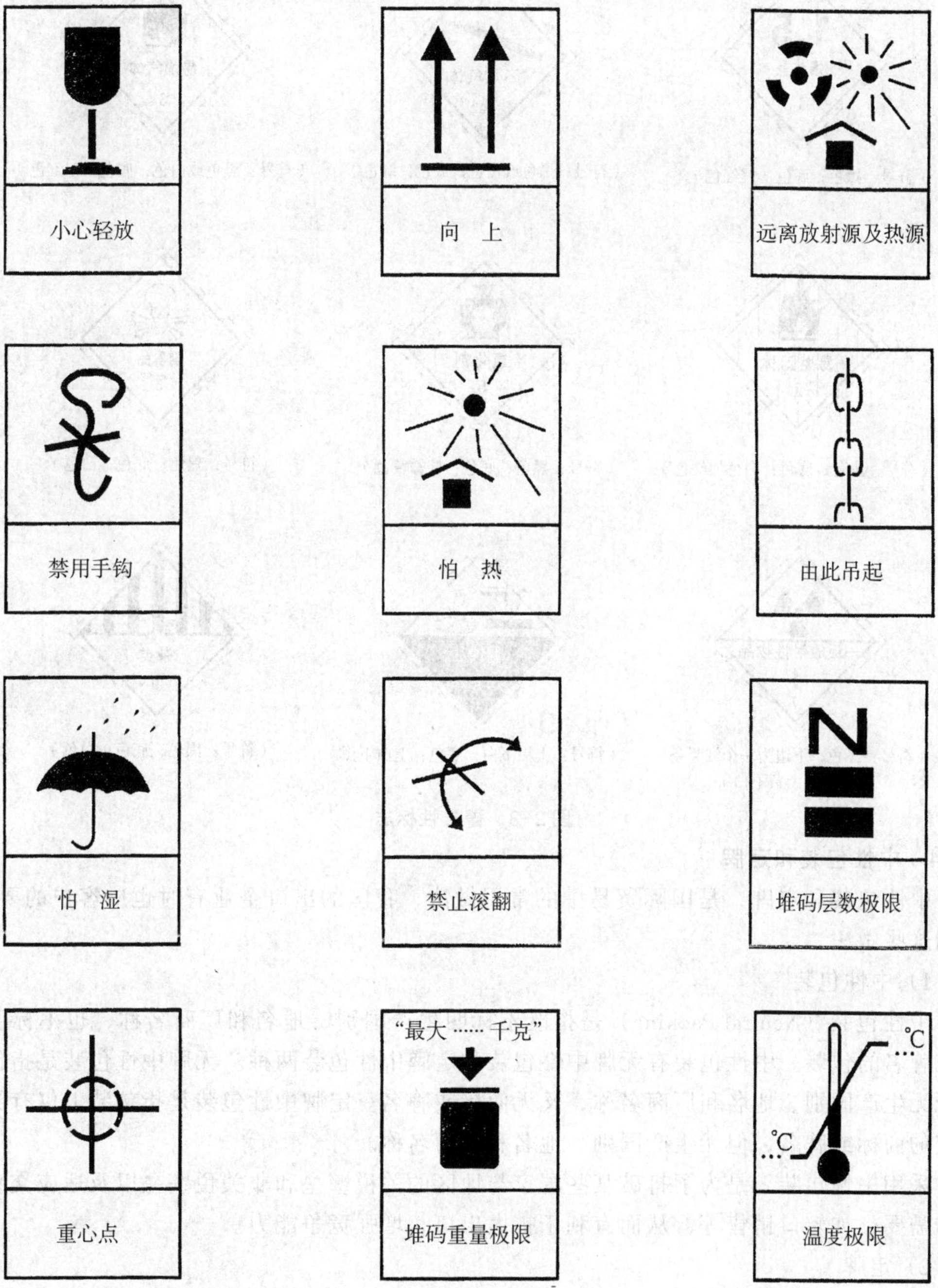

图2-2　指示性标志

3）警告性标志（Warning Mark）

这种标志又称危险货物包装标志。凡在运输包装内装有爆炸品、易燃物气体或固体、有毒物品、腐蚀品、氧化剂和放射性物品等危险货物时，都必须在运输包装上标打用于各种危险品的标志，以示警告，保护物资和人身的安全。常见的警告性标志如图2-3所示。

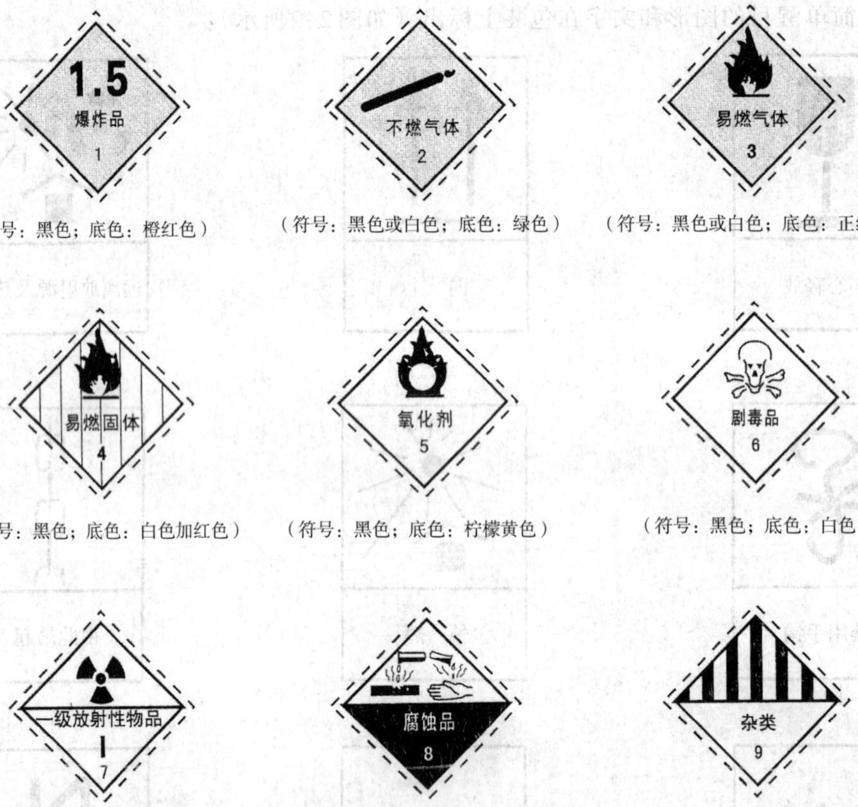

（符号：黑色；底色：橙红色）（符号：黑色或白色；底色：绿色）（符号：黑色或白色；底色：正红色）

（符号：黑色；底色：白色加红色）（符号：黑色；底色：柠檬黄色）（符号：黑色；底色：白色）

（符号：黑色，下边为一个红竖条；底色：上黄下白）（符号：上黑下白；底色：上白下黑）（符号：黑色；底色：白色）

图2-3 警告性标志

2.4.4 中性包装和定牌

中性包装和定牌，是国际贸易中的常用做法，我国的出口企业有时也应客户的要求，采用这些做法。

1）中性包装

中性包装（Neutral Packing）是指既不标明生产国别、地名和厂商名称，也不标明商标或牌名的包装。中性包装有无牌中性包装和定牌中性包装两种。无牌中性包装是指包装上既无生产国别、地名和厂商名称，又无商标或牌名。定牌中性包装是指包装上仅有买方指定的商标或牌名，但无生产国别、地名和厂商名称。

采用中性包装，是为了打破某些国家与地区的关税壁垒和非关税壁垒以及适应交易的特殊需要，如转口销售等，从而有利于扩大出口，增强竞争能力。

2）定牌

定牌是指卖方应买方的要求在其出售的商品或包装上标明买方指定的商标或牌名的做法。

采用定牌可以利用买方的经营能力及其商品信誉和品牌声誉，提高商品售价，扩大销路。我国对外商大量、长期、稳定的订货，也可使用定牌生产。在定牌业务中，要注意买方指定的商标是否存在侵权的行为。

【案例2-10】

菲律宾某公司与上海某厂洽谈进口业务，打算从我方进口“菊花牌”手电钻，但要求我方改用“剑牌”商标，并要求包装上不得注明“MADE IN CHINA”字样。

问题：我方是否可以接受？在处理此项业务时，应注意什么问题？

分析提示：我方可以考虑接受对方的要求。此业务属于定牌中性包装。在不损害我方利益的前提下，可以考虑接受，但应注意对方指定的商标是否存在侵权问题。

2.4.5　合同中的包装条款

合同中的包装条款一般包括包装材料、包装方式、包装费用的负担和运输标志等内容。在订立包装条款时应注意下列问题：

1）对包装的规定要明确具体

在订立包装条款时，一般不宜采用含义模糊的“海运包装”“习惯包装”之类的词语，以免引起争议。

2）明确包装费用由谁负担

包装费用一般包括在货价中，不另计收。但如买方对包装有特殊要求，其超出的包装费用原则上应由买方负担，并应规定费用的支付方法。

3）注意有关国家对包装的特殊要求

各国政府对包装的要求越来越严格，在包装材料方面，有的国家不允许使用稻草、旧报纸作衬垫；有的国家要求制作木箱的木料必须经过熏蒸等。例如，为了防止包装材料带进蛀虫，危害进口国的森林、植物、木结构房屋，美国、菲律宾、澳大利亚国等都严禁稻草、麦杆等谷物秸秆进口，禁止旧麻袋、旧布袋进口，运输用的木托盘和木箱要有熏蒸证明书；新西兰规定，严禁用稻草、谷糠作为进口商品的包装物料，禁止用旧麻袋作为进口包装物；塞浦路斯海关规定，对包装用的稻草，必须有输出国出具的消毒证书，或有该稻草系来自无疫病地区的证明，才予放行，否则当场烧毁。

包装条款举例：

纸箱装，每箱60听，每听1 000片。

In cartons containing 60 tins of 1 000 tab.each.

单层新麻袋，每袋净重25千克。

In new single gunny bags of 25 kilos net.

镀锌桶装，每桶净重175千克。

In galvanized iron drums of 175 kilos net each.

涤纶袋包装，25磅一袋，4袋装一箱。箱子用以金属作衬里的木箱。包装费用由卖方负担。

In poly bags, 25 pounds in a bag, 4 bags in a sealed wooden case which is lined with metal. The cost of packing is for seller’s account.

【拓展阅读2-2】

商品分类与编码目录

所有事物、现象及概念都是概括一定范围的集合总体。分类就是将某集合总体根据一定的标志和特征，按照归纳共同性、区别差异性的原则，科学地、系统地逐次划分为若干范围更小、特征更趋一致的局部集合体，直到划分成为最小单元。

商品也是集合的概念，它是数以万计的具体商品品种集合而成的总体。世界上商品的品种成千上万，由于各国语言、习惯的不同，即使对同一种商品，称呼也不一样。在国际货物贸易实务中，货物进出口办理批文、清关等都需要填写商品的类别，可是，成千上万的商品，如果没有一个统一的分类标准，将严重阻碍国际贸易的发展。为规范商品称谓，人们运用一些规则对商品进行分类，并规定统一的分类标准，以便用统一的标准对商品进行管理。于是，世界上产生了多种商品分类目录。国际上关于商品分类的标准影响最大的、使用国家最多的当属海关合作理事会1988年实施的《商品名称及编码协调制度》(The Harmonized Commodity Description and Coding System，简称H.S.编码制度，下文简称《协调制度》)。

商品编码，又称为商品代码，或称商品代号、货号。它是赋予某种商品或某类商品的代表符号。代表符号可以由数字、字母和特殊标记组成。

商品编码是在商品分类的基础上，对各类、各种商品都赋予一定规律性代码的过程。商品编码往往是商品目录的组成部分，商品分类与代码共同构成了商品目录的完整内容。商品编码与商品分类密切相关，在实践中也被称为商品分类编码。

(一)《商品名称及编码协调制度》

在《协调制度》问世之前，国际贸易中应用较为广泛的商品分类目录是《海关合作理事会税则商品分类目录》和联合国的《国际贸易标准分类》。但由于这两个商品目录的分类体系、结构和编码方法均不一致，给国际贸易各个方面带来很多不便。这样，就需要建立一套既可满足海关税则和国际贸易统计的需要，又可包容国际运输及生产部门等要求的国际商品分类制度。于是，在1983年6月，海关合作理事会（现名世界海关组织）通过了《商品名称及编码协调制度的国际公约》(简称《协调制度公约》)，并于1988年1月1日起正式生效。H.S.编码制度每4年修订1次，世界上已有200多个国家、地区使用H.S.编码制度，全球贸易中90%以上的货物都是以H.S.编码制度分类的。

商品编码的基本原则是唯一性、合理性、可扩充性、简明性、适用性和规范性。H.S.编码制度是国际上多种商品分类目录协调的产物，是世界各国专家努力工作的成果，是适合国际贸易各有关方面需要的，当今最完整、系统、通用、科学的国际贸易商品分类体系。

按照H.S.编码制度的分类和编目，所有国际贸易商品按生产部门归类，共划分成21类（Section)，如：活动物，动物产品；植物产品；矿物品；化学工业及其相关工业制品；塑料及其制品；橡胶及其制品；纺织原料及纺织制品；艺术品、收藏品及古物等。在各类内，基本按同一起始原料和同一类型产品划分为97章（Chapter）(其中第77章留空，为将来备用章)，如纺织品类包括有棉织品、毛织品、丝织品、麻织品和化纤品五大类。在每一章内，按照从原料至成品的加工程度排列成各种商品，并按顺序编号，共4位数1 241个编码，通常称为税目号（Heading No.或Tariff No.)。税目号的前两位数字表示商品所在的章，后两位数字代表相关商品在该章内的税目编号。

【例】H.S.编码表示方法

H.S.78.05——铅管及管子附件

解读：上述编码表示第78章“铅及其制品”中的第5号税目“铅管及管子附件”。对

4位税目可以继续细分，如增加一级子目号作为第5位数，增加二级子目号作为第6位数，形成6位数的协调制度编码号，也称作6位子目号或6位商品组号。

H.S.编码制度对1 241个税目号中的311个税目未再细分，在用6位子目表示时，一级子目和二级子目均用“0”表示。如H.S.00.06.00表示其他活动物。其他930个税目被进一步细分，这样共形成5 019个子目（或称商品组，Subheading No.）。

综上所述，H.S.编码制度对国际贸易商品分类情况为：21类—97章—1 241税目—5 019子目。显而易见，这种分类是非常便于查找使用的。

（二）我国海关进出口商品分类目录

我国海关自1983年开始研究《协调制度》，并参与了《协调制度》制定工作。1987年，我国海关将《协调制度》译成了中文，并开始着手根据《协调制度》对原中国海关的税则目录和海关统计商品目录进行转换。1992年1月1日，我国海关正式采用《协调制度》，使进出口商品归类工作成为我国海关最早实现与国际接轨的执法项目之一；同年6月23日，我国海关又根据外交部授权，代表中国政府正式签字成为《协调制度公约》的缔约方。

我国加入《协调制度公约》后，对《协调制度》采取了直接适用的方式，分别按时实施了1992、1996、2002、2007和2012版《协调制度》。

我国海关实施《协调制度》的载体主要为《中华人民共和国海关进出口税则》(以下简称《税则》)，其中的商品号列被称为税号，为征税需要，在每项税号后列出了该商品的税率。《税则》是以《协调制度》为基础转换而来的，其内容的第1章至第97章完全一致，而且，我国会根据《协调制度》的修订和我国税收、海关统计工作的需要对《税则》进行修订，以适应《协调制度》的发展。

此外，世界海关组织为使各缔约国能够统一理解、执行《协调制度》，编制了《商品名称及编码协调制度注释》，我国也将其完全翻译过来并据此制定了《海关进出口税则—统计目录商品及品目注释》；在此基础上，我国还针对本国增列的子目逐步编制《中华人民共和国海关进出口税则—统计目录本国子目注释》，二者共同构成了对《税则》的有效补充。

《协调制度公约》第三条“缔约国的义务”第三款规定：“本条规定不影响缔约各国在本国的税则目录或统计目录中，增列比《协调制度》目录更为详细的货品分类细目，但这些细目必须在本公约附件所规定的六位数级目录项下增列和编号。”因此，我国海关采用的《协调制度》分类目录，前6位数是H.S.国际标准编码，第7、第8两位是根据我国关税、统计和贸易管理的需要加列的本国子目，同时，我国海关还根据代征税、暂定税率和贸易管制的需要对部分税号增设了第9、第10位附加代码。随着进出口贸易的不断发展和商品种类的日益繁多，我国商品编码的数量也从1992年采用《协调制度》之初的6 250个增加到了2011年的超过10 000个。

以《协调制度》为基础的海关商品分类目录对商品的分类和编排是有一定规律的。从分类来看，基本上是按社会生产的分工（或称生产部类）划分的，即将属于同一生产部类的产品归在同一类里。从章节来看，基本上按商品的属性或功能、用途划分。而每章中各税（品）目的排列顺序一般按照动物、植物、矿物质产品或原材料、半制品、制成品的顺序编排。

目录采用结构号列，即税（品）目的号列不是简单的顺序号，而是有一定含义的编码。

例：我国进出口商品编码的表示方法

编码：78　01　1　0　0　0　——精炼铅

解读：章　税（品）目　5　6　7　8

其中，章、税（品）目、5、6位数级子目号列为《协调制度》原有的编码，7、8位数级子目号列为我国增加的编码。

●课堂讨论

2.1　在合同中规定"About 1000M/T"或"1000M/T, 5% more or less at seller's option"条款，试问：(1) 这两个是什么条款？(2) 这两个条款有无区别？(3) 在第二个条款下，卖方最多可交多少货物？最少应交多少货物？(4) 如卖方实际装运1 030公吨，买方应如何付款？

2.2　什么是运输标志？它一般由哪些内容构成？

2.3　我方在出口棉布合同中拟定的品质条款中列明"棉布无疵点"，该表述是否妥当？

2.4　某公司出口生丝，合同规定数量为100公吨，公量，允许溢短装5%，约定标准回潮率为11%。现在生丝104公吨，回潮率为9%，问：①这批生丝符合约定回潮率的重量为多少？②是否符合溢短装条款规定的重量？③应取出多少回潮率为9%的生丝？

●知识掌握

2.1　规定品名条款时应注意哪些问题？

2.2　在合同中如何表示商品的品质？

2.3　凭样品买卖时应注意哪些问题？

2.4　商品品质机动幅度与品质公差的区别是什么？

2.5　商品重量的计算方法有哪些？

2.6　在进出口贸易中，包装是如何分类的？

2.7　什么是中性包装？在何种情况下使用中性包装？

●知识应用

□ 案例分析

2.1　我国某公司与日本一客户签署出售驴肉合同，合同规定，数量25公吨，纸箱装，允许5%溢短装。我方业务人员装箱，共装1 500箱，并出具相关单据，单据上注明：总重量24.9公吨，1 500箱，每箱净重16.6千克。当货物运抵日本后，海关人员在查验时发现，该批货物每箱净重20千克，总重量30公吨。由于单据上的重量与实际重量不符，日本海关扣押了此批货物。日本客户也以所交货物不符合同规定为由，拒绝收货，拒付货款。

问题：日方这种做法合理吗？

2.2　我国某公司向俄罗斯出口大豆，合同规定数量为1 000公吨，用麻袋装。我方在装运中，由于麻袋数量不足，有100公吨的货物擅自改用塑料袋代替麻袋装运。

问题：我方的行为是否构成违约？对方是否有权拒收或以此为由向我方提出索赔？

2.3　我国某公司与日本某公司进行一笔煤炭出口贸易，合同规定："成交中国煤炭10 000公吨，5%增减，由卖方选择，增减部分按合同价格结算。"货物运抵日本后，经日本海关检查发现煤炭实际吨数为10 700公吨。据此日商提出降价5%的要求，否则拒收多交的700公吨煤炭。

问题：日商做法是否合理？

2.4　我国某公司向欧洲某国出口茶叶，合同和信用证中均写明是二级茶叶，但我方在交货时发现，二级茶叶没有库存，于是以一级茶叶冲抵交货，并在发票上加注："一级茶叶按二级茶叶计价，不另收费。"

问题：我方这种行为是否妥当？

2.5　我国某公司向国外出口一批仪器，合同规定由买方提供唛头，但截至买方提供时间届满为止，仍未见其通知设计情况，而该公司货已备好。

问题：该公司应如何处理此事？

□ **实践训练**

2.1　试设计一个运输标志。

2.2　华北某出口公司与非洲的进口商洽谈一批小麦的交易，签订的合同部分条款如下：中国小麦，FAQ，袋装，重量10吨，以毛作净，每千克2元。请改正条款中不恰当之处。

第3章

贸易术语

● 学习目标

在学习完本章之后，你应该能够：

了解：有关贸易术语的国际贸易惯例；

明确：贸易术语的概念和性质；

熟知：《2010年通则》的主要内容和特点；

掌握：FOB、CFR和CIF三种常见贸易术语关于买卖双方的责任、风险和费用的划分。

【引例】

1. 我国某公司与外商签订一份FOB合同，合同规定："买方须于2月份派船到厦门港接货。如果在此期间内不能派船接货，卖方同意保留28天，但仓储、利息、保险等费用皆由买方承担。"2月1日，卖方在货物备妥后电告买方应尽快派船接货。但是，一直到2月28日，买方仍未派船接货。于是卖方向买方提出警告，声称将撤销合同并保留索赔权。买方在没有与卖方进行任何联系的情况下，直到5月5日才将船只派到厦门港接货。这时卖方拒绝交货并提出损失赔偿，买方则以未订到船只为由拒绝赔偿损失，双方争议不能和解，卖方遂起诉到法院。法院经取证调查，认为买方确实未按合同规定的时间派船接货，因此判决卖方有权拒绝交货，并提出赔偿请求。后经双方协商，卖方交货，但由买方赔偿仓储、利息、保险等费用。

2. 1月份我国某进口商与东南亚某国以CIF条件签订合同进口香米，由于海上运输距离较近，且运输时间段海上一般风平浪静，于是卖方在没有办理海上货运保险的情况下将货物运至我国某一目的港口，适逢国内香米价格下跌，我国进口商以出口方没有办理货运保险、卖方提交的单据不全为由，拒收货物和拒付货款。

3. 我国某公司（总部位于内陆地区）于2月向日本出口30吨甘草膏，每吨40箱共1 200箱，每吨售价1 800美元，FOB新港，共54 000美元，即期信用证，装运期为2月25日之前。该出口公司在天津设有办事处，于是在2月上旬便将货物运到天津，由天津办事处负责订箱装船，不料货物在天津存仓后的第二天，仓库午夜着火，抢救不及，

1 200箱甘草膏全部被焚。天津办事处立即通知某公司总部并要求尽快补发30吨，否则无法按期装船。但该出口公司货源不济，只好要求日商将信用证的有效期和装运期各延长15天。

案例1涉及FOB贸易术语下船货衔接的问题。在合同中，对于装运期和装运港要慎重规定，订约之后，有关备货和派船事宜，双方要加强联系，密切配合，保证船货衔接。

案例2涉及CIF贸易术语象征性交货的问题。由于市场行情发生了对我方不利的变化，而且是CIF贸易方式，我方要求卖方凭借合格齐全的单证完成交货义务，该要求是合理的。

案例3强调进出口企业应采用适当的贸易术语，否则不仅加大了自身风险，而且会推迟结汇。

由以上的案例可以看出，在国际货物买卖中，买卖双方需要办理进出口清关手续，安排运输与保险，支付各项费用。货物在装卸、运输过程中，还可能遭受自然灾害、意外事故和其他各种外来风险，所以双方在价格洽谈时，就要明确货物从卖方转移到买方的全部过程中，各种手续由谁办理、费用由谁负担、风险如何划分、货物所有权何时转移等问题。如果每一笔交易都对这些环节逐项反复洽谈，将耗费大量的时间和费用。为了简化交易手续、缩短交易过程，利于双方当事人成交，买卖双方便采用不同的贸易术语来表示交易双方责任、费用与风险的划分。

● 3.1 贸易术语及有关贸易术语的国际惯例

3.1.1 贸易术语及其作用

贸易术语（Trade Terms）是进出口商品价格的一个重要组成部分，它用一个简单的概念或三个英文字母的缩写来说明买卖双方有关费用、风险和责任的划分，确定卖方交货和买方接货方面的权利和义务。

贸易术语具有两重性，即一方面表示交货条件，另一方面表示价格构成因素，特别是货价中所包含的从属费用。不同的贸易术语表示其具有不同的交货条件和不同的价格构成因素，因而买卖双方各自承担的责任、费用与风险也互不相同。这些因素必然反映在成交商品的价格上，所以，在进口国国内交货比在出口国国内交货的价格高。由于贸易术语体现出商品的价格构成，所以也称其为“价格术语”（Price Terms）。

3.1.2 有关贸易术语的国际惯例

贸易术语来源于国际贸易惯例，是在国际贸易长期实践的基础上逐渐产生与发展起来的。在国际贸易交易活动中，由于各国法律制度、贸易惯例与习惯做法不同，各国对同一贸易术语的解释与运用也互有差异，因而容易引起贸易纠纷。为了避免纠纷、减少争议、以利于国际贸易的发展，世界性的学术组织与工商团体曾先后对不同的贸易术语做出解释或规定。这些解释在长期的国际贸易实践中已为许多国家和商业团体所熟悉、承认和采用，并且逐渐成为国际贸易惯例。

目前比较有影响的有关贸易术语的国际贸易惯例主要有三个：

1）《1932年华沙-牛津规则》（Warsaw-Oxford Rules 1932）

此规则是国际法协会以英国贸易习惯及判例为基础制定的，它对采用CIF术语的合同的性质、特点及买卖双方对费用、责任和风险的划分等阐述得较详细。该规则在国际贸易中有一定的影响，有些条款至今仍在沿用。

小资料3-1：国际贸易惯例与法律

2）《1990年美国对外贸易定义修正本》（Revised American Foreign Trade Definitions 1990）

1919年，美国的九大商业团体制定了《美国出口报价及其缩写条例》（The US Export Quotation and Abbreviations），在1940年举行的美国第27届全国对外贸易会议上对该条例进行了修改，并于1941年7月31日正式通过并采用，定名为《1941年美国对外贸易定义修正本》（Revised American Foreign Trade Definitions 1941）；至1990年又加以修订，改称《1990年美国对外贸易定义修正本》（Revised American Foreign Trade Definitions 1990）。该定义解释的贸易术语共有六种，分别是EXW（Ex Works-named place）；FOB（Free on Board）；FAS（Free alongside）；CFR（Cost and Freight）；CIF（Cost，Insurance，Freight）；DEQ（Delivered Ex Quay）（Duty Paid）。

此规则在美洲国家采用较多。值得注意的是，该定义把FOB分为六种类型，其中只有第五种，即"装运港船上交货价"（FOB Vessel）与《2010年通则》中FOB贸易术语的解释相近，与美国和美洲国家做交易时，应特别注意它对贸易术语的解释及与其他国际惯例的区别。

3）《国际贸易术语解释通则》（International Rules for the Interpretation of Trade Terms），以下简称《通则》（INCOTERMS）

《国际贸易术语解释通则》是国际商会为统一各种贸易术语的不同解释于1936年制订的，此后，为适应国际贸易实践发展的需要，国际商会先后于1953年、1967年、1976年、1980年、1990年、2000年和2010年进行过多次修订和补充，为使贸易术语更进一步适应世界上无关税区的不断扩大，商业交易中使用电子信息的增多，货物运输中对安全问题的进一步关注以及运输方式的变化，国际商会于2007年发起对《2000年通则》进行修订的动议，历时三年，《2010年国际贸易术语解释通则》（International Rules for the Interpretation of Trade Terms 2010，缩写为Incoterms® 2010，以下简称《2010年通则》）最终版本于2010年9月正式面世，并于2011年1月1日起生效。《国际贸易术语解释通则》是当前在国际贸易中得到普遍承认和应用的国际惯例，欧洲商人大多采用此惯例。

虽然《2010年通则》于2011年1月1日正式生效，但并非《2000年通则》就自动作废，因为国际贸易惯例本身不是法律，对国际贸易当事人不产生必然的强制性约束力。国际贸易惯例在适用的时间效力上并不存在"新法取代旧法"的说法，即《2010年通则》实施之后并非《2000年通则》就自动废止，当事人在订立贸易合同时仍然可以选择适用《2000年通则》甚至《1990年通则》。

《2010年通则》的公布和实施，使《通则》更适应当代国际贸易的实践，这不仅有利于国际贸易的发展和国际贸易法律的完善，而且起到了承上启下、继往开来的作用，标志着国际贸易惯例的最新发展。

小资料3-2：国际商会及其中国国家委员会

3.2　国际贸易术语解释通则® 2010的主要变化及说明

1）增加两种新的术语——DAT（运输终端交货）和DAP（目的地交货）

《2010年通则》将《2000年通则》中13种术语减为11种，删除了《2000年通则》中四个D组贸易术语，即DDU（Delivered Duty Unpaid）、DAF（Delivered at Frontier）、DES（Delivered Ex Ship）、DEQ（Delivered Ex Quay），新增加两种D组贸易术语，即DAT（Delivered at Terminal）与DAP（Delivered at Place）。在这两个新增术语中，交货都在指定目的地发生，属“实质性交货”术语。使用DAT时，货物已从到达的运输工具卸下，由买方处置（与以前的DEQ相同）。使用DAP时，货物同样由买方处置，但并未从运输工具上卸下（与以前的DAF、DES和DDU术语相同）。这两个术语均适用于任何运输方式，在将货物运至目的地过程中涉及的所有费用和风险由卖方承担。这两个术语也适用于各种DAF、DES、DEQ以及DDU以前被使用过的情形。

2）11种贸易术语的分类

《2000年通则》中的13种术语按术语缩写首字母分成四组，即E组（EXW），F（FCA、FAS、FOB）组，C（CFR、CIF、CPT、CIP）组以及D（DAF、DES、DEQ、DDU、DDP）组。这种分类反映了卖方对于买方的责任程度。如FCA或EXW，利用交货的完成以及在尽可能早的时间把风险转移给买方从而赋予卖方最少的责任。相反，D组术语，或者说“实质性交货”术语，利用交货的完成以及在尽可能晚的时间把风险转移给买方从而赋予卖方更多的责任。

《2010年通则》将11种贸易术语分成了特征鲜明的两大类。

第一类是适用于任何运输方式的7种术语：

EXW（Ex Works）　工厂交货

FCA（Free Carrier）　货交承运人

CPT（Carriage Paid to）　运费付至

CIP（Carriage and Insurance Paid to）　运费、保险费付至

DAT（Delivered at Terminal）　运输终端交货

DAP（Delivered at Place）　目的地交货

DDP（Delivered Duty Paid）　完税后交货

这些术语可以用于没有海上运输的情形。但要谨记，这些术语能够用于船舶作为运输的一部分的情形。

第二类是适用于海运或内河运输的4种术语：

FAS（Free Alongside Ship）　装运港船边交货

FOB（Free on Board）　装运港船上交货

CFR（Cost and Freight）　成本加运费

CIF（Cost，Insurance and Freight）　成本、保险费加运费

这类术语卖方交货点和货物运至买方的地点均是港口，所以“唯海运不可”就是这类术语的标签。

《2010年通则》取消了“船舷”的概念，在FOB、CFR和CIF下，卖方承担货物装上

船为止的一切风险，买方承担货物自装运港装上船后的一切风险。这样的规定更符合当今现实。在FAS，FOB，CFR和CIF等术语中加入了货物在运输期间被多次买卖（连环贸易）的责任义务的划分。

3）国内贸易和国际贸易术语

贸易术语在传统上被运用于表明货物跨越国界的国际销售合同。然而，世界上一些地区的大型贸易集团，像欧盟的存在，使得原本实际存在的边界通关手续变得不再那么有意义。因此，《2010年通则》的编撰委员会认识到这些术语对国内和国际销售合同都是适用的；所以，《2010年通则》在很多地方做出明确说明，只有在适用的地方，才有义务遵守出口/进口所需的手续。

4）使用指南

《2010年通则》中的每一种术语在其条款前面都有一个使用指南。指南解释了每种术语的基本点，比如何种情况应使用次术语；风险转移界线是什么；费用在买卖双方是如何分摊的等。这些指南并不是术语正式规则的一部分，它们是用来帮助和引导使用者准确有效地为特定交易选择合适的术语。

5）电子信息

通则的早期版本已经对需要的单据做出了规定，这些单据可被电子数据交换信息替代。不过现在《2010年通则》赋予电子信息与纸质信息完全等同的效力，只要各方当事人达成一致或者在使用地符合惯例。在《2010年通则》的有效期里，这一规定有利于新的电子程序的演变发展。

6）保险

《2010年通则》是自《伦敦保险协会货物险条款》修改以来的第一个版本，这个最新版本在所修改内容中充分考虑了这些保险条款的变动。《2010年通则》在涉及运输和保险合同的A3/A4条款中罗列了有关保险责任的内容，原本它们属于内容比较宽泛而且有着比较泛化标题“其他义务”的A10/B10款。在这方面，为了阐明当事人的义务，对A3/A4款中涉及保险的内容做出调整。

7）有关安全的核准书及这种核准书要求的信息

国际贸易参与者对货物在转移过程中的安全关注度很高，要求检定货物不会因除其自身属性外的原因而造成对生命财产的威胁。因此，《2010年通则》在各种术语的A2/B2和A10/B10条款内容中包含了取得或提供帮助取得安全核准的义务，如产销监管链信息。

8）码头装卸费

按照术语解释，在CPT、CIP、CFR、CIF、DAT、DAP和DDP下，卖方必须安排将货物运输至约定目的地：表面上是卖方自负运输费用，但实际上是由买方负担，因为卖方早已把这部分费用包含在最初的货物价格中。运输成本有时包括货物在港口内的装卸和移动费用，或者集装箱码头设施费用，而且承运人或者码头的运营方也可能向接受货物的买方收取这些费用。在这些情况下，买方就要注意避免为一次服务付两次费：一次包含在货物价格中付给卖方，另一次是单独付给承运人或码头的运营方。《2010年通则》在相关术语的A6/B6条款中对这种费用的分配方法做出了详细规定，旨在避免上述问题的发生。

9）链式销售（String Sales）

在商品的销售中，有一种和直接销售相对的销售方式，货物在沿着销售链运转的过程中频繁地被销售好几次。在这种情况下，在一连串销售中间的销售商并不将货物“装船”，因为它们已经由处于这一销售链中的起点销售商装船，因此，链式销售的中间销售商对其买方应承担的义务不是将货物装船，而是“设法获取”已装船货物。着眼于贸易术语在这种销售中的应用，《2010年通则》的相关术语中同时规定了“设法获取已装船货物”和将货物装船的义务。

3.3　常用的国际贸易术语

《2010年通则》中的贸易术语虽然有11种，但是经常使用的是FOB、CFR和CIF，它们都是装运港交货的贸易术语，均仅适用于海运或内河水运。随着国际贸易的发展，特别是现代运输工具的广泛使用，FCA、CPT和CIP又被认为是未来国际贸易中常用的贸易术语。

3.3.1　FOB术语

1）FOB术语的含义

FOB的英文全称是Free on Board（Insert Named Port of Shipment），即船上交货（插入指定装运港），习惯上称为装运港船上交货。按照《2010年通则》的解释，装运港船上交货是指由买方负责派船接运货物，卖方应在合同规定的装运港和规定的期限内，将货物装上买方指派的船只，并及时通知买方。货物在装运港装上船，风险即由卖方转移至买方，同时买方承担自上船起的一切费用。FOB术语仅适用于海运和内河水运，对于货物在上船前已经交给承运人的情况，例如用集装箱运输的货物通常是在集装箱堆场或货运站交货，则应采用FCA贸易术语。采用FOB术语时，买卖双方各自承担的主要义务概括如下：

卖方义务：

（1）按照买卖合同规定的装运期和装运港，将符合合同规定的货物交到买方指派的船上，并及时通知买方。

（2）承担货物在装运港装上船为止的一切费用和风险。

（3）自负风险和费用，取得出口许可证或其他官方批准文件，并且办理货物出口所需的一切海关手续。

（4）提供商业发票以及证明卖方已交货的通常证据或等效的电子信息。

买方义务：

（1）订立从指定装运港口运输货物的合同，支付运费，并将船名、装货地点和要求交货的时间及时通知卖方。

（2）根据买卖合同的规定接受单证和货物并支付货款。

（3）承担货物在装运港装上船时起的一切费用和风险。

（4）自负风险和费用，取得进口许可证或其他官方批准文件，并且办理货物进口所需的一切海关手续。

2）使用FOB术语应注意的问题

（1）租船订舱问题。它是指船货衔接问题及由此引起的一系列费用问题。按照FOB

的含义，买方负责租船订舱，并在受载前一段时间内将船名、船期（预计到达装运港的日期）通知卖方，以便卖方做好装船准备；卖方要按合同规定的装运港和期限，负责将合同要求的货装上买方指定的船只，装货完毕及时通知买方。按照有关惯例，如果买方所租船只没能按期到达，或提前到达装运港口，卖方都有权拒绝交货，由此造成的各种损失，如滞期费（Demurrage Charges）、空舱费（Dead Freight）及卖方增加的仓储费等，均由买方负责；如果买方所租船只在规定的时间到达了装运港，卖方因货未备妥而影响装船，由此造成的空舱费或滞期费应由卖方支付。

【案例3-1】

我国进口商以FOB条件从巴西进口橡胶，但是由于租船困难，我方不能在合同规定的时间内到装运港接运货物，从而出现了较长时期的货等船现象，于是巴西方面要求撤销合同并向我方进口商提出赔偿损失的要求。

问题：巴西出口商的做法是否合理？

分析提示：按照《2010年通则》的解释，根据FOB条件成交，买方应在约定的期限租船到指定的装运港接运货物。我方没能及时派船接运货物，属于违约行为，因此巴西出口商有权以此为由撤销合同并要求赔偿损失。

需要注意的是，按FOB价格成交的买卖合同对上述因船、货衔接不好造成的责任问题应明确订明。例如，“如到期买方不派船，卖方有权撤销合同并要求赔偿损失”，或“如未经卖方同意，船只比原规定装船期提前到达，由此引起的空舱费或滞期费等，卖方不负担”等。另外，在FOB条件下，有时买方也委托卖方代为租船，若卖方表示同意，也仅属于代办性质，其风险和费用仍由买方承担，如卖方租不到船只、订不到舱，卖方不承担后果，买方也无权撤销合同及向卖方索赔。

【案例3-2】

我国某公司以FOB条件出口一批冻鸡，合同签订后接到买方来电，称租船较为困难，委托我方代为租船，有关费用由买方负担。为了方便合同履行，我方接受了对方的要求，但时间已到了装运期，我方在规定的装运港无法租到合适的船，且买方又不同意改变装运港，因此到装运期届满时，货仍未装船。买方因销售即将结束，便来函以我方未按期租船履行交货义务为由撤销合同。

问题：我方应如何处理？

分析提示：(1) 我方不应接受买方提出的撤销合同的要求，同时应要求买方赔偿相关的损失。

(2) 本案例涉及FOB术语，按照《2010年通则》的解释，在FOB术语条件下，除非合同双方有明确的相关约定，否则按照国际惯例，卖方只负责交货，买方负责派船接货。即便卖方接受了买方的委托负责办理租船订舱运货，都属于代办性质，其风险和费用仍应由买方承担。

(3) 在本案例中，我方作为卖方只是接受了买方的委托，负责代买方租船订舱事宜，按照惯例是不承担租船订舱的风险的。在货物的装运期内，我方在规定的装运港无法租到合适的船，及时通知了买方，而买方并没有做出积极的反应，不愿意改变装运港至可能租到船的港口或改变运输方式，导致装运期满时货物仍无法运出，这应该由买方承担一切后果。买方更无权以“未按期租船履行交货义务”为由撤销合同。并且，若我方按照合同规定将货物运至装运港，不论最后如何解决合同，我方都可保留追究买方未按时派船接货而导致我方货物仓储等费用的损失。所以，我方可以拒绝卖方无理的撤销合同的要求，并要求买方赔偿相关损失。

（2）个别国家对FOB的不同解释。以上有关FOB的解释都是按照《2010年通则》做出的。然而，不同的国家和不同的惯例对FOB的解释并不完全统一。它们之间的差异在有关交货的地点、风险划分界限以及卖方承担的责任义务等方面的规定上都可体现出来。北美国家采用的《1990年美国对外贸易定义修订本》将FOB概括为6种，其中第4种是在出口地点的内陆运输工具上交货，第5种是在装运港船上交货。这两种术语在交货地点上有可能相同，在使用时应加以注意。比如都是在旧金山交货，如果买方要求在装运港口的船上交货，则应在FOB和港名之间加上“轮船Vessel”字样，变成“FOB轮船旧金山”；否则，卖方有可能按第4种情况在旧金山市的内陆运输工具上交货。

另外，在关于办理出口手续问题上，FOB也存在分歧。按照《2010年通则》的解释，在FOB条件下，卖方义务是“自负风险和费用，取得出口许可证或其他官方批准证件，并办理货物出口所必需的一切海关手续”。但是，按照《1990年美国对外贸易定义修订本》的解释，卖方只是“在买方请求并由其负担费用的情况下，协助买方取得由原产地及/或装运地国家签发的，为货物出口或其目的地进口所需的各种证件”。

鉴于上述情况，在同美国、加拿大等美洲国家进行交易，采用FOB成交时，当事人应对有关问题在合同中具体订明，以免因解释上的分歧而引起争议。

【案例3-3】

我国某公司按每公吨242美元FOB Vessel New York进口200公吨钢材，合同未规定贸易术语引用何种惯例，我方如期开出48 400美元信用证，但美商来电要求增加信用证金额至50 000美元，不然有关出口税费应由我方另行电汇。

问题：美方此举是否合理？

分析提示：本案例中美方依据的有关贸易术语的国际贸易惯例是《1990年美国对外贸易定义修订本》，根据该惯例规定，买方要支付卖方协助提供出口单证的费用以及因出口而产生的其他费用。而我方开出的信用证只包含了货价，未包括此项费用，因此，美方的要求是合理的。

3.3.2　CFR术语

1）CFR术语的含义

CFR的英文全称是Cost and Freight（Insert Named Port of Destination），即成本加运费（插入指定目的港）。成本加运费，又称运费在内价，也是国际贸易中常用的贸易术语之一。按照《2010年通则》的解释，采用这种贸易术语成交，卖方在合同规定的装运港和规定的期限内将货物装上船，并及时通知买方，风险即由卖方转移至买方。卖方必须签订运输合同，支付运费，将货物运至指定目的港。CFR术语仅适用于海运和内河水运，对于货物在上船前已经交给承运人的情况，如用集装箱运输的货物通常是在集装箱堆场或货运站交货，则应采用CPT贸易术语。采用CFR术语时，买卖双方各自承担的主要义务概括如下：

卖方义务：

（1）签订从指定装运港将货物运往约定目的港的合同；按照买卖合同规定的装运期和

装运港，将符合合同规定的货物装上船并支付至目的港的运费；装船后及时通知买方。

（2）承担货物在装运港装上船为止的一切费用和风险。

（3）自负风险和费用，取得出口许可证或其他官方证件，并且办理货物出口所需的一切海关手续。

（4）提交商业发票，及自费向买方提供到约定目的港的通常的运输单据，或等效的电子信息。

买方义务：

（1）接受卖方提供的有关单据，受领货物，并按合同规定支付货款。

（2）承担货物在装运港装上船时起的一切风险。

（3）自负风险和费用，取得进口许可证或其他官方证件，并且办理货物进口所需的一切海关手续，支付关税及其他相关费用。

2）使用CFR术语应注意的问题

（1）卖方的装运义务。采用CFR贸易术语成交时，卖方要承担将货物由装运港运往目的港的义务，按照《联合国国际货物销售合同公约》的规定，卖方延迟装运或者提前装运都是违反合同的行为，并要承担违约责任。买方有权根据具体情况拒收货物或提出索赔。因此，卖方应根据货源和船源的实际情况，合理地规定装运期。

（2）装船通知的重要作用。需要特别注意的问题是，在CFR条件下，卖方安排运输，而由买方办理货运保险，根据国际贸易惯例的解释和某些国家的法律规定，卖方在货物装船后必须及时向买方发出装船通知，以便买方办理投保手续。如果货物在运输途中遭受损失或灭失，由于卖方未发出通知而使买方漏保，那么卖方就不能以风险在上船时转移为由免除责任。由此可见，在FOB和CIF条件下，尽管卖方装船后也应向买方发出通知，但在CFR条件下的装船通知具有更为重要的意义。对此，买卖双方要在合同中明确规定，以免事后发生纠纷。

在进口业务中，如果是按CFR价格成交，鉴于由外商安排装运、由我方负责保险，故应选择资信好的国外客户成交，并对船舶提出适当要求，以防外商与船方勾结，出具假提单、租用不适航的船舶，或伪造品质证书与产地证明。

【案例3-4】

我国某公司按CFR术语与英国客户签约成交，合同规定保险由买方自理。我方于9月1日凌晨2点装船完毕，受载货轮于当日下午起航。因9月1、2日是周末，我方未及时向买方发出装船通知。3日上班收到买方急电称：货轮于2日下午4时遇险沉没，货物灭失，要求我方赔偿全部损失。

问题：我方能否以货物运输风险是由买方承担为由拒绝买方的索赔？

分析提示：我方不能以风险界点在装运港为由而拒绝买方的索赔要求。

此案例涉及CFR术语。按照《2010年通则》的解释，CFR合同中买卖双方的风险划分在装运港船上，货物装上船以后的风险由买方承担。买方能否及时办理保险取决于卖方在装运港装船后是否及时向买方发出装船通知。根据CFR术语，卖方在货物装船后及时向买方发出装船通知是其重要义务，如果卖方未及时向买方发出装船通知导致买方未能及时办理保险手续，由此引起的损失由卖方负担。

本案例中，卖方没有及时向买方发出装船通知，导致买方未办理保险，因此我方理应对该项货物损失负责，而不能以风险已转移给买方为由拒绝买方的索赔。

3.3.3　CIF术语

1）CIF术语的含义

CIF的英文全称是Cost，Insurance and Freight（Insert Named Port of Destination），即成本、保险费加运费（插入指定目的港）。按照《2010年通则》的解释，采用CIF术语成交时，卖方负责按通常条件租船订舱，支付到目的港的运费，并在规定的装运港和规定的期限内将货物装上船，装船后及时通知买方。卖方还要负责办理从装运港到目的港的货运保险，支付保险费。在业务中，有人称CIF为"到岸价"，这种说法是不明确的，容易引起误解而导致工作中不应有的损失。因为按CIF条件成交时，卖方仍是在装运港完成交货，卖方承担的风险是在装运港货物装上船为止的风险，货物装上船以后的风险仍由买方承担；货物装船后产生的除运费、保险费以外的费用，也要由买方承担。CIF条件下的卖方，只要提交了约定的单据，就算完成了交货义务，并不保证把货物按时送到对方港口。CIF术语仅适用于海运和内河水运，对于货物在上船前已经交给承运人的情况，如用集装箱运输的货物通常是在集装箱堆场或货运站交货，则应采用CIP贸易术语。采用CIF术语时，买卖双方各自承担的主要义务概括如下：

卖方义务：

（1）签订从指定装运港承运货物的合同；按照买卖合同规定的装运期和装运港，将符合合同规定的货物装上船，并支付至目的港的运费；装船后须及时通知买方。

（2）承担货物在装运港装上船为止的一切费用和风险。

（3）按照买卖合同的约定，自负费用办理水上运输保险。

（4）自负风险和费用，取得出口许可证或其他官方证件，并且办理货物出口所需的一切海关手续。

（5）提交商业发票及自费向买方提供到约定目的港的通常的运输单据，或等效的电子信息，并且自费向买方提供保险单据。

买方义务：

（1）接受卖方提供的有关单据，受领货物，并按合同规定支付货款。

（2）承担货物在装运港装上船时起的一切风险。

（3）自负风险和费用，取得进口许可证或其他官方证件，并且办理货物进口所需的一切海关手续。

2）使用CIF术语应注意的问题

（1）租船订舱问题。采用CIF术语成交，卖方的基本义务之一是租船订舱并支付运费。如果没有相反的约定，卖方只是负责按通常条件和惯驶航线，租用适当船舶将货物运往目的港。因此，对于在业务中有时买方提出的关于限制船舶国籍、船型、船龄、船级以及指定装载某班轮公司的船只等项要求，卖方有权拒绝接受。但在具体贸易实践中，为了发展出口业务，如买方提出上述要求，在卖方能办到又不增加额外费用和风险的情况下，卖方也可根据具体情况给予通融。一旦在合同中做出明确规定，就必须严格照办。至于装船后是否要发出装船通知的问题，各国惯例有不同的解释。但为了便于买方了解货运情况，及时做好接货准备，最好在装船后及时通知买方。

小资料3-3：实际交货和象征性交货

（2）关于保险问题。在CIF条件下，卖方负责签订保险合同，按约定的险别投保货物运输险（如买卖双方没有约定具体险别，则卖方只需取得最低限度的保险险别），并支付保险费和提交保险单。卖方办理保险属代办性质，运输途中货物受到损失，应由买方向保险公司或轮船公司提出索赔。只要卖方在约定的装运港按期将货物装到运往指定目的港的船上，同时办理了保险手续，并将约定的单证及时交给买方，即为完成交货义务。

此外，按CIF条件成交，虽然由卖方安排装运和办理货运保险，但卖方并不承担把货送到目的港的义务，因为CIF属于装运港交货的术语，而不是目的港交货的术语。CIF价格本身含风险划分与费用划分两个分界点。在划分风险的分界点之后，增加了卖方的义务，卖方应当特别审慎；在费用划分方面，卖方只支付承运人从装运港到目的港的正常运费，由于运输途中的风险而产生的额外费用，应由买方负担。

【案例3-5】

我国某公司以CIF条件出口一批货物。货物运抵目的港后，我方接到买方支付货款的通知，声明：因货物在运输途中躲避风暴而增加的运费已代我公司支付给船公司，因此所付的货款中已将此项费用扣除。

问题：我方应如何处理？

分析提示：我方应拒绝买方将货船在运输途中因躲避风暴而增加的费用从货款中扣除的做法，应向买方追回这笔款项。按照《2010年通则》的解释，按CIF条件成交时，卖方负责租船订舱、支付运费，但卖方支付的运费是从装运港至目的港的正常运费，因运输途中的风险而增加的运费，按照风险界点划分界线的规定，应该由买方承担。

（3）象征性交货问题。从交货方式来看，CIF是一种典型的象征性交货，它是针对实际交货而言的。象征性交货指卖方只要按期在约定地点完成装运，并向买方提交合同规定的包括物权凭证在内的有关单证，就算完成了交货义务，而无须保证到货。实际交货则是指卖方要在规定的时间和地点，将符合合同规定的货物提交给买方或其指定人，而不能以交单代替交货。可见，在象征性交货方式下，卖方是凭单交货，买方是凭单付款。只要卖方如期向买方提交了合同规定的全套合格单据（名称、内容和份数相符的单据），即使货物在运输途中损坏或灭失，买方也必须履行付款义务；反之，如果卖方提交的单据不符合要求，即使货物完好无损地运达目的地，买方仍有权拒绝付款。需要注意的是，按CIF术语成交，卖方履行其交单任务，只是得到买方付款的前提条件。如果卖方提交的货物不符合要求，买方即使已经付款，仍然可以根据合同的规定向卖方提出索赔。

【案例3-6】

我国某出口公司按CIF伦敦向英商出售一批核桃仁，由于该商品季节性较强，双方在合同中规定：买方必须于9月底前将信用证开到，卖方保证运货船只不迟于12月2日驶抵目的港；如货轮迟于12月2日抵达目的港，买方有权取消合同，如货款已收，卖方必须将货款退还买方。

问题：合同的性质是否属于CIF合同？

分析提示：合同条款规定的“到货日期”，不符合CIF价格术语的风险划分界限，按照《2010年通则》的解释，在CIF条件下，卖方在装运港交货，货物装上船以后的风险均由买方负责。如果限定到货日期，意味着卖方要承担装上船后的一切风险。

CIF是“象征性交货”，若卖方提供齐全、正确的货运单据，则买方不能拒收单据、拒付货款。而该合同中规定"如货运船只不能如期到达，买方将收回货款"，实际上成了货到付款。

因此，该合同名义上是按CIF成交，但实质上并不属于CIF合同。

3）FOB、CFR和CIF术语的异同点

FOB、CFR和CIF是国际贸易中最常用的贸易术语，它们既有许多相似之处，又有区别。

相同点：FOB、CFR和CIF都在装运港交货，风险的划分都是以装上船为界，即货物装上船后，风险就由卖方转移给买方；同时，这三种价格术语都属于象征性交货，即都是凭单据交货、凭单据付款。

不同点主要表现在：买卖双方所承担的责任和费用不同。使用FOB术语时，由买方办理租船订舱、办理保险并支付运费和保险费；使用CFR术语时，由卖方负责租船订舱、支付运费，而买方负责办理保险、支付保险费；使用CIF术语时，由卖方负责租船订舱、办理保险，并支付运费和保险费。

FOB、CFR和CIF是三种传统的贸易术语，都仅适用于海洋货物运输及相接内河运输。在目前国际贸易普遍使用集装箱、多式联运等运输方式的新情况下，FCA、CPT和CIP被认为是未来国际贸易中最能适应现代化运输方式的贸易术语。

3.3.4 FCA术语

FCA的英文全称是Free Carrier（Insert Named Place of Delivery），即货交承运人（插入指定交货地点）。在FCA术语下，卖方要在卖方所在地或其他指定地点，按合同规定的日期或期限，将货物交由买方指定的承运人或其他人照管。如果没有规定具体地点，并有几个地点可供选择，则卖方可以自行选择最合适的交货地点。如果买方未给予准确的指示，卖方可以按承运人的运输方式、货物数量和（或）性质所要求的方式将货物交给承运人，并给予买方货物已交由承运人处置的充分通知。出口结关手续由卖方办理。货物已交承运人处置后的风险和费用由买方负担。

1）运输合同问题

在FCA术语下，买方自行订立从指定地承运货物的合同并负担费用，而卖方无订立运输合同的义务。但是，如果应买方的要求或商业惯例，并且买方未及时做出相反的指示，卖方也可以按通常的条件订立运输合同，而由买方负担风险和费用。卖方可以拒绝买方的要求，如果拒绝，应立即通知买方。

【案例3-7】

我国某公司按FCA条件进口一批化工原料，合同中规定由卖方代办运输事项。结果在装运期满时，国外卖方来函通知，无法租到船，不能按期交货。因此我方公司向国内生产厂家支付了10万元违约金。

问题：对于这10万元的损失，我方可否向国外的卖方索赔？

分析提示：（1）我方的10万元延期交货违约金不能向国外的卖方索赔，应由自己承担。

（2）这个案例涉及FCA术语问题，按照《2010年通则》的解释，买方负责订立运输契约，指定承运人到装运地点接货，买方可以委托卖方代办运输事项，但此项活动的风险和费用均由买方承担。

（3）结合本案例，按照FCA术语的要求，应由我方公司负责租船订舱，但我方公司在自己承担风险责任的情况下由卖方代办运输，所以卖方租不到船、订不到舱的风险应由我方公司承担，由此而导致的对国内企业的违约金的损失也应由我方公司承担。

2）交货点和风险转移

根据《2010年通则》的规定，在FCA条件下，卖方的交货义务可以概括如下：

（1）如果合同中规定的指定交货地为卖方所在处所，则当货物被装至由买方指定的承运人的收货运输工具上时，卖方即完成了交货义务。

（2）在其他情况下，当货物在买方指定的交货地，从卖方的送货运输工具上被交由买方指定的承运人处置时，卖方即完成了交货义务。

一般情况下，当卖方按照合同规定，在卖方所在处所将货物装上承运人的收货运输工具，或者在其他指定交货地，在卖方的送货运输工具上，将货物交给承运人处置时，风险即转移至买方。但是，当卖方的货物已划归本合同项下，而买方未给予卖方关于货物运输的充分通知，或者其指定的承运人未收受货物时，买方应承担自约定的交货日期或期限届满之日起的货物灭失或损坏的一切风险。

需要特别说明的是，交货地点的选择对于在该地点装货和卸货的义务会产生影响。若卖方在其所在地交货，则卖方应负责装货；若卖方在任何其他地点交货，则卖方不负责卸货。

【案例3-8】

我国某公司按FCA条件出口一批钢材，合同规定4月份装运，但到了4月30日，仍未见买方关于承运人名称及有关事项的通知。在此期间，已备好作为出口的货物因火灾而遭焚毁。

问题：此项货损应由谁负责？

分析提示：（1）此项货损应由卖方负责。

（2）此案例涉及FCA术语，按照《2010年通则》的解释，在FCA术语条件下，买卖双方的风险界点为在指定地点货交承运人控制，卖方承担货物交给承运人控制之前的风险，买方承担将货物交给承运人控制之后的风险。该批货物因买方迟迟未订立运输契约指定承运人，故在合同规定的装运期满仍未能交于承运人处置，风险尚未转移给买方。

（3）结合本案例，在FCA条件下，如果买方未能及时通知卖方承运人及其他事项，买方应承担由此引起的风险和损失，而买方承担风险和损失的条件是货物的损毁和灭失发生在合同规定的交付货物的约定日期或期限届满后，而非装运期满前。因此，此项货损不应由买方承担，而应由卖方自己承担。

3.3.5 CPT术语

CPT的英文全称是Carriage Paid to（Insert Named Place of Destination），即运费付至（插入指定目的地）。在CPT术语下，卖方要按照通常条件自行负担费用订立运输合同，在规定的时间或期限内将货物交给承运人或第一承运人照管，并给予买方货物已交付的充分通知，以及为使买方采取通常必要的措施能够提取货物所要求的其他任何通知。出口结关手续由卖方办理，货物交由承运人处置后的风险和除通常运费以外的费用由买方负担。如果由后续承运人将货物运至约定的目在地，则风险自货物已交给第一承运人时转移至买方。

1）卖方订立运输合同的责任

在CPT合同中，卖方要订立运输合同，将货物按惯常航线和习惯方式运至指定目的地的约定地点。如果该地点未约定或习惯上未确定，那么卖方可在指定目的地自行选择最合适的地点。在实际业务中，如果买方提出限制承运人的要求，卖方有权拒绝接受，但是卖方可以放弃这一权利。如果买方提出上述要求，在卖方能够做到但又不增加额外费用的情况下，卖方可以考虑接受。

2）卖方提交运输单据的责任

卖方要按照习惯自行负担费用向买方提供通常的运输单据，如可转让提单、不可转让海运单、内河运输单、空运单、铁路托运单、公路托运单或多式联运单据。

如果卖方与买方已约定使用电子通信，则运输单据可以由相等的EDI单证所代替。

3）风险和费用划分点

一般情况下，买卖双方的风险划分点是卖方将货物交给承运人处置时。但是，如果卖方的货物已划归本合同项下，而买方在有权确定装货时间和（或）目的地的情况下，未给予卖方充分通知，则买方应承担自约定的交货日期或期限届满之日起的货物的一切风险。

买卖双方的费用划分点一般是卖方将货物交给承运人处置时。但是，如果卖方的货物已划归本合同项下，而买方在有权确定装货时间和（或）目的地的情况下，未给予卖方充分通知，则买方应支付由此所产生的任何额外费用。

CPT价格与CFR价格在使用中有相似之处：卖方承担的风险都是随着交货义务的完成而转移；卖方都要负责安排货运并支付运费等。二者的区别在于：CFR只适用于水上运输，因此交货地点只能是在装运港，CPT适用于各种运输方式，交货地点根据双方约定；CFR风险划分以装运港装船为界，CPT则以货交承运人为界。此外，因为采用的运输方式不同，所以买卖双方承担的责任、费用以及提供的单证等也会有所差异。

3.3.6 CIP术语

CIP的英文全称是Carriage and Insurance Paid to（Insert Named Place of Destination），即运费、保险费付至（插入指定目的地）。在CIP术语下，卖方的交货地点、风险划分界限都与CPT相同，差别是CIP货价构成的因素中包括保险费，故卖方还必须办理货物在运输途中应由买方承担的货物灭失或损坏风险的运输保险。卖方订立保险合同，并支付保险费。保险的险别和金额的要求与CIF术语的规定基本相同。

CIP术语与CIF术语的相同点在于：价格构成中都包括了运费和保险费。因此，按这两种贸易术语成交，卖方都要负责安排运输和保险，并支付有关运费和保险费。二者的区别在于：适用的运输方式的范围不同，CIP适用于各种运输方式，CIF仅适用于水上运输方式。

【案例3-9】

美国某贸易公司（以下简称进口方）与我国江西某进出口公司（以下简称出口方）签订合同，购买一批日用瓷具，价格条件为CIF LOS ANGELES，支付条件为不可撤销的跟单信用证，出口方需要提供已装船提单等有效单证。出口方随后与宁波某运输公司（以下简称承运人）签订运输合同。8月初出口方将货物备妥，装上承运人派来的货车。

途中由于驾驶员的过失发生车祸，耽误了时间，错过了信用证规定的装船日期。得到发生车祸的通知后，我出口方立刻与进口方洽商，要求将信用证的有效期和装船期延展半个月，并本着诚信原则告知进口方其中2箱瓷具可能受损。美国进口方回电称同意延期，但要求货价降低5%。

我出口方回电据理力争，同意受震荡的2箱瓷具降价1%，但认为其余货物并未损坏，不能降价。但进口方坚持要求全部降价。最终我出口方还是做出让步，受震荡的2箱瓷具降价2.5%，其余降价1.5%，出口方为此受到货价、利息等有关损失共计达15万美元。

问题：试评述此案例。

分析提示：本案例充分表明了CIF术语在应用于内陆地区出口业务时显得“心有余而力不足”，即风险转移严重滞后于货物实际控制权的转移；对运输单据规定的限制致使内陆出口方无法在当地交单；内陆地区使用CIF术语还有一笔额外的运输成本。

对于更多采用陆海联运或陆路运输出口的内陆地区来说，CIP比CIF更合适：①从适用的运输方式看，CIP比CIF更灵活，更适合内陆地区出口。②从出口方责任看，使用CIP术语时，出口方风险与货物的实际控制权同步转移，责任可以及早减轻。③从使用的运输单据看，使用CIP术语有利于内陆出口业务在当地交单结汇。

3.3.7 FOB、CFR、CIF和FCA、CPT、CIP的比较

货交承运人的3种贸易术语FCA、CPT、CIP目前使用的频率仍不能与FOB、CFR、CIF相比，但在我国的贸易实践中，FCA、CPT、CIP已越来越多见，而且从发展来看，具有推广的价值。FOB、CFR、CIF和FCA、CPT、CIP的比较见表3-1。

表3-1　FOB、CFR、CIF和FCA、CPT、CIP的比较

比较项目	FOB、CFR、CIF	FCA、CPT、CIP
适用的运输方式	海洋运输及内河运输	任何运输方式（包括海运）
买卖双方的交货地点	装运港	出口国内地或港口
买卖双方的风险划分点	货物在装运港装上船	货物交承运人处置时
货物运输单据	海运单据或内河运单	视运输方式而定

3.4 其他国际贸易术语

3.4.1 EXW术语

EXW的英文全称是Ex Works（Insert Named Place of Delivery），即工厂交货（插入指定交货地点）。在EXW条件下，卖方在其所在地（工厂、车间、仓库等）将货物交给买方时，卖方即履行了交货义务，买方则承担自卖方所在地将货物采用任何方式运至目的地所需的全部费用和风险。也就是说，卖方在合同规定的时间、地点，将符合合同要求的货物置于买方的处置之下，就算完成交货义务，卖方承担的风险也随着交货义务的完成而转移至买方。买方则要负责将货物装上运输工具，并将货物从交货地点运至最终目的地，并承担其间的全部责任、风险和费用，也包括货物出境入境的全部手续和费用。

EXW术语是卖方承担责任最小的一种，在买方不能直接或间接办理出口手续的情况下，不宜使用此术语，最好使用FCA术语。

【案例3-10】

我国某公司按EXW条件出口一批电缆，但在交货时，买方以电缆的包装不适宜出口运输为由，拒绝提货和付款。

问题：买方的行为是否合理？

分析提示：买方的行为不合理。本案例涉及EXW条件下交货的问题。根据《2010年通则》的规定：在EXW条件下，除非合同中有相反规定，卖方一般无义务提供出口包装；如果签约时已明确该货物是供出口的，并对包装的要求做出了规定，则卖方应按规定提供符合出口需要的包装。

结合本案例，卖方在交货时以电缆的包装不适宜出口运输为由拒绝提货和付款，并没有说不符合合同规定，由此可知，合同中并无有关货物包装的规定。根据惯例，买方以此为借口拒付货款和提货的理由是不充分的。

3.4.2 FAS术语

FAS的英文全称是Free Alongside Ship（Insert Named Port of Shipment），即装运港船边交货（插入指定装运港名称）。

在FAS术语条件下，卖方将货物按合同规定的期限交到指定的装运港口买方所派船只的船边，即履行了其交货义务。买卖双方所承担的风险和费用，在卖方于船边履行了交货义务后，即由卖方转移到了买方。如果买方所派船只不能靠岸，则货物由码头驳运到船边的一切费用和风险，仍由卖方负担，装船的责任和费用由买方负担。出口清关的手续和费用由卖方承担。该术语仅适用于海运或内河运输。

FAS术语在实际使用时，有几个问题需要特别注意：

（1）根据《2010年通则》的解释，FAS是指装运港船边交货，只适用于包括海运在内的水上运输方式。而按照《1990年美国对外贸易定义修正本》的解释，FAS代表Free Alongside…，即交到各种运输工具旁，只有在FAS后边加上Vessel字样，才能表示“船边交货”。因此，与美国或美洲国家交易时，如用FAS应特别加以注意。

（2）FAS术语是由买方负责办理运输手续，这容易引起船货衔接不当的问题，由此造成的损失由谁承担，买卖双方最好在合同中明确。

【案例3-11】

我国某公司按照FAS条件进口一批木材，在装运完成后，国外卖方来电要求我方支付货款，并要求支付装船时的驳船费。

问题：对卖方的要求我方应如何处理？

分析提示：我方对于卖方“支付装船时的驳船费”的要求可以拒绝。

按照《2010年通则》的解释，采用FAS术语成交时，买卖双方承担的风险和费用均以船边为界，即买方所指派船只的船边，在买方所派船只不能靠岸的情况下，卖方应负责用驳船把货物运至船边，驳船费用是在风险费用转移以前发生的，理应由卖方承担。

在本案例中，国外卖方要求我方承担驳船费用是不合理的，我方有权拒绝。

3.4.3 DAT术语

DAT的英文全称是Delivered at Terminal（Insert Named Terminal at Port or Place of Destination），即运输终端交货（插入指定港口或目的地的运输终端）。该术语可适用于任何运输方式，也可适用于多式联运。

在DAT条件下，当卖方在指定港口或目的地的指定运输终端将货物从抵达的载货运输工具上卸下，交给买方处置时，即完成交货。“运输终端”意味着任何地点，而不论该地点是否有遮盖，如码头、仓库、集装箱堆场或公路、铁路、空运货站。卖方承担将货物运至指定港口或目的地的运输终端并将其卸下期间的一切风险。如果由卖方承担将货物由运输终端运输和搬运至另一地点的风险和费用，则应当使用DAP或DDP术语。

DAT要求由卖方办理出口清关手续，但卖方无义务办理进口清关、支付任何进口税。

3.4.4 DAP术语

DAP的英文全称是Delivered at Place（Insert Named Place of Destination），即目的地交货（插入指定目的地）。该术语可适用于任何运输方式，也可适用于多种运输方式。

在DAP条件下，卖方应负责在合同规定的交货期内，将在运输工具上可供卸载的货物交由买方处置，即为交货。卖方承担将货物运送到指定地点的一切费用和风险。

DAP术语要求由卖方办理出口清关手续，但卖方无义务办理进口清关、支付任何进口税费。若希望卖方办理进口清关、支付进口关税，则应使用DDP术语。

3.4.5 DDP术语

DDP的英文全称是Delivered Duty Paid（Insert Named Place of Destination），即完税后交货（插入指定目的地）。

在DDP条件下，卖方承担的责任、费用和风险最大。卖方在指定的进口国目的地，将在运输工具上供卸载的货物交由买方处置时，即完成交货。按此术语成交，卖方必须承担将货物运至进口国最终目的地所产生的一切费用和风险，并且有义务完成货物出口和进口清关、支付所有出口和进口的关税及有关交货的其他费用。

采用DDP术语时应注意：由于卖方承担的风险和责任过大，且DDP适用于各种运输方式，因此，卖方为了避免运输途中由于自然灾害和意外事故造成货物损失，应该办理货运保险，其投保险别也应考虑到运输方式、货物的性质等因素。如果卖方不能直接或间接完成进口清关，则不宜使用DDP贸易术语。

《2010年通则》中的11种贸易术语的风险责任划分见表3-2。

表3-2 《2010年通则》中的11种贸易术语的风险责任划分

贸易术语	交货地点	风险转移界限	运费	保费	出口报关责任、费用负担	进口报关责任、费用负担	适用运输方式
EXW	商品产地、所在地	买方处置货物后	买方	买方	买方	买方	任何方式
FCA	出口国内地、港口	承运人处置货物后	买方	买方	卖方	买方	任何方式
CPT	出口国内地、港口	承运人处置货物后	卖方	买方	卖方	买方	任何方式
CIP	出口国内地、港口	承运人处置货物后	卖方	卖方	卖方	买方	任何方式
DAT	进口国运输终端	买方处置货物后	卖方	卖方	卖方	买方	任何方式
DAP	进口国指定目的地	买方处置货物后	卖方	卖方	卖方	买方	任何方式
DDP	进口国指定目的地	买方处置货物后	卖方	卖方	卖方	卖方	任何方式
FAS	装运港口	货交船边	买方	买方	卖方	买方	水上运输
FOB	装运港口	货物装上船	买方	买方	卖方	买方	水上运输
CFR	装运港口	货物装上船	卖方	买方	卖方	买方	水上运输
CIF	装运港口	货物装上船	卖方	卖方	卖方	买方	水上运输

【案例3-12】

我国某粮油进出口公司A与欧洲某国一商业机构B签订出口大米若干吨的合同。该合同规定：规格为水分最高20%，杂质最高1%，以中国质量监督与检验检疫机构的检验证明为最后依据，FOB中国某港口，麻袋装，每袋净重××千克，买方需于××年××月派船只接运货物。

买方B并没有按期派船，一直延误了数月才派船来华接货，当大米运到目的地后，B发现大米生虫。于是委托当地检验机构进行了检验，并签发了虫害证明，B据此向A提出索赔20%货款的损失赔偿。A接到B的索赔后，不仅拒赔，而且要求B支付延误期间A支付的大米仓储保管费及其他费用。

另外，保存在中国质量监督与检验检疫机构的检验货样至争议发生后仍然完好，未生虫害。

问题：(1) A要求B支付延误期间的大米仓储保管费及其他费用能否成立，为什么？

(2) B的索赔要求能否成立，为什么？

分析提示：(1) 能够成立。因为按FOB条件，由买方指定船只并订立运输合同，如果买方指定的船只不能在规定日期到达，则应由买方负担一切由此而产生的额外费用。在本案中，B并没有按期派船前来接运，造成逾期提货，违反了双方之间的合同约定，应当负担延误期间A支付的大米仓储保管费及其他费用。

(2) 不能成立。因为按FOB条件，买方承担货物自装运港装船起的一切风险。卖方A只能保证大米在交货时的品质，运输途中所引起的大米品质变化不属卖方责任。而且合同规定：以中国质量监督与检验检疫机构的检验证明为最后依据，而保存在中国质量监督与检验检疫机构的检验货样至争议发生后仍然完好，未发生虫害，因此可以肯定卖方A交货时的品质是完好的。

【拓展阅读3-1】

如何正确使用《2010年通则》

作为全球经贸界广泛采用的国际贸易规则，《国际贸易术语解释通则》(Incoterms) 中的术语每天被大量应用于全球贸易实务操作中。然而遗憾的是，很多企业由于对该通则缺乏正确理解，错误引用某些术语，从而导致了不必要的损失及争议。正确运用通则中的术语，需注意以下几点：

1.在买卖合同中注明适用“Incoterms®2010”

虽然《2010年通则》已于2011年1月1日生效，但是并非意味着《2000年通则》就自动作废。因为国际贸易惯例本身不是法律，对当事人不产生必然的强制约束力，它在适用的时间效力上并不存在“新法取代旧法”的说法。当事人在订立贸易合同时仍然可以选择适用《2000年通则》。另外，“Incoterms”是ICC已在很多国家注册的驰名商标，因此，如果贸易当事人欲接受新通则的约束，应当在合同中的贸易术语和指定地点之后附加“Incoterms®2010”，这一形式构成一个整体符号，是新通则区别于旧版通则的标志。

2.重视使用指南，选择合适的贸易术语

每种术语的使用指南都对买卖双方如何选择合适的术语有较清晰的指导，比如选用贸易术语要考虑所采用的运输方式和货物的种类（是否是集装箱货物）等。买卖双方除了要熟悉每种术语下双方责任义务的规定外，更不要忽视了使用指南。

3.尽可能对地点和港口做出详细说明

《2010年通则》的各术语中使用了“港口”(Port)、“地点”(Place)、“点”(Point) 和

“所在地”（Premise）等说明地点的用语。当事人指定的地点或港口越精确越奏效，最好具体到某一地的某一点（如货场的具体位置、卸货港的具体码头位置等）。尤其对于CPT、CIP、CFR和CIF这几种术语来说，地点的意义尤为重要。因为双方的指定地点与交货地点不同，为了避免争议，除了明确指定的目的地外，最好还要明确交货的装运港/地，而且这两个地点应进一步确定为一个精确的点。

4.贸易术语并不代表一套完整的买卖合同条款

尽管通则中的各术语明确规定了买卖双方应承担的很多责任和义务，但是贸易术语并不代表一套完整的买卖合同条款。通则对很多合同中的条款没有涉及，如没有说明应付价格或支付方式，未涉及货物所有权和其他产权的转移，不涉及违约责任、后果及免责问题等。这些问题通常是通过合同中相关明示条款或者专门管辖合同的法律来解决。

5.使用贸易术语的变形需要在合同中做出明确规定

在贸易实践中，有时买卖双方希望变换国际贸易术语。《2000年通则》虽然在引言“9.3.C组术语”和“11.术语的变形”的说明中提到了贸易术语的变形，但是并没有提供对术语添加或变形的任何指导，也未提供一些常用的变形。不过某些术语的序言中提醒买卖双方，如希望超出通则的规定来分配双方义务的话，需要在合同中做出明确约定，如EXW关于卖方将货物装上买方的运输工具的额外义务等。《2010年通则》对贸易术语的变形没有禁止使用，但是告知当事人这样做有风险，也是提醒当事人需要在合同中明确他们希望通过修改达到的效果。

● 课堂讨论

3.1 什么是贸易术语？贸易术语有哪些作用？

3.2 为什么要在国际贸易中推广FCA、CPT、CIP三种贸易术语的运用？

● 知识掌握

3.1 简述FOB、CFR、CIF三种术语的基本内容及其异同。

3.2 关于贸易术语有哪些国际贸易惯例？

3.3 订立价格条款时应注意哪些事项？

● 知识应用

□ 案例分析

3.1 北京A公司拟向美国纽约B公司出口某商品，B公司提出按FOB新港成交，而A公司主张采用FCA北京的条件。

问题：A、B公司各自提出上述条件的原因。

3.2 以CIF条件成交的合同，装运港为上海，运往英国的利物浦，需经过苏伊士运河，但刚好碰上两伊战争，要绕道而行。

问题：由此增加的运费由谁承担？

3.3　有一份CIF合同，日本公司出售450公吨洋葱给澳大利亚公司，洋葱在日本港口装船时，经公证行验明，完全符合商销品质，并出具了合格证明。但该批货物运抵澳大利亚时，洋葱已全部腐烂变质，不适合食用，买方因此拒绝收货，并要求卖方退回已付清的货款。

问题：在上述情况下，买方有无拒收货物和要求卖方退回货款的权利？

3.4　我国黑龙江某外贸公司以FOB条件签订了一批皮衣买卖合同，装船前检验时货物的品质良好且符合合同的规定。货到目的港后，卖方提货检验时发现部分皮衣有发霉现象，经调查，确认是由于包装不良导致货物受潮引致的，据此买方向卖方提出索赔要求。但是卖方认为货物在装船前品质是合格的，发霉是在运输途中发生的，因此拒绝承担赔偿责任。

问题：对此争议应如何处理？

第4章

商品的价格

学习目标

在学习完本章之后，你应该能够：

了解：国际商品买卖作价的一般方法；

明确：佣金和折扣的含义和作用；

熟知：国际商品价格的构成；

掌握：成本核算的技巧。

【引例】

案例1

业务员小王向美国客户就某商品报价如下：CIFC3% 纽约 USD120.00/套，数量2 000套。美国客户接到报价后认为我方价格比较合适，于是要求我业务人员报出CIFC5% 纽约，小王核算后报给客户CIFC5% 纽约 USD122.40/套，客户收到报价后，立即表示接受。小王仔细核算后发现计算错误，按照他的算法一共损失2 520美元。

案例2

我国某公司拟出口化妆品到中东某国。正好该国中间商主动来函，表示愿意代为推销化妆品，并要求按每笔交易成交金额的5%给予其佣金。不久，经该中间商牵线，我国某公司与当地进口商达成CIFC5% 总金额50 000美元的交易，装运期为定约后2个月内从中国港口装运，并签订了销售合同。合同签订后，该中间商即来电要求我方公司立即支付佣金2 500美元。我方公司复电称：佣金必须待货物装运并收到全部货款后才能支付。于是，双方发生了争议。

通过以上两个案例我们可以看出，正确报价直接关系到交易的盈利状况，而对于中间商佣金的支付在合同中应如何规定的问题，也关系到合同能否顺利履行。

商品的价格是商品价值的货币表现，是商品与货币的交换比率。在国际贸易中，商品的价格是指商品单价，它是买卖双方交易磋商的一项极其重要的内容。价格条款是买卖合同中的一项主要条款。外贸业务员出口报价核算的基本技能和业务素质以及完善的价格条款的订立，在进出口交易磋商以及合同执行中都占有重要地位。

● 4.1 商品的作价原则与作价方法

4.1.1 商品的作价原则

在对外贸易中，我国进出口商品的作价原则是：在贯彻平等互利原则的基础上，根据国际市场价格水平，结合国别（地区）政策，按照我们的经营意图确定适当的价格。由于价格的构成因素不同，因此影响价格变化的因素也是多种多样的。在确定进出口商品价格时，必须充分考虑影响价格的种种因素，加强成本和盈亏核算，并注意同一商品在不同情况下应有合理的差价。

确定进出口商品价格，除了遵循上述原则外，还应考虑下列因素：

1）交货地点和交货条件

在国际贸易中，由于交货地点和交货条件不同，买卖双方承担的责任、费用和风险也不同，在确定进出口商品价格时，必须首先考虑这一因素。例如，在同一距离内成交的同一商品，按CIF条件成交与按DDP条件成交，其价格应当不同。

小资料4-1：商品价格变动的影响因素

2）运输距离

国际商品买卖一般都要经过长途运输，运输距离的远近关系到运费和保险费的开支，从而影响到商品价格。因此，在确定商品价格时，必须核算运输成本，做好比价工作。

3）商品的品质和档次

在国际市场上，一般都是按质论价，即优质高价、劣质低价。品质的优劣，包装装潢的好坏，款式的好坏，款式的新旧，商标、品牌的知名度，都会影响商品价格。

4）季节因素

在国际市场上，某些节令性商品，如赶在节令前到货，抢行应市，即能卖上好价。过了节令，商品往往售价很低，甚至以低于成本的“跳楼价”出售。因此，应充分利用节令因素，争取按有利的价格成交。

5）成交量

按国际贸易的习惯做法，成交量的大小直接影响价格，成交量大，在价格上应给予适当优惠，或采用数量折扣办法；反之，成交量小，可适当提价。

6）支付条件和汇率变动的风险

支付条件是否有利和汇率变动风险的大小，都会影响商品的价格。例如，在其他条件相同的情况下，采取预付货款方式与采取凭信用证付款方式，其价格应有区别。同时，在确定商品价格时，一般应采用对自身有利的货币成交；如采用不利货币成交，应把汇率风险考虑到商品价格中去，即适当提高商品价格。

小资料4-2：计价货币的选择

4.1.2 商品的作价方法

在国际贸易中，常用的作价方法有以下四种：

1）固定价格（大多数情况下采用）

方式：在合同中规定货物的单价（或总价）。

例如：USD 5 000 per M/T CIF New York（每公吨5 000美元CIF纽约）。

2）暂不固定价格

方式：约定将来确定价格。

3）暂定价格（一般不宜采用）

方式：先在合同中规定一个暂定价格，在交货前的一定时间，再由双方按照当时市价商定最后价格。

4）滑动价格

方式：对成套设备、大型机械交易，可先在合同中规定一个基础价格，交货时或交货前按工资、原材料价格变动的指数进行一定的调整，以确定最后价格。

4.2 出口商品成本核算

我国出口商品的价格是参照国际市场价格水平制定的，它一般与该商品的国内市场价格无太直接的联系，也与该商品国内的生产成本无直接联系。对出口商品成本进行核算，目的在于掌握出口总成本、出口销售外汇收入和人民币收入的数据，计算和比较其出口盈亏情况，以便不断提高对外出口的经济效益。

4.2.1 主要贸易术语的价格构成

我国外贸进出口业务，常用FOB、CFR、CIF三种贸易术语报价成交。掌握好这三种贸易术语的价格核算，对买卖双方都有非常重要的意义。

在价格构成中，通常包括三方面内容，即购货成本、费用和净利润。

1）购货成本

购货成本的公式为：

$$\text{购货成本}=\text{实际成本}\times\frac{1+\text{增值税税率}}{1+\text{增值税税率}-\text{出口退税率}}$$

$$\text{实际购货成本}=\text{购货成本}\times\frac{1+\text{增值税税率}-\text{出口退税率}}{1+\text{增值税税率}}$$

2）费用

费用包括国内费用和国外费用。其公式为：

国内费用=加工整理费用+包装费用+保管费用（包括仓租、火险等）+国内运输费用（仓至码头的运输费用）+港杂费+证件费用（包括商检费、公证费、领事签证费、产地证费、许可证费、报关单费等）+装船费（吊装费和驳船费等）+银行费用（贴现利息、手续费等）+预计损耗（耗损、短损、漏损、破损、变质等损失）+邮电费（电报、电传、邮件等费用）

国外费用=国外运费（自装运港至目的港的海上运输费用）+国外保险费（海上货物运输保险费）+佣金

商品价格的计算公式如下：

FOB价=购货成本+国内费用+净利润

CFR价=购货成本+国内费用+国外运费+净利润

CIF价=购货成本+国内费用+国外运费+国外保险费+净利润

【例4-1】

我国H贸易公司收到日本A株式会社求购17公吨水产品（计1个20英尺集装箱）的询盘。经了解，该级别水产品每吨的进货价格为5 600元人民币（含增值税17%），估计该批货物国内运杂费共计1 200元人民币，出口商检费300元人民币，报关费100元人民币，港区港杂费950元人民币，其他各种费用共计1 500元人民币。另银行手续费为800元人民币，出口冷冻水产品出口退税为5%。

计算实际购货成本、单位出口商品的国内总费用和H贸易公司出口该批产品的单位产品出口成本。

解：

(1) 实际购货成本。

$$实际购货成本=购货成本\times\frac{1+增值税税率-出口退税率}{(1+增值税税率)}$$

$$=5\,600\times(1+17\%-5\%)\div(1+17\%)$$

$$=5\,360.68(元人民币/公吨)$$

(2) 单位出口商品的国内总费用。

若采用定额费率方法计算单位出口商品的国内总费用，假定定额费率为进货的5.5%，则：

单位出口商品的国内总费用=5 600×5.5%=308（元人民币/公吨）

由于本例中已给定了装运前各项费用，故采用叠加方法计算单位出口商品的国内总费用，则：

单位出口商品的国内总费用=各项装运前费用之和÷出口总数量

=（1 200+300+100+950+1 500+800）÷17

=285.29（元人民币/公吨）

(3) H贸易公司出口该批产品的单位产品出口成本。

单位产品出口成本=实际购货成本+国内费用

=5 360.68+285.29

=5 645.97（元人民币/公吨）

【例4-2】

我国某公司向日本出口一批铁矿石，已知该铁矿石国内含税供货价格是每公吨2 800元人民币，公司出口定额费率为采购成本的3%，国内费用共计为每公吨75元人民币，铁矿石增值税税率为17%，出口退税率为5%，出口商进行此项交易需垫款30天，银行利率为8%（一年按360天计），公司要求的预期利润率是9%，人民币对美元的汇率是6.7986∶1，日本客户要求在报价中包含其3.5%的佣金（FOB），计算该商品FOB价格。

解：

该商品FOB价格核算如下：

$$实际购货成本=购货成本\times\frac{1+增值税税率-出口退税率}{1+增值税税率}$$

=2 800×（1+17%−5%）÷（1+17%）

=2 680.34（元人民币/公吨）

国内费用=2 800×3%+2 800×8%÷12+75=177.67（元人民币/公吨）

FOB价=（2 680.34+177.67）÷（1−9%−3.5%）

=3 266.30（元人民币/公吨）

=480.44（美元/公吨）

4.2.2 出口商品的成本核算

出口业务工作的基本任务是组织商品出口、换取外汇，因此应特别注意成本的核算。出口商品的成本核算主要有三个指标，即出口商品换汇成本、出口商品盈亏率及外汇增值率。

1）出口商品换汇成本（换汇率）

该指标反映了出口商品每取得一美元的外汇净收入所耗费的人民币成本。换汇成本越低，出口的经济效益越好。其计算公式为：

$$出口换汇成本=\frac{出口总成本(人民币元)}{出口外汇净收入(美元)}$$

这里的出口总成本包括购货（或生产）成本，国内费用（储运费、管理费、预期利润等，通常以费用定额率表示）及税金。出口外汇净收入指的是扣除运费和保险费后的FOB外汇净收入。如果是用美元以外的其他货币计算的外汇净收入，则要折算成美元。

2）出口商品盈亏率

该指标反映了出口商品盈亏额在出口总成本中所占的百分比，正值为盈，负值为亏。

$$出口商品盈亏率=\frac{出口人民币净收入-出口总成本}{出口总成本}\times 100\%$$

其中，出口人民币净收入=FOB出口外汇净收入×银行外汇买入价

盈亏率和换汇成本之间的关系为：

$$出口商品盈亏率=\frac{1-出口换汇成本}{银行外汇买入价}\times 100\%$$

可见，换汇成本高于银行外汇买入价，盈亏率是负值；换汇成本低于银行外汇买入价，出口才有盈利。

3）外汇增值率（创汇率）

该指标反映了以外汇进口原材料加工成成品或半成品后再出口创汇的效果，即反映了“以进养出”商品的创汇效果。

$$外汇增值率=\frac{成品出口外汇净收入-原料外汇成本}{原料外汇成本}\times 100\%$$

该公式主要用于考核进料加工的经济效益。在使用中需注意：原料全部为进口，原料外汇成本按CIF价格计算；原料全部为国产，原料外汇成本统一按FOB出口价格计算；原料部分为国产、部分为进口，国产按FOB出口价计算、进口按CIF出口价计算，二者相加即为原材料外汇成本。

4.3 常用贸易术语的价格换算

4.3.1 FOB、CFR和CIF三种术语的换算

1）FOB价换算为其他价

CFR价=FOB价+国外运费

$$CIF价=\frac{FOB价+国外运费}{1-投保加成\times 保险费率}$$

2）CFR价换算为其他价

FOB价=CFR价-国外运费

$$CIF价=\frac{CFR价}{1-投保加成\times保险费率}$$

3）CIF价换算为其他价

FOB价=CIF价×（1-投保加成×保险费率）-国外运费

CFR价= CIF价×（1-投保加成×保险费率）

4.3.2　FCA、CPT和CIP三种术语的换算

1）FCA价换算为其他价

CPT价=FCA价+国外运费

$$CIP价=\frac{FCA价+国外运费}{1-投保加成\times保险费率}$$

2）CPT价换算为其他价

FCA价=CPT价-国外运费

$$CIP价=\frac{CPT价}{1-投保加成\times保险费率}$$

3）CIP价换算为其他价

FCA价=CIP价×（1-投保加成×保险费率）-国外运费

CPT价= CIP价×（1-投保加成×保险费率）

【例4-3】

我国某出口公司按每公吨1 200美元，FOB大连出口一批货物，国外客户要求改按CIF旧金山报价。经查，每公吨货物运费为130美元，投保一切险和战争险，保险费率为0.64%和0.04%，加一成投保，问：我方应报价多少？

解：

$$CIF价=\frac{FOB价+国外运费}{1-投保加成\times保险费率}$$

$$=(1\,200+130)\div(1-1.1\times0.68\%)=1\,340.02（美元）$$

我方应报每公吨1 340.02美元CIF旧金山。

4.4　佣金与折扣

佣金（Commission）是中间商为介绍交易或代买代卖而收取的报酬。折扣（Discount, Rebate）是卖方按价格给予买方一定百分比的减让。佣金和折扣都与商品的价格有直接关系。佣金和折扣如果运用得当，有助于灵活掌握价格，提高出口商品在市场上的竞争能力，调动外商的经营积极性，从而扩大贸易。

4.4.1　佣金

佣金又称手续费，是中间商因介绍交易或代为买卖商品而取得的报酬。在国际贸易中，有的交易是通过中间代理商进行的，这就需要向中间商支付一定的酬金，这个酬金可由卖方支付，也可由买方支付。如果卖方委托中间商推销商品，佣金则由卖方支付；当买方委托中间商采购商品时，便由买方支付佣金。有些中间商采用一定的手法（如暗佣），在一笔交易中同时从买卖双方获取佣金，人们习惯上称之为“双头佣”。

1）佣金的表示方法

在国际贸易中，凡价格中含有佣金的叫“含佣价”。佣金有“明佣”和“暗佣”两种。

明确表示佣金百分比的，叫作“明佣”。明佣的表示方法有两种：一是用文字说明，如“USD 100 per M/T CIF New York including 3% commission”（每公吨100美元CIF纽约包括3%佣金）。二是在贸易术语后加注Commission的缩写字母“C”和所付佣金率，如“USD 100 per M/T CIFC3% New York”（每公吨100美元CIFC3%纽约）。

不标明佣金的百分比，甚至连“佣金”字样也不表示出来，有关佣金问题，由双方另行约定的，叫作“暗佣”。暗佣的表示方法从贸易条件本身看不出来，双方就具体内容可签订“付佣协议”或“代理协议”加以规定。

价格中不包含佣金或折扣的，则为净价。有时为了强调成交价格是净价，可在价格术语后注明“净价”（Net）。例如，“USD2 000 per set CFR net San Francisco”（每台2 000美元CFR净价旧金山）。

2）佣金的计算

一般是以发票金额为基数计算佣金。其计算公式为：

佣金=含佣价×佣金率

在国际贸易交易过程中，买卖双方在商定好某种商品的成交价格后，还要商定一定百分比的佣金由卖方支付。这时，就不能简单地用双方商定的价格直接求佣金，而应将不含佣价变成净价，再求佣金。

【例4-4】

CFR的发票金额为100元，运费为10元，佣金率为5%。如果买卖双方约定按FOB价格计算佣金，则应付佣金为CFR价减运费乘佣金率，即（100-10）×5%=4.5元。

如果双方商定以CFR价计算佣金，则应付佣金为100×5%=5元。

含佣价通常是以发票金额扣除保险费和运费的FOB价为基数计算，也可按实际成交金额为基数计算，即以什么价格成交，就以什么价格为标准计算佣金。选择何种方法，需由双方达成一致。

如果已知CFR净价求含佣价，则其计算公式如下：

含佣价=净价÷（1-佣金率）

【例4-5】

假定CFR净价为100元，佣金率为5%，则：

CFRC5%=100÷（1-5%）=105.26（元）

注意：CFRC5%不是105元，而是105.26元，否则还原时CFR净价就不是100元，而是99.75元。

3）佣金的支付方法

佣金一般是由卖方收到货款后，再另行付给中间商，也可以在付款中扣除。但暗佣的支付方式有所不同，一般情况下，暗佣是在卖方收到货款以后另行支付，在所有的支付凭证中都不出现“暗佣”或“含佣”字样。

【例4-6】

我国某公司出口货物一批，原报价为每公吨20 000美元CIFC3%科威特，客户要求改报CFRC5%科威特价。查原报价保险为水渍险并附加钩损险，费率分别为0.8%和0.4%，按 CIF 价加一成投保。试计算 CFRC5% 科威特价。

解：

CIF 净价=含佣价×（1-佣金率）=20 000×97%=19 400（美元）

CFR 净价=CIF 净价-保险费=19 400-19 400×110%×（0.8%+0.4%）=19 143.92（美元）

含佣价=净价÷（1-佣金率）=19 143.92÷（1-5%）=20 151.49（美元）

所以，我方应报每公吨 20 151.49 美元 CFRC5% 科威特。

4.4.2　折扣

折扣是指卖方按原价给买方一定百分比的减让，即在价格上给予适当的优惠。货价中的折扣一般应在合同中订明，这种明文表示价格折扣的做法称为“明扣”。单价中没有表明折扣，而由买卖双方另行约定折扣的做法称为“暗扣”。折扣的比率一般根据不同商品、不同市场和不同交易对象酌情确定。

1）折扣的表示方法

折扣在价格条款中应当用文字说明，例如，“USD150 per set CIF Tianjin less 2% discount”（每套150美元CIF天津包括2%折扣）

卖方在开具发票时，应标明折扣，并在总价中将折扣减去。

2）折扣的计算

折扣额=净价×折扣率

使用折扣方式减让价格，而不直接降低报价，既保持了卖方商品的价位，又明确表明了卖方给予买方的某种优惠。在国际贸易中，除了以上介绍的商品价格折扣外，还有运费折扣、保险费折扣等，其计算方式与商品价格折扣相同。

● 4.5　合同中的价格条款

4.5.1　价格条款的内容

进出口合同中的价格条款，通常包括单价和总值两项内容。

一个完整的单价，必须由四部分组成，即贸易术语、计量单位、计价货币、单位价格金额。例如：

USD	300	per metric ton	CIF New York
计价货币	单位价格金额	计量单位	贸易术语

这四部分内容缺一不可。在实际使用中，贸易术语后边根据不同要求，可加注装运港、目的港、目的地或指定地点的名称。使用哪种度量衡制度的计量单位也要在合同中订明，以防日后出现贸易纠纷。

总值也称总价，是单价和数量的乘积，它表示一批货物的全部金额。总值使用的货币名称必须与单价的货币名称一致。

为了明确贸易术语的含义，如果买卖双方同意采用《2010年通则》的条件和解释，应在合同中注明。

如果合同中规定品质公差、数量短溢装等，其机动部分的货物作价办法也应明确规定。包装费如果另行计算，也应订明计价的方法。

4.5.2 规定价格条款应注意的问题

（1）合理确定商品的单价，防止偏高或偏低。

（2）根据船源、货源等实际情况，选择适当的贸易术语。

（3）争取选择有利的计价货币，必要时可加订保值条款。

（4）灵活运用各种不同的作价办法，尽可能避免承担价格变动的风险。

（5）参照国际贸易的习惯做法，注意佣金和折扣的合理运用。

（6）如交货品质、交货数量有机动幅度或包装费另行计价时，应一并订明机动部分作价和包装费计价的具体办法。

（7）单价中的计量单位、计价货币和装运地或卸货地名称，必须书写清楚，以便于合同的履行。

4.5.3 价格条款与合同中其他条款的关系

价格条款中贸易术语的含义规定了买卖双方承担的风险、责任和费用及双方应享有的权利和应尽的义务。法院和仲裁机构在受理交易中的争议时，首先要确定合同的性质，而合同的性质主要是根据所使用的贸易术语来确定的。例如，按CIF价格成交就叫CIF合同。如果合同中的其他条款加进了与CIF合同履行中相抵触的条款，如使用CIF合同，同时又在合同中规定“在货物实际交给买方之前的风险由卖方负担”的条款，该合同就不符合CIF合同的性质了。因此，确定一份合同的性质，不能单看它所采用的贸易术语，而要看全部内容是否符合所用贸易术语本身的含义。

【拓展阅读4-1】

在外贸实践中减少外汇风险的方法

1）货币选择法

（1）尽量选择本币结算。选择本币结算的目的是避免货币兑换而出现的外汇风险。目前主要工业化国家的出口贸易大部分是以本币计价的，如美国、英国等国家。但是并不是任何国家都可以用自己的本币来计价。人民币的自由化有助于推进以本币结算的进程。当然，使用本币结算实际上是将汇率风险由一方转给了另一方，所以对方如不愿意接受，则会影响买卖的成交。

（2）选择有利货币计价。企业在实际操作中，应准确预测汇率的变动趋势，这就需要设置专门的机构和人员负责搜集西方主要货币和人民币汇率变动的资料，了解有关各国经济变动情况、外汇行情及外汇期货交易概况，然后在进出口结算中“收硬付软”。我国进出口企业应特别注意研究美元与人民币之间汇率变动及欧元与人民币之间汇率变动的趋势。

（3）软硬货币搭配。外汇汇率上有些货币是此消彼长的关系，所以要选择一些货币和另一些货币搭配使用，尤其是在中长期的大型机械设备进出口上，采用这种方法比较合适。

软硬货币的搭配一般要在合同中注明计价货币、计价时间、软硬货币的汇率等，一旦某种货币贬值，则可以按调整后的汇率支付。

2）价格调整法

价格调整法主要有加价保值法、压价保值法和提早收款法或推迟付款法。

（1）加价保值法。其主要用在出口贸易上，是指出口企业接受以软币成交时，将汇价变动所造成的损失摊入出口商品的价格中以转嫁汇率风险的方法。

即期交易加价保值公式为：

加价后的商品单价=原单价×（1+计价货币贬值率）

远期交易加价保值公式为：

加价后的商品单价=原单价×（1+计价货币贬值率+利率）×期数

企业对货币报价的加价，是以企业熟悉各国经济情况和汇率为基础的，加价方法只是相对降低汇率风险，而不是彻底防范风险的办法。

(2) 压价保值法。它是在进出口贸易中，进口企业为避免外汇波动而采取的一种防范方法，其计算公式为：

压价后的商品单价=原单价×（1-计价货币升值率）

远期压价依此类推。

(3) 提早收款或推迟付款法。一笔应收或应付账款的时间结构对外汇风险的大小具有直接的影响。时间越长，汇率波动的可能性越大，外汇风险相对也越大，反之越小。如果预测货币贬值或下降，则应采取下列措施：①出口方企业应与外商及早签订合同，或把交货期提前，或提前收汇时间，以便早收货款。②进口方企业则可推迟向国外购货或要求延期付款，或允许外国出口商推迟交货日期，以达到迟付货款的目的。需要注意的是，这种推迟不要使企业手中原有进口许可证过了有效期，否则需要提出展期等方面的申请。

与上述方法相反的是提前结汇或延迟收汇。由于我国是一个严格的外汇管制国家，企业提前付汇受外汇管理的制约，所以此方法用之甚少。

3）平衡法

平衡法是通过计价货币的选择，力求使货币的收付数额达到或者接近平衡，以降低汇率变动风险，即创造一个金额相同、期限相同、方向相反的外汇流动，使外汇资金有进有出，从而避免外汇风险。例如，某企业进口合同1月1日签订，7月1日需付款100万美元，4月1日出口价值100万美元，正好是7月1回收款，则7月1日100万美元收付相抵。当然，这种完全相吻合的规避外汇风险方法是极少存在的。

4）组对法

一种货币资金的流动，用另一种货币相同、金额相等、时间相反的资金流动来对冲，叫组对法。组对法与平衡法的区别是：平衡法是基于同一种货币的对冲，而组对法则是基于两种不同货币的对冲。组对法要求选择汇率固定且呈稳定的正相关关系的两种货币。

5）易货贸易

易货贸易是在换货的基础上，把同等价值的进口和出口直接联系起来，构成一笔商品互换的交易。狭义的易货贸易是指买卖双方各以一种等价的货物进行交换，同时成交，同时付货，不用支付货币。广义的易货贸易是指双方交换的货物都通过货款支付清算，双方都存在购买对方同值货物的义务。易货贸易的计价货币和结算货币同为一种货币，因此可以避免外汇风险。

此外，还有借款法、投资法、利率互换业务法等。

综上所述，外汇风险的防范有些是在风险已经存在后采取的，有些是在风险发生前采取的。有些风险防范技术只能消除时间风险，有些只能消除货币风险，有些则二者均可消除。

● 课堂讨论

4.1 如何理解佣金和折扣在实际业务中的作用。

4.2 判断下列我方出口单价的写法是否正确。如有误，请更正并说明理由。

（1）每箱35美元CIF美国。

（2）每吨7 500日元CIF3%大阪。

（3）每打75元FOB伦敦。

（4）每吨600英镑CFRC上海。

（5）785元FCA鹿特丹。

● 知识掌握

4.1 商品作价的方法有哪些？

4.2 出口商品价格由哪几部分构成？

4.3 订立价格条款时应注意哪些事项？

● 知识应用

□ 计算题

4.1 合同规定由我方供应商品60 000打，每打CIF西欧某港1.8美元，从装运港到目的港的运费总计为5 000美元，投保金额为发票金额的110%，保险险别为水渍险和战争险。查中国人民保险公司的保险费率表，该商品到该港口的水渍险费率为0.3%，战争险费率为0.4%，汇率为USD1=RMB6.7986，请问我方可净收入多少元人民币？

4.2 某外贸公司出口木雕一个，收入外汇6 000美元（净收入），而该木雕的进价为16 000元人民币，另外又支付了商品流通费1 400元人民币，税金600元人民币。计算该木雕的出口换汇成本和出口盈亏率。（汇率为：USD1=RMB6.7986）

4.3 我出口公司对非洲某客商发盘供应某商品，价格条件为CIF非洲某口岸，每公吨1 500美元，按发票金额的110%投保一切险和战争险，对方要求改报FOB中国口岸。经查，从中国口岸到非洲某口岸的运费为每公吨50美元，一切险的保险费率为0.3%，战争险的保险费率为0.5%，如维持出口销售净收入不变，改报FOB中国口岸应为多少美元？

4.4 我国某出口商品原报价是每箱150美元，CFR马赛（法国）净价，现客户要求我方改报CIFC2%马赛含佣价，设每箱货物的保险费平均为1美元，在不减少我方外汇收入的情况下，我方应报价多少？

4.5 合同规定，由我方出口商品数量1 000套，每套80美元CIF香港，由卖方投保一切险，投保金额按发票金额加10%，查从装运港到目的港的运费为800美元，一切险的保险费率为0.5%，请问我方可净收入外汇多少美元？

4.6 我国某企业向新加坡A公司出售一批货物，出口总价为10万美元CIF新加坡，其中从大连港运至新加坡的海运运费为4 000美元，保险按CIF总价的110%投保一切险，保险费率为1%。这批货物的出口总成本为人民币72万元。结汇时，银行外汇买入价为1美元折合人民币6.7986元。试计算这笔交易的换汇成本和盈亏额。

4.7　我国企业向西欧某客商推销某商品，发盘价为1 150英镑/公吨，CFR西欧某港口，对方复电要求改按FOB中国口岸定价，并给予2%佣金。查从中国口岸至西欧某港口的运费为每公吨170英镑，我方如要保持外汇收入不变，改按买方要求条件报价，应为何价？

4.8　我国某公司出口商品，原报价为90美元，CIFC2%新加坡，现客户要求改报CIFC5%新加坡的含佣价，在不减少我方外汇收入的情况下，我方应报价多少？

4.9　某商品国内进价为人民币7 270元人民币，加工费为900元人民币，流通费为700元人民币，税金为30元人民币，出口销售外汇净收入为1 100美元，试计算这笔交易的出口总成本和换汇成本。

第5章

货物的交付

● 学习目标

在学习完本章之后，你应该能够：

了解：运输方式的类别和特点；

明确：现代化的运输方式；

熟知：海运货物操作实务；

掌握：合同中装运条款的主要内容。

【引例】

某食品进出口公司向某外国客户出口一批冻山鸡，合同和信用证中均规定：

"900 M/Tons of frozen pheasant，male and female，including：300 M/Tons of A grade，2.5 kgs min. per brace，and 300 M/Tons of B grade，2.25 kgs min. per brace，and 300 M/Tons of C grade，2 kgs min. per brace. Packed in cartons. Shipment must be effected in two equal lots by separate vessels. The first lot to be effected not later than April 30. The second lot to be effected not later than May 15.（900公吨冻山鸡，雌雄成对，其中包括A级300公吨，每对重量不低于2.5千克；B级300公吨，每对重量不低于2.25千克，C级300公吨，每对重量不低于2千克。纸箱包装。装运必须分等量两批分船装，第一批须于4月30日前装运，第二批须于5月15日前装运。）

该食品进出口公司根据合同分等量两批分船装的要求和库存情况，决定这样安排装运：

第一批装450公吨，其中包括：A级140公吨，B级160公吨，C级150公吨。

第二批也装450公吨，其中包括：A级160公吨，B级140公吨，C级150公吨。

食品进出口公司于4月10日将第一批450公吨货物装运完毕，16日即备齐单据对外寄单，但遭到开证行拒付。同时于28日接到买方来电称：

"关于第××××号合同项下900公吨冻山鸡A、B两等级数量未按等量装运的情况，我们再三研究实难接受。我们合同中明确规定等量两批分别装运，而且我方已与用户按此数量签订合同。由于你方在本批未按该三种等级规格分别等量装运，即对A级少交10公吨，使我无法向用户交货，用户向我索赔××美元，此损失由你方承担。

本案例是关于分批装运的问题。本案例的合同和信用证均规定900公吨货物包括三种等级，并且三种等级各规定有数量，然后又规定数量分相等的两批装运，当然包括三种等级的数量都要按等量分两批装。否则就是不符合合同和信用证的规定。

据了解，食品进出口公司在装运时对于三种等级没有各以50%比例分等量两批装出，其客观原因是：当时A级库存的货源暂时短10公吨，所以计划于第二批装运时补10公吨。又由于经办人员没有充分理解合同和信用证条款，认为合同和信用证规定900公吨分等量两批装运，也就是说第一批装运的数量应该是900公吨之50%，即装运450公吨就已符合条款要求了。至于三种等级的数量如何搭配的问题，合同和信用证中并没有特别要求和任何限制，所以可以随便安排。这是该食品进出口公司发生这次事故的主要原因。

从上述案例可以看出，在进出口业务中，按合同规定交付货物是卖方的基本义务。装运条款是合同中的重要条款之一，它直接关系到进出口合同能否顺利履行，出口方能否把货款安全、及时地收回来。

5.1 运输方式

国际货物运输是进出口贸易的一个重要组成部分，货物从卖方国家转移到买方国家必须通过运输来实现。国际货物运输有多种方式，在实践中，应根据商品特点、运费水平、交易数量、自然条件、装卸港口、时局变化等因素选择合理的运输方式。

5.1.1 海洋运输

海洋运输（Ocean Transport）是国际货物运输中采用最广的一种运输方式，其运量在国际货物运输总量中占80%以上。与其他运输方式相比，海洋运输具有运量大、通过能力强、运费低廉、适应性强等优点，所以许多国家，特别是沿海国家和地区都乐于采用这种运输方式。我国是一个海岸线很长的国家，沿海有许多常年通航的优良港口。我国的主要海港有大连、秦皇岛、天津、烟台、青岛、连云港、南通、上海、宁波、温州、福州、厦门、黄埔、北海、湛江等。海运在我国外贸运输中起着关键作用。

海洋运输也存在运速慢、运送时间长、易受自然条件影响、风险大的缺点。因此，对于那些货值较高、易腐烂、不能长途运输的鲜活商品，一般不宜采用海洋运输。

海洋运输按经营方式不同，可分为班轮运输和租船运输两种。

1）班轮运输（Liner Transport）

班轮运输又称定期船运输，简称班轮（Liner），是指船舶按照预定的航行时间表，在固定的航线和港口往返航行，并按事先公布的费率收取运费，从事客货运输业务的经营方式。

(1) 班轮运输的特点。其包括：①“四定”，即固定船期、固定航线、固定港口和相对固定的运费率；②“一负责”，即船方负责配载装卸，装卸费包括在运费中，班轮公司与托运人双方不计滞期费和速遣费；③班轮公司和货主双方的权利、义务与责任豁免均以班轮公司签发的提单条款为依据；④承运货物的品种、数量较灵活。

(2) 班轮运费（Liner Freight）。它是班轮公司为运输货物而向货主收取的费用。它包括货物从装运港至目的港的海运费以及货物的装卸费和附加费用。在实际业务中，班轮公司均按照班轮运价表（Liner's Freight Tariff）的规定计收运费。不同的班轮公司或班轮公会有不同的班轮运价表。

班轮运费由基本运费和附加费用构成。

①基本运费。它是指货物从装运港运到卸货港所应收取的基本运费。它主要由装运港至目的港的运输费用、装货费和卸货费构成。基本运费的计收标准主要有以下几种：

小资料5-1：班轮运价表

●按货物的毛重计收，称为"重量吨"（Weight Ton），在班轮运价表中用"W"表示。一般以1公吨为1重量吨，也有按长吨或短吨计算的。这种计算方法适用于价值较低、重量较大的商品，如钢材、五金等。

●按货物的体积计收，称为"尺码吨"（Measurement Ton），在班轮运价表中用"M"表示。一般1尺码吨为1立方米或40立方英尺。这种方法适用于价值较低、重量较轻、体积较大的商品，如棉花等。

重量吨和尺码吨统称为运费吨。

●按货物的FOB价格的百分比计收，称为"从价运费"。在运价表上用"A.V."或"Ad.Val."表示。从价运费在承运贵重商品或高价商品时采用，如黄金、白银、精密仪器、手工艺品等，这些商品在保管方面需要采取特别措施，承运人承担较大责任。

●按货物重量或体积从高计收，即在重量吨和尺码吨两种计算标准中选择运费高者收取，在运价表中用"W/M"表示。

●按货物重量、体积或价值三者中从高计收，运价表中用"W/M or Ad.Val."表示。也有按货物重量或体积从高计收，再另收一定百分比的从价运费，在运价表中用"W/M plus A.V."表示。

●按货物的件数计收，如活牲畜、车辆等。

●临时议定运价，由货主和船公司临时议定，在运价表中用"Open Rate"表示。它适用于运量较大、装卸速度快、价值较低的大宗货物，如粮食、豆类、矿石、煤炭等。

值得注意的是，一般运价表规定：不同货物混装在一个包装内（集装箱除外），全部货物按费率中高的计收；同一提单内有两种以上不同计价标准的货物，托运时未分列货名和数量的，计收标准和运价全部按高者计收。对于无商业价值的样品，凡体积不超过0.2立方米、重量不超过50千克的，可要求船公司免费运送。另外，一般运价表中还有起码运费的规定，即每份提单最低必须收取若干运费，其具体金额需视不同地区、是否转船等情况而定。

②附加费用。它是指除基本运费外，针对一些需要特殊处理的货物或由于客观情况变化等原因需额外加收的费用。附加费用一般是在基本运费的基础上加收一定的百分比，或规定每个运费吨加收一个绝对数。

（3）班轮运价的计算。班轮运价的计算步骤如下：①选择相关的运价本；②根据货物名称，在货物分级表中查到运费计算标准（Basis）和等级（Class）；③在等级费率表的基本费率部分，找到相应的航线、启运港、目的港，按等级查到基本运价；④从附加费部分查出所有应收（付）的附加费项目和数额（或百分比）及货币种类；⑤根据基本运价和附加费算出特定货物每运费吨的单位运价；⑥运费=单位运价×运费吨（体积吨或重量吨）。

小资料5-2：班轮附加费的种类

【例5-1】

上海某公司出口一批全棉坯布（Cotton Piece Goods），共350件，每件体积为0.43立方米，毛重为402.73千克，运往卡拉奇（Karachi），试计算运费。

解：

查阅货物分级表（Scale of Commodity Classifications）得知，棉布及棉织品（Cotton Goods & Piece Goods）的运费计算标准（Basis）为M，等级（Class）为10。

根据件杂货航线费率表（Scale of Rates for Breakbulk Cargo）得知，上海—波斯湾（Shanghai-Persian Gulf）航线10级货物的基本费率为USD 61.00Per F/T（Freight Ton）。

根据附加费备注栏（Remark）得知，Shanghai-Karachi应交纳的附加费包括30%的货币贬值附加费（CAF）和30%的燃油附加费（BAF）。

据此计算如下：

（1）350件货物的体积吨（M）为：350×0.43=151（立方米）=151（运费吨）

（2）货物运往Karachi应交纳的基本运费为：151×61.00=9 211（美元）

（3）燃油附加费（BAF）为：9 211×30%=2 763（美元）

（4）基本运费的货币贬值附加费（CAF）为：9 211×30%=2 763（美元）

（5）燃油附加费的货币贬值附加费为：2 763×30%=829（美元）

将以上数据加总，得出货物运往Karachi应交纳的总运费为：

9 211+2 763+2 763+829=15 566（美元）

【例5-2】

以CFR价格条件出口加拿大温哥华罐头水果汁一批，重量为8公吨，尺码为10立方米，求该批货物总运价。

解：

（1）先确认水果汁的英文为Fruit Juice。

（2）从有关运价本的货物分级表（Scale of Commodity Classifications）中查找相应的货名，再从运价本中查到该货运价等级为8级，计算标准为M，即按尺码吨计算运费。

（3）查中国—加拿大航线等级费率表（Scale of Class Rates for China-Canada Service），得8级货物相应的基本费率为每吨219.00元。

（4）另查得燃油附加费为20%。

（5）计算总运价：F=（219.00+219.00×20%）×10=2 628.00（元）

2）租船运输

租船运输（Charter Transport）又称不定期船运输，是指船舶所有人（船东）把船舶按照事先商定的条件，租给租船人（货方），并签订租船合同，运费或租金也由双方根据租船市场行情在租船合同中加以约定。租船运输与班轮运输不同，船舶没有固定的船期表、航线、港口。船舶按租船人和船东双方签订的租船合同规定行事。在国际贸易中，大宗货物、交货期集中的货物或者装运港与目的港之间没有直达班轮时，都采用租船运输。租船有租赁整船和租赁部分舱位两种，一般以租赁整船为多。

（1）租船方式。

①定程租船（Voyage Charter）。它又称航次租船或程租船，是指按航程租赁的方式，即由船舶所有人负责提供船舶全部或部分舱位，在指定港口之间进行一个航次或数个航次

承运指定货物的租船运输。在这种租船方式下，船方负责船舶的一切营运开支。在多数情况下，运费按货物装运数量计算。租船双方责任、义务以程租船合同为准。合同中还规定一定的装卸期限或装卸率，以及滞期费和速遣费。定程租船又可分为单程航次、来回程航次、连续单程航次、连续来回程航次。

②定期租船（Time Charter)。它又称期租船，是指按一定期限（如一年、数年）租赁船舶的方式，即由船东将船舶出租给租船人在规定期限内使用，在此期限内由租船人自行调度和经营管理。我国运输机构也有使用期租船开辟自营的班轮航线或经营程租船业务的。

定程租船与定期租船相比，主要有以下区别：

●运费支付不同。定程租船运费是按装运货物的吨数计，直接表现货物的运输成本。定期租船运费则按船舶夏季载重线时的载重吨计，并不直接反映货物的运输成本。

●费用划分不同。在定期租船条件下，船东只负担少数几项船舶营运费，其他日常开支大都由租船人负担。在定程租船条件下，租船人只付运费及少数几项费用，其余费用由船东负担，费用的划分根据租船合同而定。

●对船舶的调度权不同。在定期租船条件下，租船人掌握船舶的调度权，可以根据货运需要，在租期内根据合同规定选择航线和选装任何合法货物，靠挂任何港口，而定程租船却没有这方面的方便。

●船舶的管理要求不同。在定期租船条件下，租船人需要了解船的所有情况，如性能、货舱结构、船上装卸设备等，同时还要配备专业人员，因此，租船人的工作量大而复杂，一般不轻易采用定期租船方式。而定程租船方式较为简单，技术性工作较少。

此外，还有一种定期租船方式，即光船租船。在这种租船方式下，船东不提供船员，仅将船交给货方使用，由货方配备船员，并负责经营管理。采用这种方式，多半是货方买船的先兆。

（2）租船合同。它是船舶所有人与承租人达成的协议，规定承租人以一定的条件向船舶所有人租用一定的船舶或一定的舱位以运输货物，并就双方的权利和义务、责任与豁免等各项内容以条款形式加以规定，用以明确双方的经济、法律关系。租船合同分为定程租船合同和定期租船合同，简称程租约（Voyage Charter Party）和期租约（Time Charter Party)。

定程租船合同中首先要规定合同的当事人、船名、船旗及有关船舶的必要规范资料，如船舶建造年月、船级、注册总吨、净吨、载重总吨、袋装容租、散装容租等，还要包括以下主要条款：货物、装卸港口、受载日和解约日、运费、装卸费的划分、许可装卸时间、滞期费和速遣费、佣金等。

定期租船合同的主要条款包括船舶说明、使用范围和航行区域、租期、交船/还船、租金、停租（Off-Hire)、转租等。

另外，在租船合同中还有其他条款，如绕航条款、租船人责任终止条款、留置权条款、船东责任条款、仲裁条款、共同海损条款、罢工条款、战争条款、冰冻条款等。

租船合同的订立是一项非常复杂、细致的工作，为简化签订租船合同手续，国际上一些大的航运组织或大宗货物贸易商会，编制了一些供船、租双方选用或参考的租船合同范本，常用的有：《标准杂货定程租船合同》（金康 Gencon)、《巴尔的摩定期租船合同》

(Baltime)、《古巴食糖租船合同》(Cuba Sugar C/P)、《巴尔的摩班轮条件谷物租船合同》(Baltime Berth C/P)、《澳大利亚谷物租船合同》、《纽约土产交易所期租合同》等。我国的中国租船公司也制定了《中国租船公司期租约范本》(SINO-TIME1980)，并得到了国际航运界的承认。目前我国对外洽租定期船舶，均以此范本为依据。

定程租船合同与贸易合同的规定在以下几方面应当互相衔接：装卸港口、装卸货物的种类和数量、装卸费用、装运期、装卸时间、滞期费、速遣费，以及运费的支付方式和支付地点等。在签订大宗货物的买卖合同时，应与有关运输人员密切联系，充分考虑运输方面的问题。

①运费。定程租船运费的计算方式与支付时间，需由租船方与船东在租船合同中明确规定。

程租合同中有的规定运费率，按货物每单位重量或体积若干金额计算；有的规定整船包价。费率的高低主要取决于租船市场的供求关系，但也与运输距离、货物种类、装卸率、港口使用、装卸费用划分和佣金高低有关。运费是按装船重量还是按卸船重量计算，运费是预付还是到付，在合同中均须订明。特别要注意的是，应付运费时间是指船东收到运费的日期，而不是租船人付出运费的日期。

②装卸费。根据不同交易的具体需要，装卸费可以由船方负担，也可由货方负担，或装货费和卸货费各由一方负担。在实际业务中，装卸费应由租船人和船东协商确定后在程租船合同中具体规定。

具体做法主要有以下四种：

●船方负担装卸费(Gross Terms or Berth Terms)，即把装卸费包括在程租船运费之中，与班轮一样，故也可称“班轮条件”(Liner Terms)，多用于木材和包装货物的运输。

●船方不负担装卸费(Free in and out，FIO)。这一般适用于散装货运输。采用这一条件，还应在租船合同中明确理舱费和平舱费由谁负担。实践中一般都规定由货方负担，即船方不负担装卸、理舱和平舱费(Free in and out，Stowed，Trimmed，FIOST)。

●船方管装不管卸(Free out，FO)，即船方负担装货费，但不负担卸货费。

●船方管卸不管装(Free in，FI)，即船方负担卸货费，但不负担装货费。

有必要指出，即使租船合同订明船方不负担装卸费，但船方对货物的安全积载仍要负责。

③许可装卸时间。在使用程租船运输货物的业务中，货物在装卸港口的装卸时间的长短直接关系到船舶使用周期和船方的利益。因此，船东会要求在租船合同中规定租方必须在若干时间内完成装卸作业，许可装卸时间就成为租船合同的重要条款。许可装卸时间可用若干日(或时)表示，也可用装卸率来表示。

许可装卸时间主要有以下几种规定：

●按连续日或时(Running or Consecutive Days/Hours)。时间连续满24小时就算一日或连续日。

●按工作日(Working Days)。按港口习惯，属于正常工作的日子，星期日和例假日除外。

●按晴天工作日(Weather Working Days)。既是工作日，又是适宜装卸的天气才计算为装卸时间。

●连续24小时晴天工作日（Weather Working Days of 24 Consecutive Hours）。明确了在天气适宜装卸工作日内时钟连续走24小时算一个工作日。

●按港口习惯快速装卸（Customary Quick Dispatch，C.Q.D.），即以晴天工作日港口正常装卸速度进行装卸。

工作日的计算，通常还要订明星期日、例假日除外。星期日、节假日除外一般有两种规定方式：一种是"星期日、节假日除外，除非使用"（Sundays and Holidays Excepted, Unless Used），也就是不用不算，用了还是要计算的；另一种是"星期日、节假日除外，即使已经使用"（Sundays and Holidays Excepted Even if Used），也就是无论是否使用，均不作装卸时间计算。

在程租船条件下，不仅要规定许可时间，还应规定许可装卸时间的起止点。一般是当船舶到港口进入码头后，按船长向发货人或收货人发出"准备就绪通知书"（Notice of Readiness，N.O.R.）的时间来做具体规定。

④速遣费和滞期费。在程租船条件下，装卸时间的长短影响到船舶的使用周期，直接关系到船方的利益。因而在租船合同中，除需规定许可装卸时间外，还需规定一种奖励处罚措施，以督促租船人实现快装快卸。

●速遣费（Dispatch Money）。在合同规定的许可装卸期限内，如果租船人提前完成了装卸作业，给船方节约了船期，从而降低了费用成本，船方应向租船人就所节省的时间支付奖金，此项奖金称为速遣费。

●滞期费（Demurrage）。在程租船合同规定的装卸时间内，如果租船人未能完成装卸作业，致使船舶在港内停泊时间延长，给船方造成经济损失，租船人对超过的时间应向船方支付一定的罚金，此项罚金称为滞期费。

通常，速遣费率为滞期费率的一半。

5.1.2 铁路运输

铁路运输是一种仅次于海洋运输的主要货运方式，它具有运量较大、速度较快、不受气候条件的影响、货运手续简单、发货人可就近办理托运和提货手续等特点。在我国对外贸易运输中有国际铁路货物联运和国内铁路运输两种。

1）国际铁路货物联运

国际铁路货物联运，是指两个或两个以上国家之间进行铁路货物运输时只使用一份统一的国际联运票据，由一国铁路向另一国铁路移交货物时，无须发、收货人参加，铁路当局对全程运输负连带责任。

目前，世界上有两个国际联运集团，一个是签有《国际铁路货物运送公约》的"货约"集团；另一个是曾有12个国家参加并签有《国际铁路货物联运协定》的"货协"集团。虽然"货协"集团国家自20世纪80年代末由于苏联和东欧各国政体发生变化而解体，但其经营的铁路联运业务并未终止，原来签订的《国际铁路货物联运协定》因无新的规章替代仍被沿用，不过由于各国铁路的收费标准不一、报价困难，故目前处在通而不畅的状态。

国际铁路货物联运既适用于原"货协"国家之间的货物运输，也适用于原"货协"至"货约"国家之间往来的货物运输。在我国，凡可办理铁路货物联运的车站都可办理国际铁路货物联运。

根据货量、体积的不同，铁路货物联运可分为整车货、零担货以及集装箱、托盘和货捆等装运方式。根据运送速度不同，铁路货物联运可以分为快运、慢运和随客列挂运三种。

我国办理国际铁路货物联运的承运人和总代理是中国对外贸易运输公司（中外运）。1980年我国成功地试办了通过西伯利亚大陆桥实行集装箱国际铁路联运。当时，我国部分省市的布胶鞋、面巾纸、牛肉罐头等都通过国际铁路货物联运发往苏联、伊朗、匈牙利等国。

2）国内铁路运输

我国出口货物经铁路运至港口装船、进口货物卸船后经铁路运往各地及供应港澳地区货物经铁路运往中国香港、澳门，都属于国内铁路运输的范围。下面主要介绍对港澳地区的货物运输。

（1）对我国香港地区的铁路货物运输是一种特殊的租车方式的两票运输，它的全过程是由国内段铁路运输和港段铁路运输两段组成，由中国对外贸易运输公司各地分支机构和香港中国旅行社联合组织。其具体工作如下：

①按铁路局规定，按时提出月度要车计划和旬度装车计划。

②发货地外运公司或外贸进出口公司填制铁路运单，向车站办理至深圳北站的托运手续。

③按车站指定的进货日期，将货物送到车站指定的货位，并办妥出口报关手续。

④发货单位以出口物资工作单委托深圳外运分公司办理接货租车过轨等手续，装车后立即拍发起运电报。

⑤深圳外运分公司接到各发货地工作单和起运电报后，及时通知中国旅行社做好接车准备工作。

⑥从发货地发车后，当地外运分公司与铁路局进行票据交换，并编制货车过轨计划，办理租车手续。

⑦货车到达后，深圳外运分公司与铁路局进行票据交换，并编制货车过轨计划，办理租车手续。

⑧中国旅行社向香港海关报关，并向广九铁路公司办理托运手续。

⑨货到香港后，由中国旅行社负责卸货并送交货主。

发往澳门地区的货物，则发至广州，由广州外运公司办理中转手续，其他手续与对香港运输货物的手续相同。

（2）港澳运输单证包括：

①出口物资工作单，这是基本的必备单证之一。它是发货人委托深圳外运分公司和中国旅行社办理货物转运、报关、接货等的书面文件，也是被委托人的工作依据和核收运杂费的凭证。

②出口货物报关单。

③起运电报，应在货物装车后24小时内发出。

④承运货物收据，这是结汇收款的凭证。

⑤根据出口货物的性质，有时还要提供商检证书、文物出口证明书等证件。

（3）供港澳地区货物运费计算：去港澳地区的货物运费由内地段费用、中转费、港段运杂费三部分构成。内陆城市往往通过铁路将货物运往港澳地区，因此，非常有必要了解供港澳地区的运费计算。

5.1.3 航空运输

航空运输（Air Transport）是一种现代化的运输方式，它具有速度快、货运质量高、不受地面条件限制的特点，适用于运送急需物资、鲜活商品、精密仪器等。其不足之处是运量小、运费高。

1）航空货运方式

（1）班机运输（Scheduled Air-line）。它是指在固定航线上飞行的航班，它有固定的始发站、途经站和目的站。一般航空公司都使用客货混合型飞机。

（2）包机运输（Chartered Carrier）。包机是指包租整架飞机或由几个发货人（或航空货运代理）联合包租一架飞机来运送货物。因此，包机运输又分为整包机和部分包机两种形式。前者适合运送大批量的货物；后者适用于有多个发货人，货物到达站是同一地点的货物运输。

（3）集中托运（Consolidation）。它是指由空运货代公司将若干单独发货人的货物集中起来组成一整批货，由其向航空公司托运到同一到站，货到后由到站地的空运代理办理收货、报关并分拨给各个实际收货人。此种方式运费较低，在实际业务中使用较多。

（4）急件传递（Air Express）。它是指由专门经营这项业务的公司与航空公司合作，设专人以最快的速度在货主、机场、用户之间进行传递。它适用于急需的药品、贵重物品、货样及单证等的传送，被称为“桌到桌运输”。

2）航空运输的承运人

航空运输公司只负责从一个机场将货物运至另一个机场，而对于揽货、接货、报关、订舱及在目的地机场提货和将货物交付收货人等方面的业务，则全由航空货运代理（空代）办理。航空货运代理可以是货主的代理，也可以是航空公司的代理。中国对外贸易运输总公司既是中国民航的代理，也是我国各进出口公司的货运代理。

3）航空运价

航空运价是指承运人为货物航空运输所收取的报酬，不包括报关、提货、仓储等费用。航空运价通常分三类：

（1）特种货物运价（Special Cargo Rate）。它是指特定货物在特定航线上享有的特别优惠的运价。特种货物运价规定有起码重量（100千克），达不到则不能按此运价计算。

（2）等级货物运价（Class Cargo Rate）。它仅适用于少数货物。通常在一般货物运价基础上加或减一定的百分比计收，其起码重量为5千克。

（3）一般货物运价（General Cargo Rate）。如果货物的种类既不适用特种货物运价也不适用等级货物运价，就必须按一般货物运价计收。以45千克为划分点，45千克以上比45千克以下的运价低。换言之，重量越大，运价越低。

5.1.4 公路、内河、邮政和管道运输

1）公路运输

公路运输（Road Transport）是一种现代化运输方式，也是车站、港口和机场集散进出口货物的重要手段。它具有机动灵活、速度快、方便等特点，但其载货量有限，运输成本高，易造成货损事故。公路运输也适于同周边国家的货物输送，以及我国内地同港澳地

区的部分货物运输。

2）内河运输

内河运输（Inland Water Transport）是水上运输的重要组成部分，它是连接内陆腹地与沿海地区的纽带，在运输和集散进出口货物过程中起着重要的作用。它具有投资少、运量大、成本低的特点。我国长江、珠江等一些港口已对外开放，同一些邻国还有国际河流相通，这为我国外贸物资通过河流运输和集散提供了有利条件。

3）邮政运输

邮政运输（Parcel Post Transport）是一种简便的运输方式，手续简便、费用不高。它包括普通邮包和航空邮包两种，适于量轻体小的货物。托运人按照邮局规章办理托运，付清邮资，取得邮政包裹收据（Parcel Post Receipt），交货手续即告完成。邮件到达目的地后，收件人可凭邮局到件通知提取。

4）管道运输

管道运输（Pipeline Transport）是一种特殊的运输方式，主要适用于运送液体、气体货物，如石油、天然气等。它具有固定投资大、建成后成本低的特点。例如，我国至朝鲜早已敷设管道，以供石油运输之用。

5.1.5 集装箱运输

集装箱运输（Container Transport）是以集装箱作为运输单位进行货物运输的一种现代化的运输方式。它可以从发货人仓库运到收货人仓库，实现门到门的运输，适用于海洋运输、铁路运输及国际多式联运。集装箱具有坚固、密封和可反复使用的优越性，与传统货物运输相比较，具有以下特点：①提高了货运速度，加快了运输工具、货物及资金的周转；②减少了运输过程中的货差、货损，提高了货运质量；③节省了货物包装费用，减少了货物运杂费支出；④简化了货运手续，便于货物运输。

1）集装箱的主要规格及其外部标志

在国际货物运输中，所使用的集装箱的规格主要有两种，即20英尺和40英尺。20英尺的集装箱是国际上计算集装箱的标准单位，英文称为“Twenty Feet Equivalent Unit”，缩写为“TEU”（译为“相当于20英尺单位”或“标准箱”）。

TEU也是港口计算吞吐量和船舶载货量大小的一个重要的度量单位。20英尺集装箱的最大毛重为20公吨，最大容积为31立方米，一般可装17.5公吨或25立方米的货物。40英尺集装箱的最大毛重为30公吨，最大容积为67立方米，一般可装25公吨或55立方米的货物。

按用途分，集装箱可分为通用型集装箱和专用集装箱。通用型集装箱一般用来装运普通成件有包装的货物，如各种制成品货物。专用集装箱用来装运特定货物，如面粉、谷物、蔬菜、化学品、牲畜等。目前，我国的专用集装箱不多。

集装箱外部标志主要有箱主的名称、箱子的尺寸、箱子的编号、经检验合格的标志等。

例：中国远洋运输公司的集装箱外部标志如图5-1所示。

2）集装箱运输机构

（1）集装箱堆场（Container Yard，CY）。它是专门用来保管和堆放集装箱（重箱和空箱）的场所，是整箱货（Full Container Load，FCL）办理交接的地方，一般都设在港口的装卸区内。堆场签发场站收据（Dock Receipt，D/R），办理集装箱的装卸并编制集装箱的装船配载计划，签发设备交接单和收、发空箱，办理货柜存储、保管、维修、清扫、熏蒸和出租。

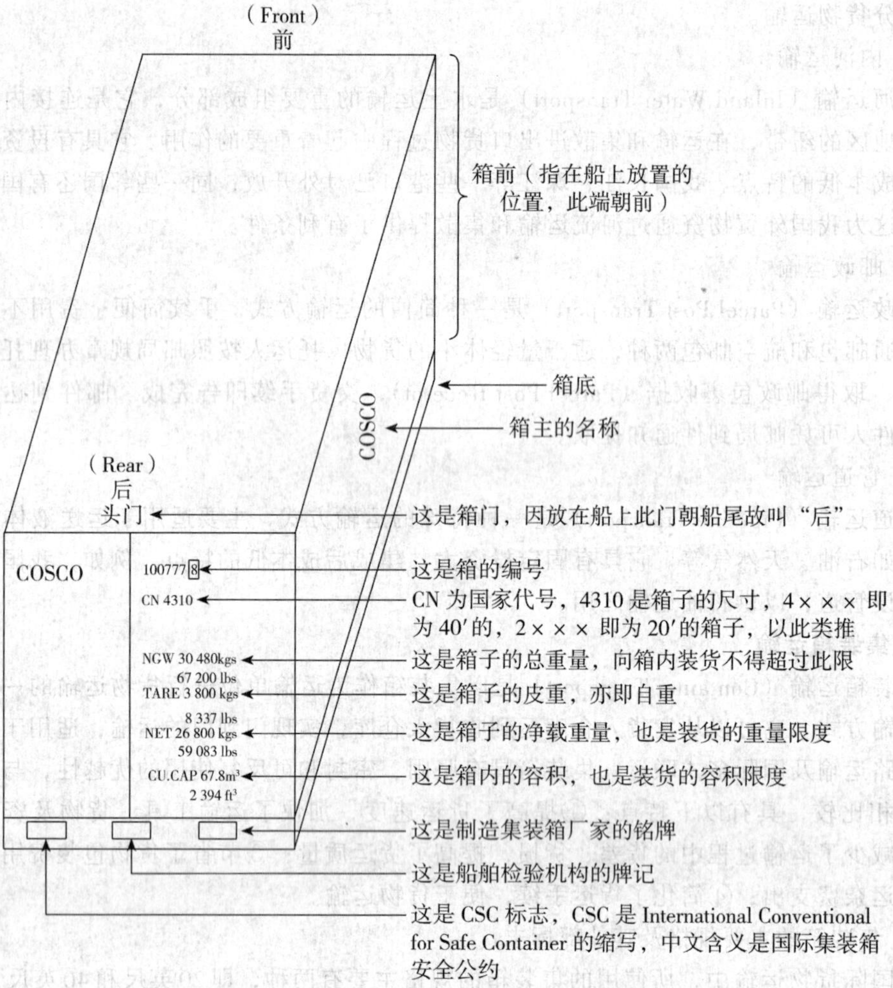

图 5-1　中国远洋运输公司的集装箱外部标志

（2）集装箱货运站（Container Freight Station，CFS）。它又叫中转站或拼装货站。对于不足一箱的出口货物，由货主或货代将货物送到货运站，由货运站根据货类、流向合理组合拼装，是拼箱货（Less Container Load，LCL）办理交接的地方。集装箱货运站一般设在港口、车站附近，或内陆城市交通方便的场所，办理重箱运往堆场、拼箱、保管、报关、铅封及签发“场站收据”等业务。

3）集装箱装箱与交接方式

（1）集装箱装箱方式。根据集装箱货物装箱数量和方式可分为：①整箱（Full Container Load，FCL），是指货方自行将货物装满整箱以后，以箱为单位托运的集装箱。②拼箱（Less than Container Load，LCL），是指承运人接受货主托运的数量不足整箱的小票货运后，根据货类性质和目的地进行分类整理，把去同一目的地的货物集成一定数量拼装入箱，即不同货主的货拼装在一起而组成的一个整货柜。

（2）集装箱交接方式。集装箱货物的交接，根据贸易条件所规定的交接地点不同一般分为以下几种：

第一，FCL/FCL（整箱交，整箱收）。在这种交接方式下，集装箱的具体交接地点有以下四种情况：①Door to Door，即“门到门”；②CY to CY，即“场至场”；③Door to CY，即“门到场”；④CY to Door，即“场至门”。

第二，LCL/LCL（拼箱交，拆箱收）。在这种交接方式下，集装箱的具体交接地点为CFS to CFS，即站到站。

第三，FCL/LCL（整箱交，拆箱收）。在这种交接方式下，集装箱的具体交接地点有两种情况：①Door to CFS，即“门到站”；②CY to CFS，即“场到站”。

第四，LCL/FCL（拼箱交，整箱收）。在这种交接方式下，集装箱的具体交接地点有两种情况：①CFS to Door，即“站到门”；②CFS to CY，即“站到场”。

以上各种交接方式中，以整箱交、整箱收效率最高。

4）集装箱运输的费用

（1）费用的构成。当前，集装箱班轮运输日益普及，集装箱运费的项目构成和计算方法与传统的运费计算方法存在较大差异。

集装箱运费由内陆运输费（Inland Transport Charge）、码头作业费（Terminal Handling Charge，THC）、拼箱服务费（LCL Service Charge）、集装箱及其他设备使用费（Charges of Container and Other Equipments）、海运运费（Ocean Freight）等项构成。具体如下：①整箱/整箱：装港拖箱费+码头操作费+运费+卸港码头操作费+拖箱费。②整箱/拼箱：船公司提供的拖箱费+码头操作费+运费+拆箱费。③拼箱/拼箱：装箱费+运费+拆箱费。④拼箱/整箱：装箱费+运费+码头操作费+船公司提供的拖箱费。

（2）运费的计算。集装箱海上运价体系比较成熟，基本上可以分成两大类：一类是沿用传统的件杂货运费计算方法，即以每运费吨作为计费单位；另一类是以每个集装箱作为计费单位，即包箱费率。前一类计价方式适合于拼箱运输，后一类计价方式适合于整箱货运输。在国际集装箱运输中，包箱费率计算方式正逐步取代传统件杂货运费的计算方式。

5.1.6 国际多式联运

国际多式联运（International Multimodal Transport）是在集装箱运输的基础上产生和发展起来的一种综合性的连贯运输方式，它一般以集装箱为媒介，把海、陆、空各种传统的单一运输方式有机地结合起来，组成一种国家间的连贯运输。它通过至少两种不同运输方式，由多式联运经营人将货物从一国境内接管货物的地点运至另一国境内指定交货地点。

1）国际多式联运应具备的条件

根据《联合国国际货物多式联运公约》的规定，国际多式联运应具备下列条件：

（1）必须有一个多式联运合同；

（2）必须使用一份包括全程的多式联运单据（Multimodal Transport Documents，MTD）；

（3）必须至少是有两种不同运输方式的连贯运输；

（4）必须是国家间的货物运输，并且必须有一个联运经营人（Multimodal Transport Operator，M.T.O.）对全程运输负责；

（5）必须是全程单一的运费费率。

2）国际多式联运的优越性

集装箱运输为国际多式联运提供了便利。当发货人将货物托运给多式联运经营人后，无论经过几种运输方式，均由多式联运经营人负责安排运输，并向发货人负责，这就给发货人和收货人提供了许多方便。

国际多式联运经营人有两类：一类是实际承运人；另一类不是实际承运人，其将运输业务再委托别的承运人或分段委托给分承运人来完成，这种联运经营人常被称为“无船承运人”（Non-Vessel Operating Common Carrier，NVOCC）。国际多式联运经营人为提高服务质量、增加收入，常要选择合理的运输路线，把多种运输方式有机地结合起来。货主只需办理一次委托，支付一次运费，取得一份单据，就可以将货物从发货人手中交到收货人手中，手续十分简便。所以，国际多式联运具有多方面的优越性。

5.1.7 大陆桥运输

大陆桥运输（Land-Bridge Transport）是指以横贯大陆的铁路（或公路）运输作为中间桥梁，把大陆两端的海洋运输连接起来的集装箱运输，构成海—陆—海的连贯运输方式。大陆桥运输实质上属于国际多式联运范畴，其利用成熟的海、陆运输条件，形成合理的运输路线，大大缩短营运时间，降低营运成本。目前，世界主要有两条大陆桥，即北美大陆桥和欧亚大陆桥。

1）北美大陆桥

北美大陆桥以北美铁路系统将太平洋与大西洋，以及太平洋与墨西哥湾沿岸各主要港口连接起来，主要运送从远东国家经北美销往欧洲的货物，是世界上第一条大陆桥，现在已经萎缩。

2）亚欧大陆桥

亚欧大陆桥包括西伯利亚大陆桥和新亚欧大陆桥。

西伯利亚大陆桥以俄罗斯西伯利亚铁路作为桥梁，把远东地区与波罗的海和黑海沿岸以及西欧大西洋口岸连接起来，主要运送远东国家经西伯利亚到欧洲各国或亚洲的伊朗、阿富汗等国的货物。西伯利亚大陆桥全长11 880千米。经过这条路线运往欧洲的货物要比经苏伊士运河缩短路程约8 000千米，时间可节省20天左右。西伯利亚大陆桥的局限性在于：由于纬度较高，运输能力易受严寒影响；港口有数月封冻期；来回运量不平衡，货运量西向大于东向约2倍，集装箱回空成本较高。

新亚欧大陆桥是最新出现的大陆桥，于1992年9月开通。它东起我国连云港，西至荷兰鹿特丹，穿越中国、哈萨克斯坦、俄罗斯，经过白俄罗斯、波兰、德国，到达荷兰，将太平洋西岸港口与里海、波罗的海及大西洋沿岸各港衔接，全长10 900千米，与我国8条铁路相通，跨越我国11个省、自治区，在我国境内长为4 131千米，是连接亚、欧两大洲最便捷的通道，比海上运输可缩短路程9 000多千米，对发展沿途国家和地区的经济是非常有利的。新亚欧大陆桥开通以来，其运输优势并未充分发挥，利用这条大陆桥到欧洲的货量较少，大部分货物是到哈萨克斯坦、乌兹别克斯坦等中亚国家。它同时还面临着西伯利亚大陆桥的强有力竞争。

小资料5-3：小陆桥、微型陆桥与O.C.P.条款

5.2 运输单据

运输单据是证明运输中的货物已装运或已被承运人或其货代接管的单据。它具体说明同货物运输有关当事人的责任、权利及义务，是货物运输业务中最为重要的证件，也是出

口结汇不可缺少的单据。

5.2.1 海运单据

1）海运提单

海运提单（Bill of Lading，B/L）简称提单，是指用以证明海上货物运输合同和货物已经由承运人接收或装船，以及承运人保证据以交付货物的单证。

（1）海运提单的性质与作用。海运提单的性质和作用可以概括为以下三个方面：

第一，货物收据。海运提单是承运人或其代理人签发给托运人的货物收据，它证明承运人已按提单所列收到货物。

第二，物权凭证。海运提单是一种货物所有权的凭证。提单的合法持有人可以凭提单提货，也可以抵押给银行进行融资，还可以通过合法手续转让给他人。

第三，运输契约的证明。提单是承运人与托运人之间订立的运输契约的证明。提单本身不是运输合同，但提单条款明确规定了承、托双方之间的权利和义务以及责任豁免，是处理承运人与托运人之间争议的法律依据。

【案例5-1】

某年3月，A文化用品公司与美国C贸易公司签订一份买卖合同，约定C贸易公司向A文化用品公司购买一批塑料文具。

A文化用品公司委托美国B运通公司将这批塑料文具运往纽约，并根据承运人的要求在指定时间将货物运到指定的装运港口。6月，货物装船，船长代理承运人签发了一式三份正本海运提单。货到目的港后，C贸易公司始终未付款，A文化用品公司拟将货物运回。在与美国B运通公司的交涉过程中，A文化用品公司于同年12月得知货物已被C贸易公司凭汇丰银行出具的保函提取。A文化用品公司遂要求美国B运通公司承担无单放货的责任，而美国B运通公司认为应由买方C贸易公司自己承担责任。双方协商不成，A文化用品公司遂提起诉讼。

问题：你认为法官应如何判决？

分析提示：在收货人C贸易公司未付货款的情况下，A文化用品公司仍然是合法的提单持有人，有权主张提单项下的物权。作为物权凭证，提单的主要意义就在于，合法的提单持有人有权控制和支配提单项下的货物。美国B运通公司在未征得托运人同意，又未收回正本提单的情况下将货物交给非提单持有人的行为，显然侵犯了A文化用品公司在提单项下的物权，造成A文化用品公司未收回货款而对提单项下的货物失控，美国B运通公司应当依法对A文化用品公司因此遭受的经济损失承担赔偿责任。最后，法院判决美国B运通公司向原告A文化用品公司赔偿所有货款及利息损失。

（2）海运提单的格式和内容。提单是由船公司各自制定的，格式不一，但基本内容相同，包括正面内容和背面条款两部分。

第一，提单的正面内容。其关系到提单的法律效力，分别由托运人、承运人或其代理人填写，通常包括以下事项：托运人；收货人；被通知人；收货地或装货港；目的地或卸货港；船名或航次；唛头及件号；重量和体积；运费预付或运费到付；正本提单的份数；船公司或其代理人的签章；签发提单的地点及日期等。

第二，提单的背面条款。班轮提单背面都有印就的运输条款，作为确定承运人与托运人之间、承运人与收货人及提单持有人之间的权利、义务的主要依据。为了使提单背面条款能够照顾到船、货双方的利益，缓解船、货双方的矛盾，有关国际组织曾先后签署了有关提单的国际公约，以统一提单背面条款。它们是：①1924年签署的《统一提单的若干法律规则的国际公约》，简称《海牙规则》；②1968年签署的《布鲁塞尔议定书》，简称《维斯比规则》；③1978年签署的《联合国海上货物运送公约》，简称《汉堡规则》。

上述三项公约签署的历史背景不同、内容不一，各国对这些公约所持有的态度也不相同，因此各国船公司签发的提单背面条款也互有差异，但各班轮公司提单的格式多以《海牙规则》为依据，提单内容趋向基本一致。

（3）海运提单的种类。在贸易实践中会遇到各种各样的海运提单，从不同的角度可以将提单分为不同的种类。

第一，按提单签发时货物是否已装船划分。

●已装船提单（On Board B/L，Shipped B/L）。它是指承运人在货物装上指定船舶后签发的提单，提单上须以文字表明货物已装上或已装运于某具名船只，提单签发日期即视为装船日期。

●备运提单（Received for Shipment B/L）。它又称收妥待运提单，是指承运人已收到托运货物等待装运时签发的提单。在签发备运提单的情况下，发货人可在货物装船后凭此调换已装船提单；也可经承运人或其代理人在备运提单上批注货物已装上某船舶及装船日期，并签署后使之成为已装船提单。

按国际贸易惯例，除非另有约定，卖方有义务向买方提交已装船提单。《UCP600》规定，银行接受注明货物已装船或已装指定船只的提单。

第二，按提单上是否对货物的外表状况有不良批注划分。

●清洁提单（Clean B/L）。它是指货物在装船时“表面状况良好”，承运人未在提单上加注不良批注的提单。

●不清洁提单（Unclean B/L）。它是指承运人在提单上加注了有关货物及包装状况不良或存在缺陷等批注的提单。例如提单上有“包装破损”“标志不清”等批注。

按国际贸易惯例，除非另有约定，卖方向银行结汇时，必须提交清洁提单。清洁提单也是提单转让时必须具备的基本条件。《UCP600》规定，银行不接受不清洁提单，除非另有约定。

【案例5-2】

某进出口公司对外出口100箱货物，货物按时装运并取得清洁已装船提单，货到目的港卸货时发现只有90箱，买方为此扣10箱货款。

问题：买方做法是否妥当？

分析提示：买方做法不妥当。参照已装船提单的含义，货物装船时取得的是清洁已装船提单，说明100箱货物完好装船，卸货时短少10箱，属承运人责任而非卖方责任，本案买方应凭已装船提单向承运人索赔。

第三，按收货人抬头的不同划分。

●记名提单（Straight B/L）。它又称“收货人抬头提单”，是指在收货人（Consignee）栏内具体写明收货人名称的提单。这种提单只能由指定收货人提货，而不能通过背书的方式转让给第三者，所以在国际贸易中只能在特定情况下使用。

●不记名提单（Bearer B/L）。它又称“来人抬头提单”，是指在收货人栏内不写明具体收货人的名称，只写明“货交提单持有人”，或不填写任何名称的提单。这种提单不需要任何背书手续即可转让或提取货物，流通性极强，但对买卖双方的风险较大，在国际贸易中极少使用。

●指示提单（Order B/L）。它是指在收货人栏内只填写“凭指示”（To Order）或“凭某人指示”（To Order of…）字样的提单。这种提单可经过背书转让，因此其在国际贸易中使用最广。背书指的是在提单背面记载有关事项以转让提单权利，常见的方式有两种：空白背书和记名背书。空白背书是指背书人在提单背面签名，而不注明背书人的名称；记名背书是指背书人除了在提单背面签名外，还须注明被背书人的名称。记名背书的提单如需再转让，必须再加背书。目前在实际业务中，使用最多的是“凭指定”并经空白背书的提单，习惯上称其为“空白抬头、空白背书”提单。

第四，按船舶经营方式的不同划分。

●班轮提单（Liner B/L）。它是指由班轮公司承运货物后签发的提单。

●租船提单（Charter Party B/L）。它是指承运人根据租船合同签发的提单。这种提单受租船合同的约束，银行或买方接受这种提单时，通常要求卖方提供租船合同的副本。

第五，按运输方式的不同划分。

●直达提单（Direct B/L）。它是指货物装船后中途不换船而直接驶往目的港卸货所签发的提单，也叫不可转船提单。凡合同和信用证规定不准转船时，必须使用直达提单。

●转船提单（Transshipment B/L）。它是指在装运港装货的船只，不直接驶往目的港而需在中途换装另外船舶驶往目的港所签发的提单。在这种提单上要注明“转船”或“在××港转船”字样。

●联运提单（Through B/L）。它是指由海运和其他运输方式联合运输时，第一程海运承运人签发的包括全程的提单。第一程承运人只承担他负责运输的一段航程内的货损责任。

第六，按提单格式的不同划分。

●简式提单（Short Form B/L）。它是指仅有提单正面条款而无背面条款的提单。这种提单多用于租船合同下的货物运输。除非信用证另有规定，银行一般不愿意接受这种提单。

●全式提单（Long Form B/L）。它是指除提单正面外，在提单背面也详细列有承运人的权利和义务的提单。

第七，按提单签发时间的不同划分。

●倒签提单（Anti-Dated B/L）。它是指承运人应托运人的要求，在货物装船完毕后，以早于该票货物实际装船完毕的日期作为签发日期的提单。这种提单是为方便托运人结汇而签发的，承运人要为此承担相当大的风险。

【案例5-3】

我国某公司进口一批日产空调，合同规定以信用证方式支付。我方公司开出的信用证规定装船期为7月10日至7月20日，由承运人所属的“SALING”号货轮承运上述货物。“SALING”号在装货港外锚地因遇大风走锚与另外一艘在锚地待泊的油轮相撞，使“SALING”号不能如期装货。“SALING”号最后于8月15日完成装货，船长在接受了托运人出具的保函的情况下签发了与信用证一致的提单，并办理了结汇。由于船舶延迟到港错过了空调的销售季节，给我方公司造成了很大损失。我方公司为此向承运人提出了索赔要求。

问题：你认为承运人是否应承担责任？

分析提示：承运人应承担责任。本案中提单属倒签提单，对收货人已构成违约，承运人及托运人均要为此承担责任。

●预借提单（Advanced B/L）。它是指在货物尚未装船或尚未装船完毕的情况下，信用证规定结汇期（信用证的有效期）即将届满，托运人为了能及时结汇，要求承运人或其代理人提前签发的已装船清洁提单，即托运人为了能及时结汇而从承运人那里借用的已装船清洁提单。签发这种提单已构成实质性违约，一般要出具银行保函，船方才肯签发。但这种做法很可能会招致买方的起诉。

●过期提单（Stale B/L）。它是指超过《UCP600》规定的交单日期或晚于货物到达目的港日期的提单。前者属于无效提单，后者是在近洋运输中容易出现的情况，故在近洋国家间的贸易合同中，一般都订有"过期提单可以接受"的条款。

【案例5-4】

我国某公司与外商签订一份以信用证方式支付的CIF出口合同。对方来证规定：装运期不得迟于8月5日，信用证有效期为8月31日。我方公司于8月28日向议付行提交签订日期为8月5日的提单，却遭到议付行的拒绝。

问题：议付行的拒绝有无道理？

分析提示：《UCP600》第14条规定，正本运输单据需由受益人或其代表在不迟于发运日之后的21个日历日内交单，但是在任何情况下都不得迟于信用证的截止日期。《UCP600》严格约束了单据要在发运日后的21个日历日内提交，且信用证无须规定交单期。

本案中，我方公司于8月28日向议付行交单，已超出21个日历日的规定，议付行可以拒绝。

除上述各种提单外，还存在其他特殊提单，如多式联运提单、正本和副本提单、舱面提单等。

2）海运单和电放提单

新技术在运输业中的应用使得海运速度加快、船期缩短，而提单的流转程序并未得到同步改善，导致货物抵达目的港后收货人还未拿到正本提单，从而造成延迟卸货、码头拥挤的状况，极大地增加了货运风险和费用。于是，海运单与电放单迅速发展起来。

（1）海运单（Sea/Ocean Waybill）。它的全称是不可转让海运单（Non-Negotiable Sea Waybill），是由船长或船公司或其代理人签发的证明已收到特定货物（已接管或已装船）并保证将货物运到目的地交付给指定收货人的一种凭证。

海运单不是物权凭证，故不可转让。收货人提货不是凭海运单，而是凭能证明其为运单上指明的收货人即可提货。在海运单的使用中，货物交付后，卖方仍有权控制货物，发出指示确定收货人，也可根据需要变更原收货人，这与象征性交货中完全代表物权凭证的海运提单有很大不同。

目前，欧洲、斯堪的纳维亚半岛、北美和某些远东、中东地区的货物贸易越来越倾向于使用不可转让的海运单，主要是因为海运单能方便进口人及时提货，从而简化手续、节省费用，还可以在一定程度上减少以假单据进行诈骗的现象。同时，这种海运单更加适合EDI技术在国际贸易中的广泛使用。但是，由于海运单不是物权证明，所以其对银行的债权没有保障，使用时应考虑此点。

(2) 电放提单。在正常情况下，出口企业通过银行交提单或出口企业寄提单给收货人。提单是货物所有权的凭证，因此，收货人拿到提单就可以提货。但在近洋货物运输时，如从大连到日本或韩国时，由于船期很短，船舶到达目的港时通过银行或邮寄的提单可能还没到，为不影响收货人提货，收货人会要求出口企业将提单传真给收货人或其代理人，这样在货物到港后，收货人凭提单传真件就可以提货。因此所谓电放就是凭传真件(包括其他电子通信方式) 放行的意思。

在办理电放提单时，托运人应先与船公司联系，告诉提单需要电放。这样船公司就可以通过电报让目的港的船代凭传真件提货。一般最好是在未出提单前办理，船公司可不用出具正本提单；如果已经出具正本提单，则需要将正本提单交回船公司，让船公司电放提单。

5.2.2 铁路运输单据

铁路货物运输分为国际铁路货物联运和国内铁路货物运输两种方式，两种方式所采用的运输单据有所不同，前者使用国际铁路联运运单，后者使用承运货物收据。

1) 国际铁路联运运单

国际铁路联运运单（Rail Waybill）是国际铁路联运的主要运输单据，它是参加联运的发送国铁路与发货人之间订立的运输契约，其中规定了参加联运的各国铁路和收、发货人的权利和义务，对收、发货人和铁路都具有法律约束力。当发货人向始发站提交全部货物，并付清应由发货人支付的一切费用，经始发站在运单正本和运单副本上加盖始发站承运日期戳记，证明货物已被接管承运后，即认为运输合同已经生效。

国际铁路联运的运单一式五联，除运单正本和运单副本外，尚有运行报单、货物交付单和货物到达通知单。运单正本（第一联）随货同行，在到达站连同货物到达通知单及货物一并交给收货人，作为交接货物和结算费用的依据。运单副本（第二联）交给发货人，作为货物已经交运的凭证并凭以向银行办理结算货款的依据。货物交收货人时，收货人在货物交付单上签收，作为收妥货物的收据，退车站备查。运行报单则为铁路内部使用。

铁路运单并非物权凭证，也不能通过背书进行转让或作为抵押向银行融资。

《UCP600》第24条规定，注明“第二联”的铁路运输单据将被作为正本接受；无论是否注明“正本”字样，铁路或内陆水运单据都被作为正本接受。

2) 承运货物收据

承运货物收据（Cargo Receipt）是承运人出具的货物收据，也是承运人与托运人签订的运输契约。我国内地通过铁路运往港澳地区的货物，一般委托中国对外贸易运输公司承办，当货物装车发运时，承运人即签发一份承运货物收据给托运人，作为托运人办理结汇业务的凭证。

5.2.3 航空运输单据

航空运输中的单据主要是航空运单。航空运单（Air Waybill）是由航空承运人或其代理人签发的货物收据，也是承运人与托运人之间的运输合同，但它不是物权凭证，不能转让，也不能凭以提货。货到目的地后，收货人凭承运人的到货通知和身份证明提取货物。

所以，航空运单的收货人必须做成“记名抬头”方式，必须详细列明收货人的名称和地址。

航空运单共有正本一式三份：第一份正本注明“Original—For the Shipper”应交托运人，托运人凭以结汇；第二份正本注明“Original—For the issuing Carrier”由航空公司留存；第三份正本注明“Original—For the Consignee”由航空公司交收货人。

除三份正本外，航空运单副本应分别注明“For Airport of Destination”“Delivery Receipt”“For Second Carrier”“Extra Copy”等，由航空公司按规定和需要进行分发，作为报关、结算、国外代理中转分拨等用途分别使用。

航空运单依签发人不同，分为以下两类：

（1）航空主运单（Master Air Waybill，MAWB）。凡由航空公司签发的航空运单均称航空主运单。它是航空公司据以办理货物运输和交付的依据，是航空公司和托运人之间签订的运输合同。每一批航空运输货物都应有相应的航空主运单。

（2）航空分运单（House Air Waybill，HAWB）。它是由航空货运代理公司在办理集中托运时签发给每一个发货人的运单。在集中托运的情况下，除了航空公司要签发给集中托运人主运单之外，集中托运人还必须签发航空分运单给每一个托运人。从货物的托运到提取，货主均直接与航空货运代理公司联系，而不直接联系航空公司。

5.2.4 集装箱运输单据

1）集装箱提单

集装箱提单（Container B/L）是海运集装箱业务的主要运输单据。与普通海运提单的功能相同，集装箱提单的主要功能是承运人或其代理人签发的货物收据，是承、托双方运输契约的证明，也是代表货物所有权的物权凭证。但集装箱提单是一种收妥待运提单，即签发提单时货物尚未装船。因此，在承运人根据发货人的要求在提单上填注了具体的装船日期和船名后，该提单才成为已装船提单。为此，现行的集装箱提单在其正面都有正面条款，该条款由“确认条款”“承诺条款”“签署条款”组成。

2）国际多式联运单据

国际多式联运单据（Combined Transport Document，CTD）是在国际多式联运业务中，由多式联运经营人签发的，证明多式联运合同以及证明多式联运经营人接管货物并负责按照合同条款交付货物的单据。该单据包括全程运输，是发货人凭以结汇的单据，也是物权凭证，可以凭以提货、转让或抵押。

根据发货人的要求，国际多式联运单据可做成可转让的，也可做成不可转让的。例如，签发一份以上的正本单据，应注明份数。实践中对国际多式联运单据正本和副本的份数规定不一，主要视发货人的要求而定。

5.2.5 邮政运输收据

邮政收据（Parcel Post Receipt）是邮政运输的主要单据，它是邮局收到寄件人的邮包货物后所签发的凭证，当邮包发生损坏或丢失时，它还可以作为索赔和理赔的依据。但邮政收据不是物权凭证。

邮寄证明（Certificate of Posting）是邮局出具的证明文件，据此证实所寄发的单据或邮包确已寄出和作为邮寄日期的证明。

专递收据（Courier Receipt）是特快专递机构收到寄件人的邮件后签发的凭证。

5.3 买卖合同的装运条款

装运条款就是合同中关于卖方应如何交货以及何时交货等问题的规定。装运条款的订立与合同性质及运输方式有着密切的关系。我国出口合同大部分使用FOB、CIF、CFR术语，且多数通过海洋运输。因此。上述合同的装运条款主要包括装运时间、装运港和目的港、是否允许分批装运和转船、装运通知以及滞期和速遣条款等内容。

5.3.1 装运时间

装运时间又称装运期（Time of Shipment），是指卖方将合同规定的货物装上运输工具或交给承运人的期限。在国际贸易中，装运时间（Time of Shipment）与交货时间（Time of Delivery）并不是同一个概念，但在以FOB、CFR、CIF贸易术语签订的买卖合同中，当卖方将货物装上船时，即完成交货义务。所以，人们习惯上将“交货”的概念与“装运”的概念等同起来，即货物的装运时间就是交货时间。但在以其他贸易术语（如DAT、DAP等）达成的实际交货合同中，装运时间与交货时间是完全不同的，交货时间是指货物运到目的港交给买方的时间，装运时间是指卖方在装运港将货物装上船或其他运输工具的时间，两者不能相互替代。装运时间是买卖合同的主要交易条款，卖方必须严格按照合同规定的时间交货，如卖方违反这一条款，买方有权撤销合同并要求损害赔偿。

1）装运时间的规定方法

（1）规定某月装运。在合同中，通常规定在某一段期间装运，而使用最多的是规定在某月装运。

例：2018年10月份装运（Shipment during/in October 2018），表示卖方应在10月1日至31日之间装运。

（2）规定跨月装运。这也是在一段期间内装运的方式。

例：2018年9/10月份装运（Shipment during September/October 2018），即卖方应在9月1日至10月31日之间装运。

（3）规定在某月月底或某日前装运。这是在合同中规定了一个最迟装运的期限。

例1：在2018年10月底以前装运（Shipment by/before the end of October 2018）。

例2：在2018年11月15日以前装运（Shipment on/before November 15th，2018）。

（4）规定在收到信用证后若干天装运。

例：收到信用证后30天装运（Shipment within 30 days after receipt of relevant L/C）。

2）规定装运时间应注意的问题

（1）装运时间的规定要明确具体。避免使用“立即装运”等含义模糊的术语，以免日后因对“立即装运”理解的不同而引起纠纷，除非双方是长期合作且默契的客户。

（2）装运时间长短的规定应适度。装运时间的长短应根据商品的特性以及租船订舱的实际情况而定。不宜过短，以免造成船货安排困难；不宜过长，以免造成买方资金占压。

（3）规定装运时间时要考虑开证时间的规定是否明确。为防止买方不按时开证，一般在合同中还规定：“买方必须不迟于某月某日将信用证开到卖方”（The relevant L / C must reach the seller not later than …）。

（4）要考虑卸货港的港口情况及季节因素。

【案例5-5】

我某公司接到加拿大一公司订单，欲以每公吨1 000美元CIF魁北克条件向我购买某商品，12月份装运，不可撤销即期信用证付款。

问题：我公司应如何答复？

分析提示：魁北克属冬季封冻港口，12月份已冰冻，很显然水运至魁北克不现实。此外，魁北克属加拿大O.C.P.地区，因此，我方让其改报CIF温哥华O.C.P.魁北克为宜。

5.3.2 装运港和目的港

装运港是指货物开始装运的港口，它通常是由卖方根据货源情况提出，经买方同意后确定。

目的港是指最后卸货的港口，它通常由买方根据使用或销售货物的需要提出，经卖方同意后确定。

1）装运港和目的港的规定方法

（1）明确规定装运港和目的港各一个。这是最常用的规定方法，如装运港为大连、目的港为洛杉矶。

（2）规定两个或两个以上装运港或目的港。当货物分散多处，或磋商交易时尚不能确定在何处发运货物时，可规定两个或多个装运港，如装运港为青岛/大连；同样，当买方有不同的使用地或销售地，而订立合同时尚不能确定供何处使用或销售时，可规定两个或多个目的港，如目的港为伦敦/利物浦。

2）规定装运港或目的港应注意的问题

（1）装运港和目的港的规定要明确具体。在实际业务中，不宜接受诸如"欧洲主要港口"或"非洲主要港口"等笼统规定装运港或目的港的方式。

（2）不能接受内陆城市作为装运港或目的港的条件。

（3）在大宗货物进出口时，双方当事人应注意了解装运港或目的港的港口设施、泊位状况、吃水深度、吞吐能力、装卸设备、装卸速度、费用水平、港口惯例等。

（4）注意国外港口有无重名的情况。在买卖合同中，要明确写明装运港或目的港所在国家或地区的名称。

（5）如需要选择装运港或目的港，则选择装运港或目的港的数目不宜过多（一般不超过3个），且必须在同一航区、同一航线上，是一般班轮公司划定的基本港。

5.3.3 分批装运和转运

分批装运和转运直接关系到买卖双方的利益。因此，分批装运和转运是买卖合同中交货条款的重要内容，需要在交易磋商时即予确定。

1）分批装运（Partial Shipment）

分批装运是指一笔成交的货物先后分若干期或若干次装运。在大宗货物交易中，因成交数量较大，买卖双方可根据货源情况、运输条件、市场需要或资金情况，在合同中规定分批装运条款。合同中规定分批装运的方法主要有以下两种：

（1）原则规定允许分批装运，对分批的具体批次、时间和每批数量均不做规定。

例如，允许分批装运（Partial shipments allowed）。这种做法对卖方来说比较主动，卖方可根据货源和运输条件，自行安排具体分批装运情况。

（2）具体规定分批装运的时间和数量。

例如：3月至6月分四批每月平均装运（Shipment during March/June in four equal monthly lots）。

小资料5-4：《UCP600》对分批装运的规定

这种规定方法提供给卖方的机动余地很小，只要其中任何一批未按时、按量装运，均构成卖方违约。但从买方角度来看，这种做法有利于资金周转和仓储安排。

【案例5-6】

我某公司按FOB青岛/大连出口玉米3 000吨，国外开来信用证规定不准分批装运，临近装船期，我方货物尚分散在各地，一时难以全部集中到一个港口，于是只好分别在青岛、大连两个港口各装1 500吨于同一航次的同一船只上。

问题：这样做是否符合来证要求？为什么？

分析提示：符合来证要求。参照《UCP600》对分批装运的规定，表明使用同一运输工具并经由同次航程运输的数套运输单据在同一次提交时，只要显示相同的目的地，将不视为分批装运，即使运输单据上表明的发运日期不同或装运港、接管地或发送地点不同。根据此规定，只要货物装于同一航次的同一船只并运往同一目的地，即便装运港和装运期不同，也不视为分批装运，符合信用证中不准分批装运的规定。

【案例5-7】

某公司对外出口茶叶600箱，合同和信用证均规定："1月至3月，按月等量装运，每月各装200箱。"该公司1月份装200箱茶业出口，2月份因船期拖延，直到3月3日才实际装运出口，该公司将400箱都装于该轮上，但出具了两份提单，其中一份提单倒签为2月28日，另一份提单正常签署为3月3日。

问题：(1) 该公司的这种做法是否会令银行拒付？

(2) 该公司在此笔业务的处理上有无失误？

分析提示：(1) 银行会支付1月份装运的200箱货款，拒付后两批货款。参照《UCP600》对分批装运的规定，应按月等量装运，即每月各装200箱。如信用证规定在指定的时期内分期支款或分期装运，当任何一期未按信用证规定期限支取或装运时，信用证对该期及以后各期均告失效。本题中1月份正常装运，2月份船期拖延，则2月份及以后各期均告失效。

本题中业务员做了补救措施，出具了两份提单，其中一份提单倒签为2月28日，另一份提单正常签署为3月3日，但是却把应该分批的两批货装于同一条船上。如果交单由数套运输单据构成，其中最晚的一个发运日将被视为发运日，因此此种做法于事无补，银行视其为违反了信用证关于分批装运的规定，因此银行会拒付后两批货款。

(2) 排除倒签提单我方应承担的风险，我方在补救措施中只要将后400箱货分装于两条不同的船只或可得到货款。

2）转运（Transshipment）

转运是指从装运港或装运地至卸货港或目的地的货运过程中进行转装或重装，包括从一种运输工具或船只移至另一同类或不同类运输工具或船只的运输方式。在远洋运输中，转运是指转船运输，如装运港至目的港没有直达船或没有适当的船、目的港不在班轮航线上，或者属于联运货物等都可能导致转船。

【拓展阅读5-1】

国际商会的《跟单信用证统一惯例》(《UCP600》)对转运的规定

(1) 除非信用证有相反的规定，否则准许转运。

(2) 即使在信用证中有“禁止转运”的规定，银行对下列单据仍将接受：①注明将发生转运，只要提单（或海运单）证明货物是装在集装箱、拖车或子母船上的，并且同一张提单或海运单包括了全程海运；②注明将发生转运的空运单据，如果同一份单据包括全程运输；③注明将发生转运的公路、铁路或内河的运输单据，如果同一份单据包括全程运输，且全程运输是同一种运输方式；④注明将发生转运的多式运输单据，如果同一份单据包括全程运输。

由此可见，《UCP600》对“禁止转运”的规定，实际上仅指禁止海运港至港除集装箱以外的货物运输的转运。这样规定是为了适应当前以集装箱运输、国际多式联运为代表的国际货物运输的发展。随着运输技术的不断发展，转运也将不可避免，而且有时转运方式可能比直达方式的总运费更低。《UCP600》将上述行为不视为“转运”，有利于减少因转运而引发的纠纷，促进了国际贸易的顺利发展。

需要指出的是，以上仅适用于信用证业务的处理，而不涉及销售合同条款的解释。如果进出口人想要禁止任何形式的转运，则应在信用证中清楚地写明不包括上述有关转运的条款。

一般来说，允许分批装运和转运，对卖方比较有利。根据《跟单信用证统一惯例》规定，信用证业务中，除非信用证有相反的规定，否则准许分批装运和转运。但有些国家的合同法规定，如果合同对此不做规定，买卖双方事先对此也没有特别约定或习惯做法，那么卖方不得分批装运和转运。因此，为了避免纠纷，争取顺利地履行合同，除非买方坚持，原则上可在出口合同中订明“允许分批装运和转运”。

5.3.4 滞期、速遣条款

国际贸易中的大宗商品多使用程租船运输，有关货物的装卸时间、装卸率、滞期和速遣等内容都应在程租船合同中明确规定，以约束租船人。然而在实践中，货物不一定是由租船人负责装卸，还可能由销售合同中的一方当事人负责。因此，在销售合同中要规定装卸时间、装卸率和滞期、速遣条款。具体规定方式请参见本章“租船运输”中的内容。

【案例5-8】

某年，申请人（卖方）与被申请人（买方）签订货物买卖合同，价格条件为CIF仰光。附加条款规定：卖方供货船到达仰光港口后，买方负责在9天内将承运船舶的货物卸完……超过上述规定时间，买方负责承担由此引起的包括滞港、滞卸费在内的一切费用。

申请人为履行交货义务，租用了X号轮将货物运送至仰光港。申请人提交的X号轮航海日志记载，2月21日11时46分，船舶抵达东经96度、北纬16度处抛锚。3月13日3时30分，做进港准备；4时55分，开始进港；9时26分，靠泊；10时30分，开始卸货。3月18日4时40分，卸毕。X号轮的卸货准备就绪通知书（NOR）上记载，该NOR是承运人于2月21日11时45分船舶抵达锚地时递交的，但被接受的时间是3月13日9时30分。

航程结束后，承运人根据租船合同在海事法院起诉申请人，索赔X号轮在仰光的滞期费。

后经海事法院调解，双方达成协议，由申请人赔偿承运人损失。申请人遂要求被申请人赔偿其损失，被申请人拒付。双方发生争议，协商未果，申请人即提起仲裁。

仲裁庭认为：（1）本案中，申请人与被申请人所签订的货物买卖合同中没有“依照租约”的规定。租约与货物买卖合同的主体不同，仲裁庭对因租约产生的争议不具有管辖权。因此，仲裁庭在解决本案争议过程中以货物买卖合同的约定为依据。（2）从2月21日11时46分起，至少到3月13日4时55分止，船舶在仰光港外抛锚，未到达仰光港口，此段时间不应计算为卸货时间；申请人在锚地递交NOR时，被申请人并未无条件地接受；卸货时间应从船舶实际开始卸货时，即3月13日10时30分起计算。至3月18日4时40分卸货完毕，卸货共用4.76天。即使不考虑除外情况，该时间也未超过货物买卖合同附加条款所允许的“9天”卸货时间，故船舶在卸货港未发生滞期。因此，仲裁庭不支持申请人要求被申请人赔偿其滞期费的请求。

问题：申请人（卖方）在本次交易中有何失误之处？

分析提示：（1）在买卖合同中应该有“依照租约”的规定，这样可以转嫁风险责任。

（2）应明确滞期费的计算方法，据理力争。

5.3.5　合同中的装运条款示例

（1）2018年5/6/7月份装运，允许分批装运和转运。Shipment during May/June/July 2018, with partial shipments and transshipment allowed.

（2）2018年5/6/7月份每月平均装运，允许转运。Shipment during May/June/July 2018 in three equal monthly lots, transshipment to be allowed.

（3）5/6月份分两次装运，禁止转运。During May/June in two shipments, transshipment is prohibited.

（4）5月底或以前装船，由大连至纽约，允许分批装运和转运。Shipment on or before May 3l from Dalian to New York, allowing partial shipments and transshipment.

（5）5月份装运，由伦敦至上海。卖方应在装运月份前45天将备妥货物可供装船的时间通知买方。允许分批装运和转运。Shipment during May from London to Shanghai. The sellers shall advise the buyers 45 days before the month of shipment of the time the goods will be ready for shipment. Partial shipments and transshipment is allowed.

【拓展阅读5-2】

一个完全独立的行业——货运代理

从历史上看，国际货运代理是从国际商业和国际运输这两个关系密切的行业里分离出来而独立存在的，这也是商业和运输业高度社会化和国际化的必然结果。如今，货运代理是一个世界性的行业，有它的国际组织，就是国际货运代理协会联合会（FIATA），其成员已发展到130个国家和地区，拥有货运代理公司35 000多家。它对世界货运代理业务的协调和改进起着促进作用。

据FIATA的有关材料介绍，货运代理从公元10世纪就开始存在，随着公共仓库在港口、城市的建立，海上贸易的扩大，货运代理业逐步发展。现在，这个行业在国外发展很快，特别是在国际贸易竞争激烈、社会分工越来越细的情况下，货运代理的作用越来越明显。

FIATA是这样介绍货运代理的作用的：

货运代理具有许多专门知识，所以它可以采用最安全、最迅速、最经济的办法组织货物；货运代理在世界各贸易中心建立了客户网和自己的分支机构，可以控制货物的全程运输；货运代理是工贸企业的顾问，它能就运费、包装、单证、结关、领事要求、金融等方面提供咨询服务；货运代理可以对国内市场和国外市场销售的可能性提出建议；货运代理能把小批量的货物集中为成组货物，所有客户都可以从这个特殊服务中受益；货运代理不仅能够组织和协调运输，而且会影响到新运输方式的创造、新运输路线的开发以及新运价的制定。

FIATA是本行业在世界范围内最具权威性的组织，它世界贸易运输领域内最大的非政府和非营利性的组织，也是联合国经济与社会组织及联合国贸易大会的咨询者，是被各国政府及有关运输的国际组织确认的国际货运代理的代表，该组织给国际货运代理人所下的定义是："根据客户的指示，为客户的利益而揽取货物运输的人，其本身并不是承运人，国际货运代理可依这些条件，从事与运输合同有关的活动，如储（寄）存、报关、验收、收款等事项。"

我国就是依据上述定义确定我国国际货运代理的行业性质的，并在《中华人民共和国国际货物运输代理业管理规定实施细则》中申明："禁止具有行政垄断职能的单位申请投资经营国际货运代理业务。承运人以及其他可能对国际货运代理行业构成不公平竞争的企业不得申请经营国际货运代理业务。"以上说明，不论是国际货运代理协会联合会还是我国政府，都遵守了将货运代理行业与交通运输行业明确区别并分开管理的国际惯例。

● 课堂讨论

5.1 哪些运输单据是物权凭证？

5.2 合同中的装运条款应该订明哪些内容？

5.3 某公司对日出口某商品的报价为每公吨（以毛作净）180美元FOB广州，日方来函要求我方改报CFR东京。如该商品每短吨运费为60美元，我方应报什么价才较为有利？

● 知识掌握

5.1 班轮运输的特点是什么？

5.2 班轮运费的计收标准有几种？

5.3 程租与期租相比有何区别？

5.4 什么是滞期费和速遣费？

5.5 程租船的装卸费由谁负担？

5.6 提单的性质和作用是什么？提单有哪些种类？

5.7 装运期与装运港有几种规定方法？应注意什么问题？

5.8 集装箱运输的特点是什么？集装箱业务通常有几种交接方式？

5.9 国际多式联运的构成条件有哪些？

● 知识应用

□ 案例分析

5.1 我国某出口公司与某外商按CIF伦敦、即期L/C方式付款的条件达成交易，出口合同和收到的L/C均规定不准转运。我方在规定的装运期内将货物装上直驶目的港的班轮，并以直达提单办理了议付。但承运船只在途经某港口时，船公司为接载其他货物，擅自将我方托运的货物卸下，换装其他船只继续驶往目的港。由于中途耽搁，加上换船的船舶设备陈旧，使实际抵达目的港的时间比正常的直达船的抵达时间晚了2个多月，影响了买方对货物的使用。为此，买方向我出口公司提出索赔，理由是我方提交的是直达提单，而实际上是转船运输，是弄虚作假行为。我方业务员认为，合同用的是"到岸价"，船舶的舱位是我方租订，船方擅自转船的风险理应由我方承担，因此按买方要求进行理赔。

问题：你认为我方这样做是否妥当？为什么？

5.2　我某外贸公司向国外一新客户订购一批初级产品，按CFR价格条件、即期L/C付款方式达成交易。合同规定，由卖方以程租船方式将货物运交我方。我开证行已凭议付行提交的符合L/C规定的单据付了款。但装运船只一直未达到目的港，后经多方查询，发现承运人原是一家小公司，在船舶启航不久就已宣告倒闭，承运船舶是一条旧船，船货均告失踪。我方蒙受重大损失。

问题：我方应从中吸取什么教训？

5.3　我国某公司对澳大利亚出口1 000公吨大豆，国外开来信用证规定：不准分批装运。我方在规定的期限内分别在大连、青岛各装500公吨于同一航次的同一船上，提单也注明了不同的装运地和不同的装船日期。

问题：我方是否违约？银行能否议付？

5.4　我国某公司对日本按CIF合同出口一批化工原料，合同规定3月份至4月份装运，国外来证也如此，别无其他字样。因出口量大，我方一时租不到足够的舱位，需要分三次装运。

问题：在这样的情况下，是否需要国外修改信用证的装运条款？

5.5　我某进出口公司进口货物一批共200箱，装运条件是CY/CY。货物到港后，我方凭清洁已装船提单换取提货单提货后，发现其中有40箱包装破损且短少，于是向船公司提出索赔，但船公司以提单上标明"Shippers load and count"且集装箱完好无损为由拒赔。

问题：船公司是否有理由拒赔？为什么？

分析提示：本题考查对清洁提单的理解。

□ 实践训练

5.1　上海运往肯尼亚蒙巴萨港口"门锁"（小五金）一批，共计100箱，每箱体积为20厘米×30厘米×40厘米，每箱重量为25千克。当时燃油附加费为40%，蒙巴萨港口拥挤附加费为10%，试计算该货物的运费。货物分级表和中国–东非航线等级费率表分别见表5–1和表5–2。

表5–1　**货物分级表**

货名	计算标准	等级
农业机械（包括拖拉机）	W/M	9
棉布及棉织品	M	10
小五金及工具	W/M	10
玩具	M	20

表5-2　　中国-东非航线等级费率表（港元）

等级（Class）	费率（Rates）
1	243.00
2	254.00
3	264.00
4	280.00
5	299.00
6	314.00
7	341.00
8	367.00
9	404.00
10	443.00
11	477.00
20	1 120.00

基本港口：路易港（毛里求斯）、达累斯萨拉姆（坦桑尼亚）、蒙巴萨（肯尼亚）等。

5.2　我国某公司出口到澳大利亚悉尼港某商品100箱，每箱毛重30千克，体积0.035立方米，运费计算标准为W/M10级。查10级货直运悉尼港基本运费为200元人民币，货币贬值附加费为35.8%，燃油附加费为28%，港口拥挤费为25%，试计算该货物的运费。

5.3　我国某公司出口到海湾国家A商品100箱，每箱体积为40厘米×30厘米×20厘米，毛重30千克，已知A商品按货物分级表规定的计算标准为W /M，货物等级为10级，又查中国-海湾地区航线等级费率表，知10级每运费吨的基本费率为222港元，燃料附加费10%，试计算我方应付给船公司多少运费。

第6章

国际货物运输保险

● 学习目标

在学习完本章之后，你应该能够：

了解：保险的基本原则；

明确：国际货物运输保险的相关法律及惯例；

熟知：海上货物运输保险的保障范围；

掌握：国际货物运输保险业务及订立保险条款的注意事项。

【引例】

1. 某公司以CIF条件出口一批罐头。合同签订后，接到买方来函，声称合同规定的目的港最近经常发生暴乱，要求我方在办理保险时加保战争险。

此案例涉及CIF术语中的保险问题，由于目的港情况特殊，买方要求加保战争险，是在双方合同签订后，即合同中没有订立加保战争险的条款。根据《2010年通则》，卖方只需投保最低的险别，对于买方加保战争险的要求，卖方可以办理，但有权要求买方支付相应的保费。

2. 中国某进出口公司出口一批纺织品，投保了平安险。承载该批货物的轮船在海上突遇罕见风暴，船体严重受损沉没。该公司遂向保险公司索赔，保险公司以该批货物由自然灾害造成损失为由拒绝赔偿，该公司向法院起诉，要求保险公司偿付保险金。

根据中国人民财产保险公司“海洋运输货物保险条款”的规定，平安险虽然对自然灾害造成的部分损失不负赔偿责任，但对自然灾害造成的全部损失应负赔偿责任。本案中，进出口公司投保的是平安险，而所保货物在船只因风暴沉没时全部灭失，发生了实际全损，故保险公司应负赔偿责任，其提出的理由是不能成立的。

从上述案例中我们可以看出，在进出口贸易中，货物往往需要经过长途运输，在运输、装卸、存储过程中，可能会遇到各种风险而遭受损失。为了在货物遭受损失时能得到一定的经济补偿，买方或卖方一般都要向保险公司投保货物运输险。

国际贸易货物的运输保险，是指投保人（或被保险人）在货物装运前，按照一定的投保金额，向承保人（或称保险人）投保一定的险别。投保人按照一定的保险金额、投保险别及保险费率向承保人交纳保险费并取得保险凭证。承保人对被保险货物在运输过程中遭受的承保范围内的损失，按投保金额及损失程度给予一定的经济补偿。国际贸易货物的运输保险属于财产保险的范畴，通常作为交易条件之一，由买卖双方在合同中洽定。

从法律的观点来看，保险就是一种补偿性契约关系，其实质是投保人将货物运输途中可能遇到的风险转移给了承保人，而承保人再将这些风险在投保人之间进行分摊，从而降低了所有投保人的风险。因此，保险对国际贸易和国际货物运输业的发展起着至关重要的作用。

6.1 保险的基本原则

所谓保险的基本原则，就是投保人和承保人签订保险合同，履行各自的义务，以及办理索赔和理赔工作所必须遵循的基本原则。

6.1.1 保险利益原则

保险利益，又称可保利益或可保权益，是指投保人或被保险人对保险标的所具有的法律上承认的可以确定的经济利益。只有对保险标的真正具有这种经济利益的人才能同保险人订立有效的保险合同，才有权在该标的发生保险责任范围内的损失时向保险人提出索赔。

保险利益是保险合同成立的前提条件，也是索赔的重要依据，但国际货物运输保险不像其他保险那样要求被保险人在投保时便具有保险利益，而仅要求其在保险标的发生损失时必须具有保险利益。如果被保险人在保险标的发生损失时对其尚未取得保险利益，就不能再以任何手段或方式取得保险利益。这种特殊性的规定是由国际贸易的特点所决定的。

6.1.2 损失补偿原则

保险的损失补偿原则，又称损害赔偿原则，是指当被保险人因保险标的发生保险责任范围内的损失时，保险人应按照保险合同条款的规定向被保险人履行赔偿责任，使被保险人得到相应的补偿。

保险的这一原则，虽然能使被保险人得到一定的补偿，但仅以返回到受损前的经济状况为准，即通过保险，被保险人只能得到其实际损失的补偿，而不能得到超过损失的额外利益，补偿量不能大于损失量。

保险人在对被保险人理赔时，对补偿原则主要掌握的标准是：①被保险人确实受到损失；②赔偿金额既不能超过保险金额，也不能超过实际损失；③被保险人不能通过保险赔偿而得到额外利益。

6.1.3 最大诚信原则

保险的最大诚信原则，是指投保人和保险人在签订的保险合同的有效期内，必须保持最大限度的诚意，双方应恪守信用，互不隐瞒。保险人应当向投保人说明保险合同的条款内容，并就保险标的或者被保险人的有关情况提出询问，投保人应当如实告知。

保险合同作为一种补偿性合同，其所需的诚信程度更甚于其他合同。因为海上保险人在签订保险合同时，往往远离船、货所在地，对保险标的的实际情况一无所知，也无法进行实地查看，仅凭投保人的申报来承保。因此，对被保险人来说，最大诚信原则的体现是如实申报、诚实回答、信守保证。《海商法》有下列规定：如果被保险人故意未将重要情况如实告知保险人，保险人有权解除合同，并且不退还保险费。合同解除前发生保险事故造成损失的，保险人不负赔偿责任。如果不是由于被保险人的故意，未将重要情况如实告知保险人，保险人有权解除合同或者要求相应增加保险费。由保险人解除合同的，对于合同解除前发生保险事故所造成的损失，保险人应当负赔偿责任；但是未告知或者错误告知的重要情况对保险事故的发生有影响者除外。

【案例6-1】

我国内地WK外贸公司向香港出口罐头一批共500箱，按照CIF HONGKONG向保险公司投保一切险。由于海运提单上只写了进口商的名称，没有详细注明其地址，货物抵达香港后，船公司无法通知进口商来货场提货，又未与WK外贸公司的货运代理联系，自行决定将该批货物运回起运港天津新港。在运回途中因为轮船渗水，有229箱罐头受到海水浸泡。货物运回新港后，WK外贸公司没有将货物卸下，在海运提单上补写了进口商的详细地址后，又将货物运回香港。进口商提货时发现罐头已经生锈，所以只提取了未生锈的271箱罐头，其余的罐头又运回了新港。WK外贸公司发现货物有锈蚀后，凭保险单向保险公司提出索赔，要求赔偿229箱货物的损失。保险公司经过调查发现，生锈发生在第二航次，而不是第一航次，投保人未对第二航次投保，不属于承保范围，因此保险公司拒绝赔偿。

问题：保险公司拒赔是否合理？

分析提示：保险公司拒绝理赔是正当的，原因如下：

（1）保险事故不属于保险单的承保范围，本案中被保险人只对货物运输的第一航次投了保险，但是货物是在由香港至新港的第二航次中发生风险损失的，即使该项损失属于一切险的承保范围，保险人对此也不予负责。

（2）被保险人在提出保险索赔时明显违反了诚信原则。被保险人明知是不属于投保范围的航次造成的损失而向保险人提出索赔，目的是想将货物损失转嫁给保险人，这违反了诚信原则，保险人有权拒绝赔付。

6.1.4　近因原则

近因原则是指保险人只对承保风险与保险标的损失之间有直接因果关系的损失负赔偿责任，而对保险责任范围外的风险造成的保险标的损失不承担赔偿责任。它是保险理赔工作中必须遵循的一项基本原则，也是在保险标的发生损失时，用来确定保险标的所受损失是否能获得保险赔偿的一项重要依据。

保险赔偿的近因不一定是指在时间上或空间上最接近损失的原因，而是指对损失的发生具有支配力的、最重要的、最有影响的原因，亦即在效果上与损失最接近的原因。近因原则对保险理赔工作中判定责任、履行义务和减少争议都具有重要的意义。

6.2　海上货物运输保险承保的范围

国际贸易货物在海上运输过程中可能会遭遇各种风险和遭受各种损失。保险公司并不是对一切风险都予以承保，也不是对一切损失都予以赔偿。为了明确责任，保险公司会对其承保的各类风险和由这些风险所造成的各种损失的赔偿责任（在各种不同的险别条款中）加以规定。因此，保险业务上的“风险”和“损失”有其特定的含义，而不是一般的泛指。投保人只有首先弄清“风险”和“损失”的内容，才能正确理解各种险别的范围，包括海上风险、海上损失与费用以及海上风险以外的其他外来原因所造成的风险与损失。

正确理解海上货物运输保险的范围，对于我们了解保险条款，选择投保险别，以及一旦货物发生损坏和灭失，如何正确处理索赔等都具有十分重要的意义。

6.2.1 风险

海洋运输货物保险的风险分海上风险和外来风险两类。

1）海上风险（Perils of the Sea）

海上风险是保险业的专门术语，又称海难，是指被保险货物及船舶在海上运输中及随附海上运输所发生的风险。它主要包括海上发生的自然灾害和意外事故。

（1）自然灾害（Natural Calamity）。从一般意义上来讲，它是指不以人们的意志为转移的自然界破坏力量所造成的灾害。它是客观存在的、人力不可抗拒的灾害事故。在海上保险业务中，它不是泛指一切由于自然界力量所造成的自然灾害。按照我国现行的《海洋运输货物保险条款》的规定，自然灾害仅指恶劣气候、雷电、海啸、地震、洪水等人力不可抗拒的灾害。

（2）意外事故（Fortuitous Accidents）。它一般是指由于偶然的、非意料中的原因所造成的事故。按照《海洋运输货物保险条款》的规定，意外事故仅指运输工具搁浅、触礁、沉没、互撞、与流冰或其他物体碰撞以及失火、爆炸等。

2）外来风险（Extraneous Risks）

外来风险是指由海上风险以外的其他外来原因所造成的风险。货物运输中所指的外来风险必须是意外的、事先难以预料的而不是必然发生的外来风险。外来风险又可分为一般外来风险和特殊外来风险。

（1）一般外来风险。它是专指由于偷窃、短量、提货不着、渗漏、碰损破碎、钩损、锈损、淡水雨淋、玷污、混杂、受潮受热、串味等一般外来原因所引起的风险。

（2）特殊外来风险主要是指由于军事、政治、国家政策法令和行政措施等特殊外来原因所造成的风险。常见的特殊外来风险有战争、罢工、交货不到、拒收等。

6.2.2 损失

损失是指被保险货物在海上运输过程中，由于海上风险和外来风险所造成的损失或灭失。根据各国保险业的习惯，与海上运输相连接的陆上或内河运输中所发生的损失也属海上损失。

1）海上损失

海上损失简称海损，可按损失的程度分为全部损失与部分损失。

（1）全部损失（Total Loss，TL）。它简称全损，是指被保险货物由于承保风险造成的整批货物的全部灭失或视同全部灭失的损害。全部损失按损失情况的不同，又可分为实际全损和推定全损。

第一，实际全损（Actual Total Loss）。它是一种实质性或物质性的消失，又可称为绝对全损，是指被保险货物遭受完全灭失或完全变质，已失去原有的使用价值，或货物实际上已不可能归还被保险人所有等。

构成实际全损的四种情况分别是：①被保险货物的实体在保险事故发生后已经完全灭失或损坏。②被保险货物遭受严重损害，已丧失原有的形体、用途和价值。③被保险人对被保险货物的所有权已无可挽回地被完全剥夺。④载货船舶失踪达到一定时期仍无音讯。

第二，推定全损（Constructive Total Loss）。它也称商业全损，是指被保险货物在海上运输途中受损后，虽未达到完全灭失的状态，但是可以预见到它的全损将不可避免；或者为了避免全损，需要支付的抢救、修复或修理等费用加上继续将货物运抵目的地所需的费用之和将超过保险价值。

构成推定全损的四种情况分别是：①被保险货物受损后，修理费用估计要超过货物修复后的价格。②被保险货物受损后，整理和续运货物到目的地的费用，将超过货物到达目的地的价值。③被保险货物的实际全损已经无法避免，或者为了避免实际全损需要施救等所花费用将超过获救后该批货物的价值。④被保险货物遭受保险责任范围内的事故，使被保险人失去对该批货物的所有权，而收回这一所有权所需花费的费用将超过收回后该批货物的价值。

在发生推定全损时，被保险人可以要求保险公司按部分损失赔偿，也可以要求按全损赔偿。被保险人要想获得全损赔偿，必须及时向保险公司发出委付通知（Notice of Abandonment）。所谓委付，就是指被保险人在保险标的处于推定全损状态时，向保险人声明愿意将保险标的的一切权益以及一切由此而产生的权利与义务转让给保险人，而要求保险人按全损给予赔偿的一种行为。

【案例6-2】

被保险货物是一台精密仪器，货价为15 000美元，载运该货的海轮在航行中同另一海轮发生互撞事故，由于船身的剧烈震动，该台仪器受损。后经专家检验，认为该仪器如恢复原状，需修理费用16 000美元；如拆为零件出售，尚可收回5 000美元。

问题：受损仪器属何种损失？保险公司该如何处理这一损失？

分析提示：本题主要考查对推定全损和委付的掌握。受损仪器属于推定全损，在发生推定全损时，被保险人可以要求保险公司按部分损失赔偿，也可以要求按全损赔偿。被保险人要想获得全损赔偿，必须及时向保险公司发出委付通知。保险公司可接受委付亦可拒绝。

（2）部分损失（Partial Loss）。它是指被保险货物的损失没有达到全部损失的程度。按照《海商法》的定义，不属于实际全损和推定全损的损失称为部分损失。部分损失按损失的性质，又可分为共同海损和单独海损。

第一，共同海损（General Average）。它是指载货运输的船舶在同一海上航程中遭遇自然灾害或意外事故或其他特殊情况，威胁到船、货等各方的共同安全，为了解除共同危险，维护各方的共同利益，或使航程继续完成，船方有意识地、合理地采取抢救措施所直接造成的特殊牺牲或支出的某些特殊费用。共同海损的损失包括两个部分：一是特殊牺牲；二是特殊费用。

共同海损的成立必须具备以下条件：①必须确实有危及船、货共同安全的危险存在，而不是主观臆测的。②必须是自动地、有意识地采取的合理措施。③必须是为了船、货共同安全而采取的措施。④所做的牺牲是特殊性质的，支出的费用是额外的。⑤特殊的牺牲和费用的支出最终必须是有效果的。

共同海损是为了使船舶、货物和运费各方免于遭受损失和牺牲而支出的，因而应该由船舶、货物和运费各方按最后获救价值的多少，按比例进行分摊。这种分摊叫共同海损分摊（General Average Contribution）。保险人对共同海损的损失以及保险标的物应承担的共同海损的分摊都应予以赔偿。

第二，单独海损（Particular Average）。它是指保险标的物由于保险事故所造成的、不属于共同海损的一种部分损失。简单地讲，就是指除共同海损以外的部分损失，即被保险货物遭遇海上风险受损后，其损失未达到全损程度，而且该损失仅由受损方单独承担的部分损失。

共同海损和单独海损的区别主要表现在以下两个方面：①造成海损的原因有别。单独海损是承保风险所直接导致的船货损失；共同海损不是承保风险所直接导致的损失，而是为了解除船、货共同危险有意识地采取合理措施而造成的损失。②损失的承担责任有别。单独海损由受损方自行承担，而共同海损则应由各受益方按照受益大小的比例共同分摊。

【案例 6-3】

某货轮从天津新港驶往新加坡，在航行途中船舶货舱起火，大火蔓延至机舱，船长为了船货的共同安全决定采取紧急措施，往舱中灌水灭火。火虽被扑灭，但由于主机受损，船舶无法继续航行，于是船长决定雇用拖轮将货船拖回新港修理，检修后重新驶往新加坡。其中的损失与费用有：

（1）1 000 箱货被火烧毁；

（2）600 箱货由于灌水受到损失；

（3）主机和部分甲板被烧坏；

（4）拖轮费用；

（5）额外增加的燃料费、船长及船员工资。

问题：这些损失中哪些是单独海损，哪些是共同海损？

分析提示：

（1）1 000 箱货被火烧毁属单独海损；

（2）600 箱货由于灌水造成的损失属共同海损；

（3）主机和部分甲板被烧坏属单独海损；

（4）拖轮费用属共同海损；

（5）额外增加的燃料费、船长及船员工资属共同海损。

2）外来损失

外来损失是指由海上风险以外的其他外来风险所造成的损失。按不同的原因，外来损失又可分为一般外来风险的损失和特殊外来风险的损失。

一般外来风险的损失是由于偷窃、雨淋、短量、渗漏、破碎、受潮、受热、发霉、串味、玷污、钩损、锈损等外来原因所造成的损失。

特殊外来风险的损失是指在运输过程中由于遭受战争、敌对行为、罢工、进口国拒绝进口或没收以及拒绝提货等特殊外来原因所造成的损失。

6.2.3. 费用

海上费用是指保险人，即保险公司承保的费用。被保险货物遭遇保险责任范围内的事故，除了会使货物本身受到损毁导致经济损失外，还会因营救被保险货物而产生费用方面的损失，保险人对这种费用也给予赔偿。其主要有：

1）施救费用（Sue and Labor Charges）

施救费用是指当保险标的遭遇保险责任范围内的灾害事故时，被保险人或其代理人、雇佣人员和保险单受让人等为防止损失扩大而采取施救措施所支出的费用。

2）救助费用（Salvage Charges）

救助费用是指保险标的遭遇保险责任范围内的灾害事故时，由保险人和被保险人以外的无契约关系的第三者采取救助行动，获得成功，被救方向救助的第三方支付的报酬。

施救与救助费用的主要区别是：

（1）主体不同。施救是由被保险人及其代理人等采取的行为，而救助是由与双方无任何契约关系的第三者采取的行为。

（2）原则不同。施救是不论有无效果，都予赔偿，而救助通常是“无效果，无报酬”。

（3）赔偿责任不同。施救费用可在被保险货物本身的保额以外，再赔一个保额；而救助费用的赔偿责任是以不超过获救财产的价值为限。

（4）救助行为一般总是与共同海损联系在一起，而施救行为并非如此。

● 6.3　我国海运货物保险险别与条款

保险险别是保险人对海上风险和损失承保的责任范围，是承保人责任义务大小及被保险人缴付保费数额的依据。根据现行的《海洋运输货物保险条款》的规定，我国的海洋货物运输保险险别可分为基本险和附加险两大类。

6.3.1　基本险

基本险又称为主险，是可以单独承保的险别。基本险别所承保的主要是“自然灾害”和“意外事故”所造成的货物损失或费用。按照《海洋运输货物保险条款》的规定，我国海洋运输货物的基本险别包括平安险、水渍险和一切险。

1）平安险（Free from Particular Average，F.P.A.）

平安险是我国的习惯叫法，原意是“单独海损不赔”，这里的单独海损指的是部分损失。平安险是保险人承保责任范围最小的一种，其责任范围如下：

（1）被保险货物在运输途中由于恶劣气候、雷电、海啸、地震、洪水等自然灾害造成整批货物的全部损失或推定全损。被保险货物用驳船运往或运离海轮的，每一驳船所装的货物可视作一个整批。

（2）由于运输工具遭受搁浅、触礁、沉没、互撞、与流冰或其他物体碰撞以及失火、爆炸等意外事故造成货物的全部或部分损失。

（3）在运输工具已经发生搁浅、触礁、沉没、焚毁等意外事故的情况下，货物在此前后又在海上遭受恶劣气候、雷电、海啸等自然灾害所造成的部分损失。

（4）在装卸或转运时由于一件或数件（整件）货物落海造成的全部或部分损失。

（5）被保险人对遭受承保责任范围内危险的货物采取抢救、防止或减少货损的措施而支付的合理费用，但以不超过该批被救货物的保险金额为限。

（6）运输工具遭遇海难后，在避难港由于卸货所造成的损失以及在中途港、避难港由于卸货、存仓以及运送货物所产生的特别费用。

（7）共同海损的牺牲、分摊和救助费用。

（8）运输契约订有“船舶互撞责任”条款，根据该条款规定应由货方偿还船方的损失。

【案例6-4】

我某公司出口一批货物，装运前已向保险公司按发票金额的110%投保了平安险，6月初货物装妥船舶顺利开航。载货船舶于6月13日在海上遇到暴风雨，致使一部分货物遭受水渍，损失价值为2 100美元。数日后，该轮又突然触礁，致使该批货物又遭到了部分损失，价值为8 000美元。

问题：保险公司对该批货物的损失该如何赔偿？

分析提示：平安险仅对由自然灾害所造成的单独海损不赔，对因意外事故造成的单独海损仍负赔偿责任。此外，如果在运输途中运输工具发生过搁浅、触礁、沉没、焚毁等意外事故，不论是在事故发生之前还是之后由于自然灾害所造成的单独海损，保险人都要负责。本题中保险公司先后发生自然灾害造成的单独海损和意外事故造成的单独海损，属于平安险的赔偿责任范围，保险公司应给予赔偿。

2）水渍险（With Average/ With Particular Average，W.A./W.P.A.）

水渍险也是我国保险业沿用已久的名称，其原意是"负单独海损责任"。水渍险承保的责任范围如下：

（1）平安险所承保的全部责任。

（2）被保险货物由于恶劣气候、雷电、海啸、地震、洪水等自然灾害所造成的部分损失。

水渍险的责任范围大于平安险，包括了由海上风险所造成的全部损失或部分损失。

3）一切险（All Risks，A.R.）

一切险的承保责任范围除包括平安险和水渍险的各项责任外，还包括被保险货物在运输途中由于一般外来原因所致的全部或部分损失。所以，一切险一般被认为是平安险、水渍险和一般附加险的总和。

6.3.2 附加险

附加险是基本险的扩大和补充。附加险不能单独投保，只能在投保一种基本险的基础上加保。加保的附加险可以是一种或几种，同时加缴保险费。附加险所承保的主要是由于外来原因所造成的损失。中国人民财产保险公司承保的附加险可分为一般附加险和特殊附加险两种。

1）一般附加险（General Additional Risks）

一般附加险是指承保由于一般外来风险所造成的损失，共有11种，与一般外来风险包括的风险相对应，分别为：偷窃、提货不着险，淡水雨淋险，渗漏险，短量险，钩损险，混杂、玷污险，碰损、破碎险，串味险，受潮受热险，包装破裂险以及锈损险。

【案例6-5】

某出口公司按CIF条件成交货物一批，向中国人民财产保险公司投保了水渍险，货物在转船过程中遇到大雨。货到目的港后，收货人发现货物有明显的雨水浸渍，损失达70%，因而向出口方提出索赔。

问题：出口方能否接受对方要求？

分析提示：不能接受。货物被雨水浸湿属淡水雨淋险范围，不属水渍险承保范围，保险公司不负责赔偿。CIF术语下，风险在装运港上船转移，卖方对转船时的货损也不负责，由买方自行承担损失。

2）特殊附加险（Special Additional Risks）

特殊附加险是指承保由于特殊外来风险所造成的全部或部分损失，包括战争险（War Risk）、罢工险（Strikes Risk）、交货不到险、进口关税险、舱面险、拒收险、黄曲霉素险以及货物出口香港（包括九龙）或澳门存仓火险责任扩展条款等。

附加险是基本险的补充和扩大，只能在投保基本险的基础上，根据需要加保其中的一项或若干项。一般附加险的加保只适用于平安险和水渍险。一切险实际上已包括了上述11种一般附加险，因此，在投保一切险时，只需根据需要，加保特殊附加险。

【案例6-6】

中国某公司与美国商人签订一份出口玉米合同，由中方负责货物运输和保险事宜。为此，中方与上海某船公司A签订运输合同，并在装船后向保险公司B投保海上运输货物保险。货轮在海上航行途中遭遇风险，货物受损。

问题：(1) 如果卖方投保的是平安险，而货物遭受部分损失是由于轮船在海上遭遇台风，那么卖方公司是否可从B处取得赔偿？为什么？

(2) 如果卖方投保的是一切险，而货物受损是由于货轮船员罢工，货轮滞留中途港，致使玉米变质，那么卖方能否从B处取得赔偿？为什么？

(3) 如果发生的风险是由于承运人的过错引起的并且属于承保范围的风险，B赔偿了损失后，卖方能否再向A公司索赔？为什么？

分析提示：

(1) 卖方不能向保险公司B提出赔偿请求，因为平安险对货物因自然灾害造成的部分损失不予赔偿。货轮在海上航行途中遭遇台风，使货物受部分损失是因自然灾害引起的单独海损，但由于卖方投保的是平安险，保险人的保险责任范围不包括自然灾害引起的单独海损，所以卖方不能从保险公司B处获得赔偿，除非卖方已投保水渍险和一切险。

(2) 卖方也不能向保险公司B提出赔偿请求，因为一切险的责任范围包括被运输货物在运输途中由于自然灾害、意外事故等外来原因所造成的全部损失或部分损失，但不包括战争险、罢工险等特殊附加险。即便投保人投保了一切险，仍须与保险人特别约定，经保险人特别同意后，才能把特别或特殊附加险的责任包括在保险人承保范围之内。由于卖方未投保特殊附加险，故无法取得赔偿。

(3) 不能向A公司索赔。保险合同是一种补偿合同，被保险人不得以保险作为牟利的手段。保险货物的损失如果是由于第三者的过失或疏忽造成的，被保险人从保险人处取得保险赔偿时，应当把对该第三者的损害赔偿请求权转让给保险人，由保险人代位行使被保险人的一切权利和追偿要求，而不能一方面向保险人取得保险赔款，另一方面又向有过失的第三者索赔，从而获取双倍于损失金额的收入。

6.3.3　除外责任

基本险的除外责任，是指保险人不负赔偿的损失或费用。我国海洋运输货物保险条款中对基本险规定了下列除外责任：

(1) 被保险人的故意行为或过失所造成的损失。

(2) 属于发货人责任所引起损失。

(3) 在保险责任开始前，被保险货物已存在的品质不良或数量短差所造成的损失。

（4）被保险货物的自然损耗、本质缺陷、特性以及由于市价跌落、运输延迟所引起的损失或费用。

（5）战争险和罢工险条款规定的责任及其除外责任。

【案例 6-7】

某公司以CIFXX港出口一批皮具，向中国人民财产保险公司投保了一切险，货到目地港后，全部货物潮湿、发霉、玷污、变色。经检验，货损主要原因在于生产厂家在最后一道工序中，未将货物的湿度降低到合理程度。

问题：保险公司是否负责赔偿，为什么？

分析提示：保险公司不赔。参考基本险除外责任的规定。货物潮湿、发霉、玷污、变色的主要原因在于生产厂家在最后一道工序中，未将货物的湿度降低到合理程度。属于保险公司的除外责任，保险公司不赔。本题买方只能向出口方索赔。

6.3.4 承保责任的起讫期限

1）基本险的责任起讫期限

中国人民财产保险公司的海洋运输货物保险条款规定的保险期限，是采用国际保险业中惯用的“仓至仓”条款（Warehouse to Warehouse Clause-W/W Clause），即指保险责任自被保险货物运离保险单所载明的启运地仓库或储存处所开始运输时生效，包括正常运输过程中的海上、陆上、内河和驳船运输在内，直至该项货物到达保险单所载明的目的地收货人的最后仓库或储存处所或被保险人用作分配、分派或非正常运输的其他储存处所为止。如未抵达上述仓库或储存处所，则以被保险货物在最后卸载港全部卸离海轮后满60天为止。如在上述60天内被保险货物需转运至非保险单所载明的目的地时，则以该项货物开始转运时终止。上述保险期限，适用于除战争险以外的各种险别。

2）海运战争险的责任起讫期限

海运战争险的责任起讫不采用“仓至仓”的原则，而是以水面危险为限，即以货物装上保险单所载明的启运港的海轮或驳船开始生效，直到到达保险单所载明的目的港卸离海轮或驳船时为止。如果货物不卸离海轮或驳船，则保险责任最长延至货物到达目的港之当日午夜起满15天为止。如果货物在中途转船，也不得超过15天。只有在此期限内装上续运海轮，保险责任才继续有效。

6.4 我国陆空邮运输货物保险险别与条款

陆运、空运、邮运货物保险都是在海洋运输货物保险的基础上发展起来的，但因运输方式不同，保险险别及承保责任范围也有所不同。

6.4.1 陆上运输货物保险险别与条款

根据中国人民财产保险公司《陆上运输货物保险条款》的规定，陆上运输货物保险的基本险别分为陆运险和陆运一切险两种。附加险、陆上运输货物战争险与海洋运输货物保险的各种附加险相同。

中国人民财产保险公司陆上运输货物保险，根据国际惯例，只承保使用火车、汽车的运输，对使用其他运输工具进行运输者不予承保。

（1）陆运险（Overland Transportation Risks）的承保责任范围与海运货物保险条款中的“水渍险”相似。

（2）陆运一切险（Overland Transportation All Risks）的承保责任范围与海运货物保险条款中的“一切险”相似。

陆运险与陆运一切险的除外责任与海洋运输货物保险的除外责任基本相同。

（3）陆上运输货物保险的责任起讫采用“仓至仓”责任条款。

保险责任自被保货物运离保险单所载明的起运地仓库或储存处所开始运输时生效，包括正常运输过程中的陆上和与其有关的水上驳运在内，直至该项货物运达保险单所载目的地收货人的最后仓库或储存处所或被保险人用作分配、分派的其他储存处所为止。如未运抵上述仓库或储存处所，则以被保险货物运抵最后卸载的车站满60天为止。

投保陆运一切险时，如果加保陆上运输货物战争险（Overland Transportation Cargo War Risks），则仅限于火车运输，其责任起讫与海运战争险相似，是以货物置于运输工具时为限。也可以在投保战争险的基础上加保罢工险，加保罢工险不另收费。但如单独要求加保罢工险，则按战争险收费。陆上运输罢工险的承保责任范围与海运货物罢工险的责任范围相同。

6.4.2　航空运输货物保险险别与条款

根据中国人民财产保险公司《航空运输货物保险条款》的规定，航空运输货物保险的基本险有航空运输险和航空运输一切险两种，附加险为航空运输货物战争险。

（1）航空运输险（Air Transportation Risks）。其承保责任范围与海运货物保险条款中的“水渍险”大致相同。

（2）航空运输一切险（Air Transportation All Risks）。其承保责任范围除包括上述航空运输险的全部责任外，保险公司还负责赔偿被保险货物由于一般外来原因所造成的全部损失或部分损失。

航空运输货物保险的两种基本险的除外责任与海运货物保险的基本险的除外责任基本相同。

航空运输货物保险的基本险的保险责任起讫采用“仓至仓”条款。与海洋运输货物保险的“仓至仓”责任条款不同的是，如货物运达保险单所载明的目的地而未运抵保险单所载明的收货人仓库或储存处所，则以被保险货物在最后卸货地卸离飞机后满30天为止。如在上述30天内被保险货物需转运到非保险单所载明的目的地时，则从该项货物开始转运时终止。

6.4.3　邮政包裹运输保险险别与条款

根据中国人民财产保险公司邮包险条款规定，邮包险的基本险有邮包险和邮包一切险两种，附加险为邮包战争险。

● 6.5　伦敦保险协会海运货物保险条款

英国伦敦保险协会是国际上有较大影响的保险机构，其制定的“协会货物条款”（Institute Cargo Clauses，ICC）在世界各国有着广泛的影响。按照《2010年通则》的要求，如合同中没有其他规定，则卖方应按伦敦协会货物条款规定的最低险别，办理保险手续。

6.5.1 ICC海运货物保险新条款的种类

协会货物保险条款主要有六种：①协会货物（A）险条款（Institute Cargo Clauses A）；②协会货物（B）险条款（Institute Cargo Clauses B）；③协会货物（C）险条款（Institute Cargo Clauses C）；④协会战争险条款（货物）（Institute War Clauses-Cargo）；⑤协会罢工险条款（货物）（Institute Strikes Clauses-Cargo）；⑥恶意损害险条款（Malicious Damage Clauses）。

在上述六种险别条款中，除“恶意损害险条款”外，其余五种险别均包括下列八项内容：承保范围（risks covered）、除外责任（exclusions）、保险期限（duration）、索赔（claims）、保险利益（benefit of insurance）、减少损失（minimizing losses）、防止延迟（avoidance of delay）和法律与惯例（law and practice）。各个险别条款的结构统一，体系完整。除协会货物（A）、（B）、（C）三种险别可以单独投保外，战争险或罢工险也可以作为独立的险别单独进行投保。

6.5.2 ICC中主要险别的承保责任范围和除外责任

这里主要介绍协会货物（A）、（B）、（C）三种险别。新的协会货物条款对承保风险的规定有两种方式：一种是“列明风险”的方式，亦即在条款的首部即开宗明义地把保险人所承保的风险一一列出来；另一种是“一切风险减除外责任”的方式，即保险人除了对“除外责任”项下所列风险所致损失不予负责外，对其他风险所致损失均予负责。

小资料6-1：协会货物运输保险条款（2009版）

1）协会货物（A）险条款

协会货物（A）险相当于原条款的“一切险”，其承保风险采用“一切风险减除外责任”的方式来表示。这主要是因为该险承保责任范围广，不便把全部承保风险一一列举出来。协会货物（A）险条款的除外责任包括两部分：

（1）一般除外责任。其包括：①因被保险人故意的不法行为造成的损失和费用；②保险标的的自然渗漏、自然损耗或自然磨损；③因包装或准备的不足或不当所造成的损失或费用；④因保险标的的内在缺陷或特性所造成的损失或费用；⑤直接由于延迟所造成的损失或费用；⑥由于船舶所有人、经理人、租船人经营破产或不履行债务所造成的损失或费用；⑦由于使用任何原子或热核武器等所造成的损失或费用。

（2）特殊除外责任。其包括不适航、不适货除外责任，战争除外责任，罢工除外责任。

2）协会货物（B）险条款

协会货物（B）险对应于原条款的“水渍险”，其承保风险采用“列明风险”的方式。在保险标的遭损后，保险人对已列举的风险即按损害程度赔偿。

协会货物（B）险承保的风险包括：①火灾、爆炸；②船舶或驳船触礁、搁浅、沉没或倾覆；③陆上运输工具倾覆或出轨；④船舶、驳船或其他海上运输工具同水以外的外界物体碰撞；⑤在避难港卸货；⑥地震、火山爆发、雷电；⑦共同海损牺牲；⑧抛货；⑨浪击落海；⑩海水、湖水或河水进入船舶、驳船、运输工具、集装箱、大型海运箱或贮存处所；⑪货物在装卸时落海或跌落造成整件的全损。

协会货物（B）险的除外责任，除了包括（A）险除外责任的规定以外，对“海盗行为”和恶意损害险的责任也不负责。

3）协会货物（C）险条款

协会货物（C）险对应于原条款的“平安险”，承保风险也采用“列明风险”的方式。它仅承保“重大意外事故”，而不承保自然灾害及非重大意外事故风险。

协会货物（C）险承保的风险包括：①火灾、爆炸：②船舶或驳船触礁、搁浅、沉没或倾覆；③陆上运输工具倾覆或出轨；④在避难港卸货；⑤共同海损牺牲；⑥抛货；⑦船舶、驳船或运输工具同除水以外的任何外界物体碰撞。

协会货物（C）险的除外责任与协会货物（B）险的除外责任完全相同。

综上所述，ICC（A）险的承保风险类似于我国的一切险；ICC（B）险类似于我国的水渍险；ICC（C）险类似于我国的平安险，但比平安险的责任要小一些。

6.6 进出口货物运输保险实务

在国际贸易中，买卖双方会在合同中通过所选用的贸易术语来规定由哪一方来投保。如果合同中没有做出具体规定，则按有关惯例办理保险。

在出口贸易中，按CIF、CIP条件成交时，出口方应根据合同或信用证的规定，在备妥货物并确定装运日期和运输工具后，向保险公司办理货物运输保险。按照保险的一般原则，投保人或被保险人对保险货物必须拥有可保利益，保险契约才有效，这是办理保险的前提条件。但在国际运输货物保险中，一般并不要求被保险人在投保时必须拥有可保利益，仅要求在被保险货物发生损失时必须具有可保利益。

【案例6-8】

我国某外贸公司向日、英两国商人分别以CIF和CFR价格出售蘑菇罐头，有关被保险人均办理了保险手续。这两批货物自启运地仓库运往装运港的途中均遭受损失。

问题：这两笔交易各由谁办理货运保险手续？货物损失的风险与责任各由谁承担？保险公司是否应给予赔偿？简述理由。

分析提示：与日本商人的交易由卖方办理货运保险手续；与英国商人的交易由买方办理货运保险手续。在这两笔交易中，风险与责任均由卖方承担。

保险公司对于“与日本商人的交易”应对该货损给予赔偿，CIF条件下由卖方投保，保险合同在货物启运地启运后生效。

保险公司对于“与英国商人的交易”不需要对该货损给予赔偿，FOB、CFR条件下由买方投保，保险合同在货物上船后生效。

6.6.1 选择投保险别

由于保险人对不同的险别有不同的承保责任范围，因此投保人在投保时必须选择适当的险别进行投保。选择什么险别，应视被保险货物在运输途中可能遭遇的风险而定，一般应考虑下列因素：①货物的性质和特点；②运输方式和路线及港口情况；③国际形势的变化。

【案例6-9】

上海某造纸厂以CIF条件向非洲出口一批纸张，因上海与非洲的湿度不同，货到目的地后因水分蒸发过多而使纸张无法使用。

问题：买方能否向卖方索赔？为什么？

分析提示：买方不能向卖方索赔。因为虽然CIF表明由卖方承担保险费，但是风险划分依然以装上船为界，因此风险由买方承担。此外，卖方承担保险费一般只投保最低险别，除非买方要求加保附加险（受潮受热险）。

6.6.2 计算保险金额

保险金额（Insured Amount）是被保险人对保险标的的实际投保金额，也是保险人依据保险合同所应承担的最高赔偿金额，还是计收保险费的基础。在国际货物买卖中，保险金额一般是以发票价值为基础确定的。按照国际上的习惯做法，买方为了获得充分的保障，一般都把货值、运费、保险费以及转售该笔货物的预期利润和费用的总和，作为向保险公司投保的（保险）金额。所以在实际业务中，保险金额都高于合同的CIF价值。国际上习惯按CIF值的110%投保，这另加的10%，即投保加成。买方根据需要也可以增加加成，在保险公司同意承保的情况下，卖方也可以接受，但因此而增加的保险费由买方承担。

根据国际保险市场的习惯，保险金额的计算公式为：

保险金额=CIF（或CIP）价×（1+投保加成率）

保险金额是以CIF（或CIP）价为基础计算的，如果对外报价为CFR（或CPT）价而国外客户要求改报CIF（或CIP）价，应使用下列公式计算：

$$\text{CIF（或CIP）价}=\frac{\text{CFR（或CPT）价}}{1-\text{投保加成率}\times\text{保险费率}}$$

另外，中国人民财产保险公司还制定了一份保险费率常数表，只需用CFR（或CPT）价直接乘以表内所列常数，便可计算出CIF（或CIP）价。

【案例 6-10】

某公司出口货物一批，原报价为每公吨2 000美元CIFC3%科威特，后客户要求改报CFRC5%科威特价。原报价保险险别为水渍险并附加钩损险，其费率分别为0.8%和0.4%，按CIF价加一成投保。试计算CFRC5%科威特价。

①CIF价=2 000×（1-3%）=2 000×0.97=1 940（美元）

②CFR价=CIF-I

因为I=1 940×（1+10%）×（0.008+0.004）=1 940×1.1×0.012=25.61（美元）

则 CFR=1 940-25.61=1 914.39（美元）

或 CFR价=1 940×［1-（1+10%）×（0.008+0.004）］

=1 940×（1-1.1×0.012）

=1 940×（1-0.0123）=1 914.39（美元）

③CFRC5%=1 914.39÷（1-5%）=1 914.39÷0.95=2 015.15（美元）

应报每公吨2 015.15美元CFRC5%科威特价。

6.6.3 填写投保单和交付保险费

我国出口货物的投保，一般需要被保险人逐笔填写投保单，并交付保险费。投保单经保险公司接受后，保险即开始生效。

保险公司出立保险单是以投保人的填报内容为依据的，所以投保人必须按规定的格式逐笔填制投保单。投保单的主要内容有：①投保人的名称；②标记；③包装数量；④货物名称；⑤保险金额；⑥船名或装运工具；⑦开航日期；⑧提单或运单号码；⑨航程或路程；⑩承保险别；⑪赔付地点；⑫投保日期。

投保人向保险人交纳保险费（Premium），是保险合同生效的前提条件。保险费率是保险人计算保险费的依据，是由保险人根据保险标的危险性大小、损失率高低、经营费用多少等因素，并按不同商品、不同目的地以及不同的投保险别加以规定的。一般情况下，损失率越高，保险费率越高。目前，中国人民财产保险股份有限公司出口货物保险费率分为“一般货物费率”和“指明货物费率”两大类。前者适用于所有货物，后者仅适用于特别订明的货物。保险公司收取的保险费的计算方法是：

保险费=保险金额×保险费率

进口货物保险费率有“特约费率”和“进口货物保险费率”两种。“特约费率”是一种优惠费率，主要适用于预约保险合同项下的进口货物。“进口货物保险费率”分为“一般货物费率”和“指明货物加费费率”两项。

6.6.4　领取保险单据

保险单据是保险公司与投保人之间订立保险合同的证明文件。它反映了保险公司与投保人之间的权利和义务关系，也是保险公司向投保人出具的承保证明。当发生保险责任范围内的损失时，它又是保险索赔和理赔的主要依据。常用的保险单据有：

1）保险单（Insurance Policy）

保险单又称大保单，用于承保一个指定航程内某一批货物的运输保险。它是一种正式的保险契约的书面凭证，是使用最广的保险单据。保险单具有法律上的效力，对双方当事人具有约束力。保险单经背书后可以转让。保险单的转让，事前和事后均无须通知保险人。

《UCP600》第28条e款规定：保险单据日期不得晚于发运日期，除非保险单据表明保险责任不迟于发运日生效，即保险单据的出单日期不得迟于运输单据所列货物的装船发运或承运人接管的日期。

2）保险凭证（Insurance Certificate）

保险凭证又称小保单，是一种简化的保险单。这种凭证除背面不载明保险人与投保人的权利和义务条款外，其余内容与保险单相同。保险凭证与保险单具有同等效力。

3）联合凭证（Combined Certificate）

联合凭证是一种将发票和保险单相结合、比保险凭证更为简化的保险单据。保险公司将承保的险别、保险金额及保险编号加注在投保人的商业发票上，其他项目均以发票上列明的内容为准。

4）预约保单（Open Policy）

预约保单又称预约保险合同，是保险公司对投保人将要装运的属于约定范围内的一切货物自动承保的总合同。我国进口货物一般采用预约保单的做法。预约保单属于长期性的合同，订约的任何一方在规定期限内发出注销通知都可注销合同。

6.6.5　保险索赔

保险索赔是指进出口货物在保险责任有效期内发生保险责任范围内的损失，投保人按保险单的有关规定向保险公司要求赔偿损失的一种行为。

索赔的范围，限于被保险货物因保险人承保风险的发生所遭受的损失，赔偿的最高限额一般不超过保险金额。索赔应当在保险有效期内提出并办理，保险人有权拒绝受理超过索赔期限的任何索赔申请。

索赔一般应遵循如下程序：

（1）被保险人如发现货物受损，应及时向保险公司发出损失通知，并申请检验。

（2）被保险人向承运人或有关责任方索取货损货差证明，以确定损失原因和损失程度。

（3）被保险人采取必要合理的施救措施，防止损失扩大。

（4）被保险人提交索赔的全部单证，主要包括保险单正本、商业发票、货物运单、装箱单、货物检验报告、货损货差证明、海事报告摘录、索赔清单等。

6.7 合同中的保险条款

保险条款是国际货物买卖合同中的重要条款之一，必须制定得明确、合理。此外，保险单据的内容要和商业发票、提单、合同以及信用证等的内容相一致。

6.7.1 订立保险条款应注意的问题

订立保险条款应注意以下几个问题：①应明确表示由谁办理保险；②应明确按什么保险条款投保；③应明确保险险别和保险金额是否加成；④应明确是否需要加保附加险；⑤应明确对保险的特殊要求以及增加的保费由谁来负担。

6.7.2 保险条款的内容

保险条款的内容常常会因合同中采用的贸易术语不同而有所区别。

（1）采用FOB、CFR或FCA、CPT贸易术语成交的合同，买方承担货物在运输途中的风险，并负责办理投保、支付保险费，不涉及卖方利益，因此合同中的保险条款只需规定保险由买方自理（Insurance：to be covered by the buyer）即可。如果卖方接受买方的请求代办保险，应在合同中明确代办保险的详细情况，特别是要明确保险费应由买方负担。

（2）采用CIF或CIP贸易术语达成的合同，买方承担运输途中的风险，而卖方负责办理投保手续、支付保险费。这样，保险涉及双方的利益。因此，在保险条款中应明确规定下列四项内容：由谁办理保险、投保险别、保险金额、适用条款。

按照这四项内容，CIF合同中的保险条款的具体订法如下：

由卖方按发票金额的×××% 投保水渍险、加保××险，以中国人民财产保险公司2009年颁布的有关海洋运输货物保险条款为准（Insurance：to be covered by the seller for ×××% of total invoice value against W.P.A. including ××， as per and subject to the relevant Ocean Marine Cargo Clauses of the People's Insurance Company of China，2009）。

如果买方要求按伦敦保险业协会的条款投保，在CIF合同中的保险条款可以订为：

由卖方按发票金额的×××% 投保××险，以2009年协会货物保险条款为准（Insurance：to be covered by the seller for ×××% of total invoice value against ××， as per Institute Cargo Clauses，2009）。

【案例6-11】

G公司以CIF价格条件引进一套英国产检测仪器，因金额不大，合同采用简式标准格式，保险条款一项只简单地规定“保险由卖方负责”。到货后，G公司发现一部件变形影响其正常使用。G公司遂向外商反索赔，外商的答复是仪器出厂经严格检验，有质量合格证书，非他们的责任，后经商检局检验认为是运输途中部件受到振动、挤压造成的。

G公司于是向保险公司索赔，保险公司认为此情况属“碰损、破碎险”的承保范围，但G公司提供的保单上只保了伦敦协会货物条款（C），没保“碰损、破碎险”，所以无法赔付。

G公司无奈只好重新购买此部件。

问题：G公司应该吸取什么教训？

分析提示：G公司业务人员想当然地以为合同规定卖方投保，卖方一定会保“一切险”或伦敦协会货物条款（A），按照《INCOTERMS》的解释，在CIF条件下，如果合同没有具体规定，卖方只需要投保最低责任范围险别，即平安险和伦敦协会货物条款（C）就算履行了其义务。

解决办法：(1) 当进口合同使用CIF、CIP应由卖方投保的价格术语时，一定要在合同上注明按发票金额的110%投保的具体险别以及附加险。

(2) 进口合同尽量采用CFR、CPT等价格术语，由买方在国内办理保险。

(3) 根据货物的特点选择相应的险别和附加险。

【拓展阅读6-1】

正确运用国际货物运输保险

某年，我国福建省某进出口公司（卖方）与法国某有限公司（买方）签订了一份合同，约定由卖方提供20 000箱芦笋罐头，每箱15.50美元，FOB厦门，合同总值为310 000美元，收到信用证后15天内发货。买方致电卖方，要求代其以发票金额的110%将货物投保至法国马赛的一切险。卖方收到买方开来的信用证及派船通知后，按买方要求代其向A保险公司投保，保险单的被保险人是买方，保险单上所载明的起运地为供货厂商所在地龙岩市，目的港为法国马赛。但是，3天后货物自龙岩市运往厦门港的途中发生了意外，致使10%的货物受损。事后，卖方以保险单中含有“仓至仓”条款为由，向A保险公司提出索赔要求，但遭到拒绝。后卖方又请买方以买方的名义凭保险单向A保险公司提出索赔，同样遭到了拒绝。在此情况下，卖方以自己的名义向福建省中级人民法院提起诉讼，要求保险公司赔偿其损失。法院判决其败诉。

本案例是一则国际货物运输保险的纠纷，可以看出，如果卖方能够熟知国际货物运输保险的规则，正确选择和运用国际货物运输保险，那么当风险出现时，通过获得保险公司的赔偿就能够避免或降低这种损失。

在国际贸易中，进出口货物在长途运输过程中常会碰到各种自然灾害和意外事故，引发各种各样的损失。办理国际货物运输保险就是为了将这些不可预测的、随时有可能发生的不定损失以保险费的方式固定下来，摊入经营成本之中，受损后可以从保险公司及时得到经济补偿，达到转嫁风险的目的。

办理国际货物运输保险时，如何正确选择货物运输保险是专业性较强的工作。投保时必须综合考虑各方面的因素，才能做到合理、有利，防风险隐患于未然。

(1) 明确索赔条件。在国际货物运输保险中，保险公司对索赔人承担赔偿责任，必须同时符合下列条件：保险公司和索赔人之间必须有合法有效的合同关系，即索赔人必须是保险单的合法持有人；向保险公司行使索赔权利的人，必须享有保险利益；被保险货物在运输过程中遭受的损失必须是保险公司承保范围内的风险造成的。

上述案例中，由于以FOB厦门成交，以装运港上船作为划分买卖双方所承担风险的界限，即货物在装运港装上船之前的风险，包括在装船时货物跌落码头或海中所造成的损失，由卖方承担；货物在装运港装上船之后，包括在运输过程中所发生的损坏或灭失，则由买方承担。在本案例中，虽然卖方在货物发生意外时，对该保险标的享有保险利益，保险单中也含有“仓至仓”条款（这个条款是规定保险公司所承担的保险责任，从被保险货物运离保险单所载明的起运港发货人仓库开始，一直到货物到达保险单所载明的目的港收货人的仓库时为止），但保险单的被保险人为买方，保险公司和买方之间存在合法有效的保险合同关系，而卖方不是保险单的被保险人或合法持有人，故其没有索赔权。另外，虽然买方即法国公司是本案保险单的被保险人和合法持有人，但货物在装运港上船之前如果受到损失，被保险人不会受到利益影响，即其不具有保险利益，因此，尽管保险单中也含有“仓至仓”条款，但买方无权就货物在装运港装上船之前的损失向保险公司索赔。

为避免上述事情发生，卖方可以在装船前单独向保险公司投保“装船前险”，有的也叫国内运输险，这样一旦发生本案所述的损失时，卖方即可以从保险公司获得赔偿。

（2）明确可选择的投保险别。现行的《海洋运输货物保险条款》规定，保险的险别分为基本险和附加险两大类。基本险分为三种：平安险、水渍险和一切险；附加险分为一般附加险和特殊附加险。各个险别的承保范围、承保费用各不相同，一切险的责任范围最广，包括了平安险、水渍险和11种一般附加险。投保时必须注意不要重复投保。比如，投保一切险再加串味险就是不必要的，因为串味险属于一般外来风险，而一切险的保险范围已经包含了该风险。

此外，有的货物仅投保一种基本险是不够的，还必须投保附加险。如玻璃制品、陶瓷类的日用品或工艺品等易碎，投保时可在平安险或水渍险的基础上加保破碎险；麻类商品受潮后会发热、引起霉变，应在平安险或水渍险的基础上加保受热受潮险。而有些货物还需加保特别附加险，某些含有黄曲霉素的食物，如花生、油菜籽、大米等，往往会因超过进口国对该毒素的限制标准而被拒绝进口、没收或强制改变用途，从而造成损失。因此，在出口这类货物的时候，应将黄曲霉素险作为特别附加险予以承保；再如，某些国家的政治局势动荡，货物出口到这些国家或地区就应考虑投保战争险。

在选择投保险别时应综合考虑以下几方面的情况：一是不同种类的货物在运输途中遭遇意外事故，损失情况和程度是不同的。所以，在选择投保险别时，应分析各种风险对货物致损的影响程度。例如，毛、棉、麻、丝、绸、服装类和化学纤维类商品，遭受损失的可能性较大，如玷污、钩损、偷窃、短少、雨淋等，应考虑投保一切险；而有的低值、裸装的大宗货物如矿砂、钢材、铸铁制品，主险投保平安险，可再根据实际情况投保舱面险作为附加险。二是一些容易破损的包装对货物致损影响很大，选择投保险别时要充分考虑。必须注意的是，由于包装不良或包装不适合国际货物运输一般要求而使货物受损，保险公司是不负赔偿责任的。三是要考虑载货船舶的航行路线和停靠港情况。某些航线途经热带，若载货船舶通风不良，就会导致或增大货损；在海盗经常出没的海域内航行，则货物遭受意外损失的可能性就大一些。同时，世界各地的港口在设备、装卸及安全程度等方面有很大差异，所以在投保前对上述情况应调查清楚，充分考虑可能发生的货损货差。

然后，根据以上要求和原则考虑选择适合的险别，甄别哪种风险最大、最有可能发生，并结合不同险种的保险费率来加以权衡，综合评估之后，选择适合实际情况的保险险别。

(3) 注意各种险别的除外责任。保险人在接受投保人的投保时会要求投保人了解保险人的除外责任，保险单背面印就的条款中也列明了保险人的除外责任。保险人的除外责任一般包括：被保险人的故意行为或过失所造成的损失；属于发货人责任造成的损失；在保险责任开始前，因被保险货物已存在的品质不良或数量短差所造成的损失；被保险货物的自然损耗、本质缺陷、特性以及市价跌落、运输延迟所造成的损失和费用；属于海洋运输货物战争险和罢工险条款规定的责任范围和除外责任。

(4) 防险比保险更重要。保险是转移和分散风险的工具。虽然风险造成的损失保险公司会负责理赔，但货主在索赔的过程中费时费力，也要付出不小的代价，所以，预防风险的意识和在投保的基础上做一些预防措施非常必要。要预防风险，一是尽量选择实力强、信誉好的船公司，他们的硬件设备相对会好一些；二是在装货前要仔细检查空柜，看看有无破漏，柜门口的封条是否完好。还要查看是否有异味，推测前一段装了什么货物。如果企业现在要装的货是食品或药品，而以前装的是气味浓烈的货物甚至是危险性很高的化工品的话，就可能导致串味，甚至使货物根本不能再使用。

● 课堂讨论

6.1 简述保险的基本原则。

6.2 实际全损与推定全损有何区别？

6.3 什么是保险条款中的“除外责任”？

● 知识掌握

6.1 我国海运保险有哪几种基本险别？各险别的责任范围有什么不同？

6.2 什么是共同海损？构成共同海损的条件是什么？

6.3 什么是“仓至仓”条款？

● 知识应用

□ 案例分析

6.1 国内某公司向银行申请开立信用证，以CIF条件从法国采购奶酪3公吨，价值3万美元，提单已经收到，但货轮到达目的港后却无货可提。经查，该轮在航行中因遇暴风雨袭击，奶酪被水浸泡，船方将其弃于海中。于是我方凭保险单向保险公司索赔，保险公司拒赔。

问题：保险公司能否拒赔？我方应向何方索赔？

6.2 我国A公司与某国B公司于10月20日签订了一份购买52 500吨化肥的CFR合同。A公司开立的信用证规定，装船期限为次年1月1日至1月10日，由于B公司租来运货的“顺风号”轮在开往某外国港口途中遇到飓风，结果装至1月20日才完成。承运人在取得B公司出具的保函的情况下签发了与信用证条款一致的提单。“顺风号”轮于1月21日驶离装运港。A公司为这批货物投保了水渍险。1月30日“顺风号”轮途经巴拿马运河时起火，造成部分化肥被烧毁。船长在命令救火的过程中又造成部分化肥湿毁。由于在装货港口的延迟，该船到达目的地时正遇上了化肥价格下跌. A公司在出售余下的化肥时价格不得不大幅度下降，给A公司造成很大损失。

问题：(1) 途中烧毁的化肥损失属于什么损失？应由谁承担？为什么？

(2) 途中湿毁的化肥损失属于什么损失？应由谁承担？为什么？

(3) A公司可否向承运人追偿由于化肥价格下跌造成的损失？为什么？

6.3 上海某单位以CIF条件从国外进口货物一批，卖方已代办了一切险。该批货物在上海卸货后，当晚在码头被偷窃。

问题：买方能否要求保险公司赔偿？

6.4 有一批货物投保了平安险，分装两艘货轮驶往目的港。载运货物的甲海轮，在航程中发生碰撞事故，使该货物受到部分损失；载运该货物的乙海轮，途中遇到暴风雨的袭击，由于船舶颠簸，货物相互碰撞而发生部分损失。

问题：保险公司是否负责赔偿？

6.5 我某外贸公司以CIF价格向太平洋某岛国出口大米一批，由于当地存在部族冲突等不安定因素，故出口商要求我方投保一切险，加保战争险。该批货物顺利抵达对方港口后暂时储存于码头上，拟于次日转运至买方仓库，卸货当晚发生了部族之间的武装冲突，致使该批货物部分被毁，买方向保险公司提出赔偿要求，保险公司拒绝赔偿。

问题：保险公司拒赔是否合理，为什么？

□ **计算题**

6.1 某货主在货物装船前，按发票金额的110%投保了一切险，加保战争险。该批货物以CIF成交的总值为20.75万美元，一切险和战争险的保险费率合计为0.6%。

问题：(1) 若发生了保险公司承保范围内的损失，导致货物全部灭失，保险公司的最高赔偿金额是多少？

(2) 该货主应交纳的保险费是多少？

6.2 我国某出口货物的CFR价为100美元/件，现外商要求我方报该商品的CIF价，已知该商品的保险加成率为10%，保险费率为1%，试计算该商品的CIF价。(计算结果保留2位小数)

6.3 我国某出口商品的CIF价为1 000美元/公吨，该商品的保险加成率为10%，保险费率为1%，试计算该商品的CFR价。

第7章

货款的支付

● 学习目标

在学习完本章之后，你应该能够：

了解：国际支付工具的基本知识；

明确：进出口贸易中常用的支付方式；

熟知：信用证业务的程序和特点；

掌握：不同支付方式的利弊，学会灵活选用恰当的支付方式。

【引例】

案例1

我某公司向美国ABC公司出口一批货物，付款方式为即期L/C。但客户要求寄1/3正本B / L给他以便其早日提货销售，并一再声称这是美国商界通行的做法。因是第一次交易，我方坚持不寄，客户则坚持不寄正本不成交，最后在客户签订了保函保证会按时依据L/C要求付款后，双方签订了合同。我方寄出B/L后不久，就收到了客户所付的L/C项下的付款。第二次合同金额增加了一倍，客户仍坚持寄1/3正本B/L。考虑到客户第一单很守信用、及时付款的事实，我方答应了客户的要求。货发出后，就及时将正本B/L寄出并迅速向银行交单议付。10多天后，我方询问客户是否已经付款时，客户答曰：正在办理。20多天后，当我方发现货款仍未到账又追问客户是否已付款时，客户答曰：因资金紧张，过几天就付款。实际上，此时客户已凭我方寄去的正本B/L将货提走。一个月后，当我方再次要求客户付款时，客户开始拖延，后来就杳无音信了。公司白白损失20多万元人民币。

案例2

我某公司向美国某公司出口工艺品一批。双方之前曾有过多次接触，虽没有成交，但关系不错。第一笔交易客户坚持要以T/T付款，称节约费用对双方都有利。我方考虑到双方长时间交往，彼此还算了解，就答应了客户的要求。在装完货收到B/L后即传真给客户。客人很快将货款USD11 000汇给我方。一个月后客户返单，再次要求以T/T形式付款，我方同意，3个月内连续4次返单总值USD 44 000，目的港都为墨西哥。由于我方疏忽，在传真发出后既没有及时追要货款，更没有采取任何措施，客户在没有正本B/L的情况下从船公司轻松提货。待4票货全部出运后再向客户索款时，客户以各种理由拖延，半年后“人去楼空”，传真、E-mail都不通，如石沉大海，4万多美元白白损失了。

以上两个案例有许多共同的教训可以吸取，主要有以下几点：

（1）不论是新客户还是老客户，也不论成交量大小，最好能以L/C方式为主要付款条件来签合同。在L/C付款条件下，对证中含有软条款的，如寄1/3正本B/L、提供烦琐的检验报告、限制第三国议付等，要事先落实是否能做到，否则绝不能接受。因为此类条款的主动权掌握在开证申请人手中，受益人无法控制；或条款意思含糊不清、模棱两可，往往会给受益人安全收汇造成相当大的困难和风险。此外，对其他条款也要认真审核，如不能做到，要及时通知客户修改。最后，要认真检查、审核单据，做到单单相符、单证相符，不给不法商人以任何可乘之机。

（2）签订T/T、D/A等属商业信誉的合同时，必须对客户有十分清楚的了解，必要时可通过有关驻外机构进行资信调查，不能贸然接受T/T付款。

（3）识破奸商惯用的欺诈手段，防患于未然。这两个案例均是对第一单客户信守承诺，及时付款，没有任何推迟和延误，而第二单就开始诈骗。这是骗子惯用的伎俩。

（4）加强对合同和信用证的管理。如无特殊原因，不能采用非L/C付款，更不能长期放账。对于D/A、T/T方式成交的，应规定权限范围，且要及时查款。T/T项下没有收到货款，不能寄送B/L。

（5）加强与银行的业务沟通，自觉接受银行的指导。上述两个案例虽然银行没有直接参与，但不管是L/C还是D/A业务，外贸公司都必须与银行保持密切合作，接受银行的指导和业务培训，不断提高自身的结汇水平。

进出口贸易中的货款收付，是整个国际货物买卖过程中最后也是最为关键的一个环节，与货物、金融、外汇管理等法律、法规有着密切关系，和贸易术语以及合同的其他交易条件互相联系、互为补充，直接关系到有关当事人的切身利益。

● 7.1 国际货款收付中的各种票据

当前国际货物买卖中所使用的支付工具主要是货币和票据。货币既是计价工具，又是实际支付工具。由于现金结算风险大、周转慢，货款收付通常使用信用工具或支付凭证，作为支付工具之一的票据是现代国际货款收付的主要工具。

在国际货款的收付中，主要使用汇票，有时也使用本票和支票。

7.1.1 汇票

1）汇票的含义和基本内容

汇票是一人向另一人签发的，要求即期或定期或在可以确定的将来的时间，对某人或其指定人或持票人支付一定金额的无条件书面支付命令。

按照各国票据法的规定，汇票必须要项齐全，否则法律上不予承认，受票人有权拒付。但各国票据法对汇票要项的规定不完全相同，一般认为汇票必须具备下列几项：

（1）必须写明“汇票”字样。

（2）必须表明为无条件支付命令。

（3）出票人——签发汇票的人，在进出口业务中通常是出口人，应具全称并由负责人正式签字或盖章。

（4）付款人——汇票的受票人，在进出口托收业务中通常是进口人；在信用证业务中应是开证行、保兑行或其他指定的银行。

（5）受款人——受领汇票所规定金额的人，在进出口业务中通常是出口人本人或其指定的银行。

（6）一定的货币和金额，包括大写文字和小写数字。

（7）出票日期和地点。

（8）付款期限。

（9）付款地点，一般是付款人所在地。

国际贸易中使用的汇票格式不完全相同，但项目和内容基本上是一致的。商业汇票格式如图7-1所示。

No. ....

Exchange for

At　　　　　sight of this **First** *of Exchange*

(Second *of the same tenor and date unpaid*). *Pay to the Order of*

....*the sum of*

Drawn under ....

....

....

To ....

....

图7-1　商业汇票

2）汇票的种类

汇票从不同的角度可划分为以下几种：

（1）即期汇票（Sight Draft）和远期汇票（Time Draft）。汇票按付款时间不同，分为即期汇票和远期汇票。即期汇票，是指在持票人提示或付款人见票时应立即付款的汇票。远期汇票，是指付款人于一个指定的日期或在将来一个可以确定的日期付款的汇票。远期汇票常见的做法有以下几种：

①见票后若干天付款，如：at ×× days after sight;

②出票后若干天付款，如：at ×× days after date of draft;

③确定在某一固定日期付款，如：On 8th Nov., 2018 fixed.

（2）光票（Clean Bill）和跟单汇票（Documentary Bill）。汇票按出票时是否附有货运单据，可分为光票和跟单汇票。如出具的汇票附有货运单据（主要包括运输单据、发票、保险单等），称为跟单汇票。在国际贸易中，大多数使用跟单汇票。

（3）商业汇票（Commercial Bill）和银行汇票（Banker's Bill）。汇票的出票人是商业企业的，称为商业汇票。汇票的出票人是银行的，称为银行汇票（在支付货款采用汇票时，进口人可向其本地银行购买银行汇票，寄给出口人，出口人凭以上汇票向银行取款）。

(4) 商业承兑汇票(Commercial Acceptance Bill)和银行承兑汇票(Banker's Acceptance Bill)。商业承兑汇票，是指由企业或个人作为付款人并经其承兑的远期汇票。企业或个人承兑后即承担了汇票到期支付的法律责任，因而属商业信用。银行承兑汇票，是指由银行作为付款人并经其承兑的远期汇票。银行承兑后即承担了汇票到期支付的法律责任，因而属银行信用。

3) 汇票的使用程序

即期汇票属于见票即付，一般只需经过出票、提示、付款三个过程。远期汇票还要经过背书、承兑等其他程序。

(1) 出票(Issue/To Draw)。它是指出票人签发票据并将其交付给收款人的票据行为。出票人在签发汇票时，对收款人即汇票的抬头人有三种不同的写法：①限制性抬头，如"仅付××公司"(Pay ×× co. only)或"付给××公司，不准转让"(Pay ×× Co. not transferable)。这种抬头的汇票不能转让。②指示式抬头，如"付××公司或其指定人"(Pay ×× Co. or order 或 Pay to the order of ××Co.)。这种抬头的汇票可以转让，但转让时须经过背书手续。③持票人或来人抬头，如"付给来人"或"付给××或来人"(Pay bearer 或 Pay ×× or bearer)。这种抬头的汇票无须由持票人背书即可转让。

出票是主票据行为，出票人出票后就成为票据的主债务人，应承担担保承兑和付款的责任；收款人是票据的主债权人，作为持票人，行使付款请求权和追索权。

(2) 提示(Presentation)。它是指持票人将汇票提交给付款人要求其承兑或付款的行为。付款人看到汇票叫作见票。提示可分为两种：其一是承兑提示(Presentation for Acceptance)，是指持票人在汇票到期日前向付款人出示汇票，并要求付款人承诺付款的行为。承兑提示只适用于远期汇票。其二是付款提示(Presentation for Payment)，是指汇票的持票人向付款人(或远期汇票的承兑人)出示汇票要求付款人(或承兑人)付款的行为。付款提示适用于即期票据或已到期的远期票据。远期汇票的承兑提示和即期汇票的付款提示均应在法定期限内进行。

(3) 承兑(Acceptance)。它是指远期汇票的付款人承诺负担票据债务的行为。承兑的手续是由付款人在汇票正面写上"承兑"字样，注明承兑的日期，并由付款人签名。付款人对汇票做出承兑，即成为承兑人。承兑人有在远期汇票到期时立即付款的责任。

(4) 付款(Payment)。它是指持票人或其委托人于付款到期日，向付款人或承兑人提示票据，要求其支付票面金额的行为。提示是付款的必要程序。对于即期汇票，在持票人提示时，付款人即应付款，无须经过承兑手续；对于远期汇票，付款人经过承兑后，在汇票到期日付款。

(5) 背书(Endorsement)。它是指持票人在汇票背面记载有关事项、签章并把汇票交给受让人的行为。经过背书，持票人可以将汇票权利转让给他人或将一定的汇票权利授予他人行使，所以背书是转让汇票权利的一种行为。汇票可以经过背书不断转让下去。对于受让人来说，所有在他以前的背书人以及原出票人都是他的"前手"；而对出让人来说，所有在他让与以后的受让人都是他的"后手"。"前手"对"后手"负有担保汇票必然会被承兑或付款的责任。汇票持有人转让汇票的目的是在汇票到期付款前先取得票款，受让人在受让时要按汇票的票面金额扣除从转让日起至汇票付款日止的利息后，将票款付给出让人。这种行为又称"贴现"(Discount)。

背书的方式常见的有以下几种：

①空白背书（Blank Endorsement/Endorsement in Blank），又称不记名背书，是指在汇票背面只有背书人的签章，不写明受让人，经空白背书的汇票凭交付而转让。

②限定性背书（Restrictive Endorsement），是指汇票背面不仅有背书人的签章，还写明受让人，如“仅付……”（Pay…only）或“付给……不得转让”（Pay…not Transferable）。

③特别背书（Special Endorsement），也称记名背书，是指背书人在汇票背面签章，并写明受让人或其指定人，如“付给……的指定人”（Pay to the order of…）。经特别背书的汇票，被背书人（受让人）可以进一步背书转让。

（6）拒付（Dishonor）与追索（Recourse）。拒付也称退票，是指当持票人提示汇票要求承兑或付款时，付款人拒绝承兑或付款，或者由于付款人死亡、逃匿或被依法宣告破产，或因违法被责令终止业务活动，以致付款事实上不可能。汇票经过转让，持票人被拒付时，汇票的善意持有人有权向其前手进行追索，一直可以追索到出票人。持票人为了行使追索权，应及时做出拒付证书。如拒付的汇票已经承兑，出票人也可凭拒付证书向法院起诉，要求承兑汇票的付款人付款。汇票的出票人或背书人为了避免承担追索责任，可在背书时加注“不受追索”（Without Recourse）的字样。凡是列有这种批注的汇票，在市场上一般是很难转让流通的。

【案例7-1】

甲交给乙一张经付款银行承兑的远期汇票，作为向乙订货的预付款，乙在票据上背书后转让给丙以偿还原先欠丙的借款，丙于到期日向承兑银行提示要求其付款，恰遇当地法院公告该行于当天起进行破产清理，因而被退票。丙随即向甲追索，甲以乙所交货物质次为由予以拒绝，并称10天前已通知银行止付，止付通知及止付理由也同时通知了乙。在此情况下，丙再向乙追索，乙以汇票系甲开立为由推诿不理。丙遂向法院起诉，被告为甲、乙与银行三方。

问题：法院将如何依法判决？理由何在？

分析提示：法院应判甲向丙清偿被拒付的汇票票款、自到期日或提示日起至清偿日止的利息，以及丙进行追索所支付的相关费用。甲与乙的纠纷则另案处理。

理由：（1）由于票据具有流通性、无因性、文义性、要式性，因此只要丙是票据的合法持有人，就有权要求票据债务人支付票款，并且此项权利并不受其前手乙的权利缺陷（向甲交付的货物质次）的影响；（2）丙在遭到主债务人（承兑银行）退票后，即有权向其前手甲、乙进行追索。同样，由于票据特性，甲不能以抗辩乙的理由抗辩丙。

7.1.2　本票（Promissory Note）

1）本票的含义

本票是一人向另一人签发的，保证即期或定期或在可以确定的将来的时间，对某人或其指定人或持票人支付一定金额的无条件书面承诺。简单地说，本票是出票人对持票人承诺无条件支付一定金额的票据。

2）本票的种类

我国《票据法》规定，本票仅限于由中国人民银行审定的银行或其他金融机构签发的银行本票。银行本票均为见票即付的即期票据。但在国际上，许多国家的票据法规定，除银行签发即期本票外，也允许工商企业签发本票，这种由工商企业签发的本票称为一般本票或商业本票。一般本票既可以是即期的，也可以是远期的。

3）本票与汇票的区别

（1）本票的当事人有两个，即出票人和收款人；而汇票的当事人有三个，即出票人、付款人和收款人。因为本票的出票人就是付款人。

（2）本票签发的份数只能是一式一份；而汇票可以签发一套，即一式两份或一式多份（银行汇票除外）。

（3）远期本票不需要承兑，因为本票的出票人就是付款人。出票人签发的远期本票，自己承诺到期付款，所以无须承兑。而远期汇票则需由付款人承兑。承兑前，汇票的主债务人是出票人，即出票人要对汇票负责；承兑后，汇票的主债务人是承兑人，承兑人要对汇票负有到期付款的绝对责任。

7.1.3 支票（Cheque，Check）

支票是以银行为付款人的即期汇票。它是银行存款人（出票人）对银行（付款人）签发的授权银行对某人或其指定人或持票人即期支付一定金额的无条件书面支付命令。

按使用目的不同，支票可分为现金支票和转账支票两种类型。现金支票只能用于支取现金；转账支票只能用于通过银行或其他金融机构转账结算。

支票是一种即期付款的票据，不得进行承兑。有承兑记载的，视为无记载。支票必须以银行或者其他金融机构为付款人。支票的出票人必须按照签发的支票金额承担保证向该持票人付款的责任。除另有约定外，出票人签发的支票数额不得超出其实有的存款数额，且必须对银行的存款有任意处置的权利。

7.2 汇付和托收支付方式

汇付、托收和信用证是目前国际贸易结算中三种基本的支付方式。从资金流动方向和结算工具传递的方向来看，支付方式又可分为顺汇和逆汇。顺汇是指资金的流动方向与支付工具的传递方向相同，如汇付方式属于顺汇；逆汇是指资金的流动方向与支付工具的传递方向相反，如托收和信用证方式属于逆汇。

本节重点介绍汇付和托收两种方式及其在国际贸易中的运用。

7.2.1 汇付（Remittance）

汇付又称汇款，是指汇款人通过当地银行将款项汇入收款人所在地银行，由该银行将款项解付给收款人的支付方式。

1）汇付方式的基本当事人

（1）汇款人（Remitter）：汇出款项的人。在进出口业务中，汇款人通常是进口人。

（2）收款人（Payee / Beneficiary）：收取款项的人。在进出口交易中，收款人通常是出口人。

（3）汇出行（Remitting Bank）：受汇款人的委托，汇出款项的银行。通常是进口人所在地银行。

（4）汇入行（Paying Bank）：受汇出行委托解付汇款的银行，又称解付行，通常是出口人所在地银行。

汇款人委托汇出行汇交应付款项，汇出行受汇款人的委托，通过与其有业务关系的汇入行将有关款项付给收款人。

在办理汇付业务时，要由汇款人向汇出行填交汇款申请书，汇出行接受申请后，按照汇款申请书的指示向汇入行发出付款委托书；汇入行按照和汇出行之间事先订立的代理合同的规定，有义务向收款人解付款项。

2）汇付的分类

汇付的方式可分为电汇、信汇和票汇三种。

（1）电汇（Telegraphic Transfer，T/T）。它是由汇款人委托汇出行以电报、电传通知收款人所在国的汇入行并委托它将款项解付给指定收款人的一种汇款方式。电汇的优点是交款速度快，在三种汇款方式中，最受收款人欢迎，但费用较高。

（2）信汇（Mail Transfer，M/T）。它指汇出行根据汇款人的要求，将信汇委托书寄给汇入行，授权解付一定金额给收款人的一种汇款方式。信汇的优点是费用较低，但收款人收到汇款的时间较晚。

（3）票汇（Remittance by Banker's Demand Draft，D/D）。它是指汇出行应汇款人的申请，代汇款人开立以其分行或代理行为解付行的银行即期汇票，支付一定金额给收款人的一种汇款方式。

三种汇付的方式的比较见表7-1。

表7-1　　三种汇付方式的比较

方式	支付工具	特点	
		优点	缺点
电汇（T/T）	委托汇出行以电报、电传等电讯手段发出付款委托通知书	安全、可靠、结算时间短、收款快	费用高
信汇（M/T）	委托汇出行以信件方式寄发信汇委托书或支付通知书	费用较低	结算时间长、收款时间晚
票汇（D/D）	以银行即期汇票为支付工具，由汇款人自行寄交收款人	1.支付工具由汇款人自行传递 2.经收款人背书后，汇票可在市场上流通 3.收款人可自行持票	

3）汇付方式在国际贸易中的使用

在国际贸易中，汇付属商业信用。常用于预付货款（Payment in Advance）、随订单付现（Cash with Order）、交货付现（Cash on Delivery）和赊销（Open Account）以及预交定金、汇付佣金、代垫费用、支付索赔款等。采用预付货款或随订单付现，买方要占压资金，还要承担卖方可能不按时交货或不交货的风险，通常较少使用，仅用于某些小额交易。对卖方而言，先收款后交货对其最为有利。

【案例7-2】

某出口合同规定支付条款为装运月前15天电汇付款，买方延至装运月中从邮局寄来银行汇票一张，为保证按期交货，出口企业于收到该汇票次日即将货物托运，同时委托银行代收票款。1个月后，出口企业接到银行通知，该汇票系伪造，已被退票。此时，货已抵达目的港，并已被买方凭出口企业自行寄去的单据提走。出口企业事后追偿时，对方早已人去楼空。

问题：此案例给了我们哪些启示？

分析提示：在本案例中，支付方式本属于电汇预付货款性质，但买方故意拖延，并改为票汇方式，而出口企业在没有识别该项汇票真伪的情况下，匆忙发货，导致货款两空。由此可见，汇付属于风险较大的商业信用，在国际贸易中使用汇付方式时应慎重。

4）合同中的汇付条款

（1）买方应于×年×月×日前，将全部货款用电汇（或信汇/票汇）方式预付给卖方（The buyer shall pay the total value to the seller in advance by T/T （or M/T or D/D），before ×××）。

（2）买方必须在货物到达后××天内，将发票金额用电汇（信汇/票汇）方式付给卖方（The buyer should pay the total value of invoice to the seller by T/T （M/T or D/D） within ×× days after arrival of goods）。

7.2.2 托收（Collection）

托收是指出口方根据发票金额开出以进口商为付款人的汇票，委托出口地银行通过它在进口地的分行或代理银行向进口商收取货款的支付方式。

在国际贸易支付中，各国银行在实践中已形成了有关托收的一套习惯做法，这些习惯做法经国际商会编纂、整理已成为各国商业企业所采用的惯例。

1）托收的有关当事人

托收一般通过银行办理，所以又叫银行托收。其基本做法是：由出口人根据发票金额开出以进口人为付款人的汇票，向出口地银行提出托收申请，委托出口地银行（托收行）通过它在进口地的代理行或往来银行（代理行）代向进口人收取货款。托收系逆汇法，属于商业信用。托收中的当事人主要有四个：

小资料7-1：《托收统一规则》（URC522）

（1）委托人（Principal），是指委托银行办理托收业务的客户，如出票人和收款人，通常是卖方。

（2）托收行（Remitting Bank），是指接受委托人的委托，办理托收业务的银行，通常是卖方所在地银行。

（3）代收行（Collecting Bank），是指除托收行之外，参与办理托收指示的任何银行，常为托收行的分行或代理行。根据其代理的具体业务不同，代收行又分为付款行和提示行。

（4）付款人（Drawee），是指根据托收指示书，银行向其做出提示的人，常为应付款或承兑的买方。

上述当事人中，委托人与托收行之间、托收行与代收行之间是委托代理关系，付款人与代收行之间不存在任何法律关系，付款人根据合同付款，托收行和代收行对托收的款项能否收回不负责任，对汇票及随附单据的遗失、延误等也不负责任。但是托收行和代收行有义务按委托人的指示办事。

2）跟单托收的种类及程序

跟单托收是指委托人开具汇票连同货运单据一起交银行委托代收。业务中也有只交货运单据不开汇票委托银行代收的做法。根据交单条件的不同，跟单托收又分为付款交单和承兑交单。

(1) 付款交单（Documents against Payment，D/P）。它是指出口人的交单是以进口人的付款为条件，即被委托的代收银行必须在进口人付清票款之后，才能将货运单据交给进口人。付款交单按支付时间的不同，又分为即期付款交单和远期付款交单。

A. 即期付款交单（D/P at Sight）。它是指由出口人开具即期汇票（或不开汇票），连同货运单据通过托收银行寄到进口地代收银行，由代收银行向进口人提示，进口人见票后立即付款。进口人在付清款项后，向代收行领取有关的货运单据。这种票款和单据两讫的手续，就进口商来说，也称付款赎单。其具体程序如图7-2所示。

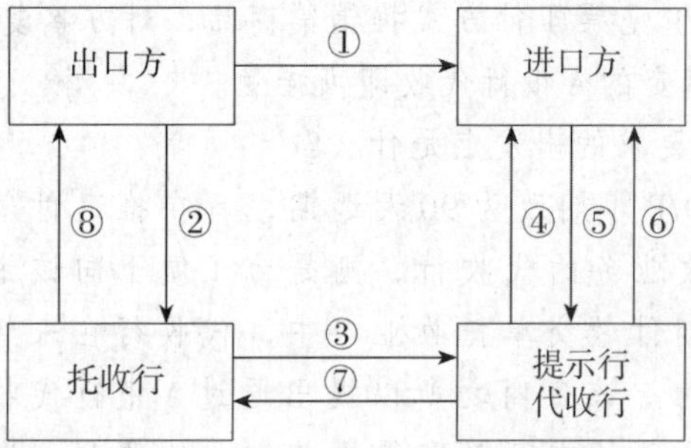

图7-2 即期付款交单一般业务程序图

说明：①委托人（出口方）向付款人（进口方）发运货物；②出口方整理好全套单据（含汇票、发票、提单等）后交给托收行；③托收行将全套单据寄交代收行；④提示行向进口方提示汇票；⑤进口方见票后立即履行付款责任；⑥进口方取得全套单据；⑦托收行将金额如数拨划给托收行；⑧托收行将金额如数划拨给出口方。

B. 远期付款交单（D/P at…Days after Sight）。它是指出口方发货后开具远期汇票连同货运单据通过托收行寄到进口地代收行，由代收行向进口方做承兑提示，在进口方审核单据无误后即在汇票上承兑，于汇票到期日付清货款后再领取货运单据。其具体程序如图7-3所示。

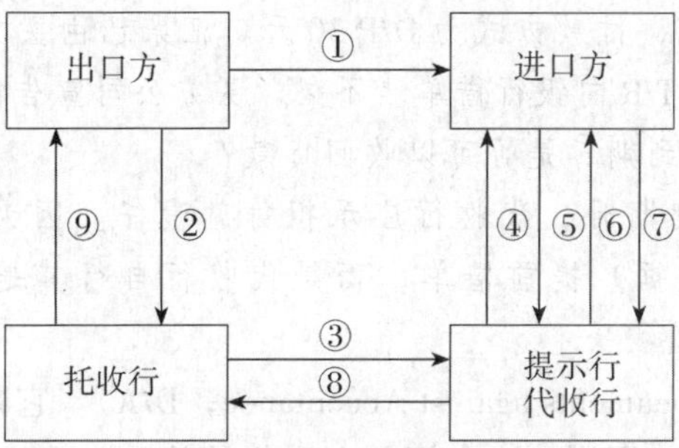

图7-3 远期付款交单一般业务程序图

说明：①委托人（出口方）向付款人（进口方）发运货物；②出口方整理好全套单据（含汇票、发票、提单等）后交给托收行；③托收行将全套单据寄交代收行；④提示行向进口方提示汇票；⑤进口方见票后履行承兑责任；⑥进口方到期付款后取得全套单据；⑦进口方到期履行付款责任；⑧代收行将金额如数拨划给托收行；⑨托收行将金额如数拨划给出口方。

远期付款交单的条件下，买方在付清货款之前不能取得商业单据。因此，如果付款日期和实际到货日期基本一致，进口方可以不必在到货之前付款，对买方资金的周转非常有利。但是如果汇票的付款日期晚于到货日期，买方为了抓住有利时机，早日提取货物进行转售或使用，通常可以采取两种办法：一是在付款到期日之前提前付款赎单，扣除提前付款日至原付款到期日之间的利息；二是凭信托收据（Trust Receipt，T/R）向代收行借取单据先行提货，俟汇票到期日再付清货款。这是各国银行对进口商融资的一种通常做法，这种融资业务要求进口商的资信较好。

所谓信托收据，是进口方向代收行借取单据时提供的一种书面保证文件，表示愿意以代收行受托人的身份代为提货、报关、存仓、保险、出售，承认货物的所有权属代收行，货物售出后所得款项应于汇票到期日交付银行。

【案例 7-3】

我某公司向日商以D/P见票即付方式推销某商品，对方答复：如果我方接受D/P见票后90天付款，并通过其指定的A银行代收即可接受。

问题：日方提出此项要求的出发点是什么？

分析提示：日商将D/P即期改为90天远期，旨在推迟付款，以利其资金周转。而日商指定A银行作为托收业务的代收行，则是为了便于向该银行借单，以便早日获取经济利益。在一般的远期付款交单托收业务中，代收行在未经授权的情况下通常是不会轻易同意付款人借单的。该日商之所以提出通过A银行代收货款，很可能是该日商与A银行有既定融资关系，从中可以取得提前借单的便利，以达到进一步利用我方资金的目的。

凭信托收据借单通常是代收行自行决定给予进口商资金融通的一种做法，并非委托人授权。因此，如果代收行借出单据后，汇票到期收不回货款，则代收行应对委托人承担到期付款的责任。但是，如果委托人指示代收行可凭付款人出具的信托收据借单，就称为“付款交单凭信托收据借单提货”（D/P·T/R）。这样进口商在凭信托收据借单后，如在汇票到期日拒付则与代收行无关，应由委托人自行承担收不回货款的风险。

【案例 7-4】

我方出口货物一批，付款方式为D/P 30天。汇票已由买方承兑。货到目的港后，适逢行情上涨，买方即以T/R向银行借单。不久，买方公司宣告倒闭。

问题：我方于汇票到期日是否可以收回货款？

分析提示：汇票到期时，代收行应承担付款责任。因为我方在这笔业务中并未授权银行凭T/R（信托收据）提前借单，而是代收行自行其是，所以代收行应为此承担责任。

（2）承兑交单（Documents against Acceptance，D/A）。它是指出口方的交单以进口方在汇票上的承兑为条件，即进口方在汇票上履行承兑手续后，代收行将货运单据交给进口方，进口方于汇票到期时再履行付款义务。承兑交单方式只适用于远期汇票托收。采用承兑交单方式，进口方在承兑汇票后就能够取得货运单据并凭此提货；而对出口方来说，虽然进口方已承诺到期付款，但已交出了单据，就失去了货物所有权，其收款的保障只有依赖于进口方的信用。一旦进口方到期不付款，出口方便会遭受货、款两空的损失。承兑交单的程序如图7-4所示。

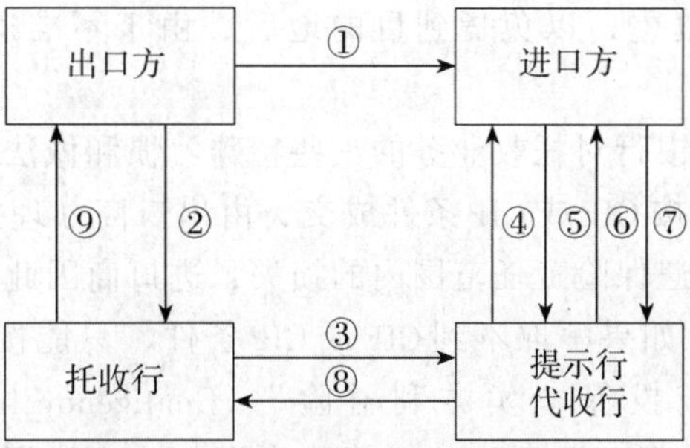

图7-4　承兑交单一般业务程序图

说明：①委托人（出口方）向付款人（进口方）发运货物；②出口方整理好全套单据（含汇票、发票、提单等）后交给托收行；③托收行将全套单据寄交代收行；④提示行向进口方提示汇票；⑤进口方见票后履行承兑责任；⑥进口方取得全套单据；⑦进口方到期履行付款责任；⑧托收行将金额如数划拨给托收行；⑨托收行将金额如数划拨给出口方。

【案例7-5】

某年6月6日，某托收行受理了一笔付款条件为D/P at sight的出口托收业务，托收行按出口商的要求将全套单据整理后寄给英国一家代收行。单据寄出5天后委托人声称进口商要求托收行将D/P at sight改为D/A at 60 days after sight，托收行按委托人的要求发出了修改指令，此后一直未见代收行发出承兑指令。当年8月19日，托收行收到代收行寄回的单据，发现3份正本提单只有2份，通过英国有关机构了解到，货物已经被进口商提走。此时，托收行要求代收行退回全部单据，否则承兑付款，但是代收行不予理睬，货款始终没有着落。

问题：从此案例中可以得到哪些启示？

分析提示：（1）对托收的商业信用性质的把握。根据《托收统一规则》（URC522）的有关规定，只要委托人向托收行做出了清楚明确的指示，银行对由此产生的任何后果不负责任，后果由委托人自行承担。

（2）对D/A与D/P之间的法律风险的区分。承兑交单比付款交单的风险大。在承兑交单条件下，进口商只要在汇票上承兑后，即可取得货运单据。

此外，还存在银行与外商相互串通的可能性，造成出口商货款与财务的双重损失。

3）托收的性质及在国际贸易中的运用

在使用托收方式时，出口商是先交货后收款，在一定程度上失去了对货物和货款的主动权，因此托收方式对出口商风险较大。从付款交单和承兑交单两种方式的比较来看，承兑交单对出口商造成的风险更大。跟单托收对出口商虽有一定的风险，但对进口商来说，可以减少费用支出，而且有利于资金融通和周转。因此在出口业务中采用托收方式有利于调动进口商的积极性，促进成交和扩大出口。所以许多出口商都把采用托收方式作为加强对外竞销的手段。但是为了收汇的安全，在采用托收方式时，应注意下列问题：

（1）调查国外进口商的资信情况和经营作风，了解有关商品的市场动态，合理确定成交金额和成交数量。

（2）了解进口国家的贸易管制和外汇管制制度。对于贸易管制和外汇管制比较严的国家，使用托收方式要慎重，以免货到目的地后，由于不准进口或收不到外汇而蒙受损失。

（3）了解有关国家的银行对托收业务的一些特殊习惯和做法。

（4）出口合同应争取按CIF或CIP条件成交，由出口商办理投保手续。这种合同项下的货物如果在运输途中遭遇保险责任范围内的损失，进口商因此不付款赎单，出口商可凭保险单向保险公司索赔。如果争取不到CIF或CIP条件，只能按CFR、CPT或FOB、FCA条件成交时，出口商应投保"卖方利益险"（Contigency Insurance Clause Covers for Sellers' Interest only），投保此险后，一旦货物在运输途中遭遇保险责任范围内的损失，进口商因此拒付时，出口商可凭该险的保险单向保险公司索赔。

（5）严格按照合同发货和提供货运单据，以免给进口商拒绝付款或拖延付款找到借口。

（6）预先在进口地找到可靠的代理人，一旦发生进口商拒付的情况，可由该代理人出面照管货物，即代为办理存仓、转售或运回等事宜。

（7）对采用托收方式收付货款的合同，要注意定期检查，及时催收清理，发现问题应迅速采取适当措施，以避免或减少可能发生的损失。

4）合同中的托收条款

（1）即期付款交单：买方应凭卖方开具的即期跟单汇票，于第一次见票时立即付款，付款后交单。（Upon first presentation，the buyers shall pay against documentary draft drawn by the sellers at sight. The shipping documents are to be delivered against payment only.）

（2）远期付款交单：买方对卖方开具的见票后××天付款的跟单汇票，于第一次提示时即予承兑，并应于汇票到期日予以付款，付款后交单。（The buyers shall duly accept the documentary draft drawn by the sellers at ×× days sight upon first presentation and make payment on its maturity. The shipping documents are to be delivered against payment only.）

（3）承兑交单：买方对卖方开具的见票后××天付款的跟单汇票，于第一次提示时即予以承兑，并应于汇票到期日予以付款，承兑后交单。（The buyers shall duly accept the documentary draft drawn by the sellers at ×× days sight upon first presentation and make payment on its maturity. The shipping documents are to be delivered against acceptance.）

● 7.3 信用证支付方式

信用证支付方式是随着国际贸易的发展，在银行参与国际贸易结算的过程中逐步形成和完善起来的。随着商业信任危机的不断加深，进出口商担心对方不履行义务而使自己遭受损失，建立在商业信用基础上的汇付和托收方式已不能完全适应国际贸易发展的需要。采用银行保证付款的信用证支付方式对出口商安全收汇更有保障，因此逐渐成为国际贸易交易中普遍采用的一种主要的支付方式。目前，我国在从事国际货物买卖中，也是以信用证作为主要的支付方式。

当然，信用证支付方式对于进出口双方的安全保障也是相对而言的。在对外交易中，不仅应注意调查对方的资信情况和经营作风，还要注意了解开证行的资信状况和偿付能力，以确保安全收汇。

7.3.1 信用证的概念及其所遵循的国际惯例

信用证（Letter of Credit，L/C）是开证行根据开证申请人的请求和开证行以自身的名义向受益人开立的在一定金额和一定期限内凭规定的单据承诺付款的书面文件。简单地说，信用证是一种银行开立的有条件的付款凭证。

信用证采用的是逆汇法，属于银行信用，它是由进口地银行应进口商（买方）的请求，开给出口商（卖方）的一种保证支付货款的书面凭证。只要卖方按照信用证条款的规定提交相应的正确单据，就有权凭此证向开证行或其指定的银行取得货款。

国际商会为明确信用证有关当事人的权利、责任、付款的定义和术语，减少因解释不同而引起各有关当事人之间的争议和纠纷，调和各有关当事人之间的矛盾，于1930年制定了《商业跟单信用证统一惯例》（Uniform Customs and Practice for Commercial Documentary Credits），并于1933年正式公布。随着国际贸易的变化，国际商会分别在1951年、1962年、1974年、1978年、1983年、1993年进行了多次修订，称为《跟单信用证统一惯例》（Uniform Customs and Practice for Documentary Credits），被各国银行和贸易界所广泛采用，已成为信用证业务的国际惯例。1993年版本，称为国际商会第500号出版物（简称《UCP500》），于1994年1月1日施行。

《跟单信用证统一惯例》（《UCP500》）共49条，包括：总则和定义、信用证的形式和通知、责任与义务、单据、杂项规定、可转让信用证和款项让渡七个部分。各条款规定了各当事方的责任范畴。

为了更好地适应新的发展势态，国际商会一直致力于对《UCP500》（《跟单信用证统一惯例》国际商会第500号出版物）的修订，受《国际备用信用证惯例》（International Standby Practices，ISP98）的影响，新版本的《跟单信用证统一惯例》尝试更加系统地编纂，在此过程中，不断引用新术语、新概念、新词汇，对信用证规则的制定展示出重大的不同方式。《跟单信用证统一惯例》国际商会第600号出版物（简称《UCP600》），经国际商会银行委员会通过，于2007年7月1日正式生效，这无疑对我国进出口企业、银行、法律、司法、船运以及保险界产生重大的影响。

7.3.2 信用证的当事人及其基本运作程序

1）信用证的当事人

一般来讲，信用证的基本当事人有四个：

（1）开证申请人（Applicant），又称开证人（Opener），是指向银行申请开立信用证的人，一般是进口商或中间商。

（2）受益人（Beneficiary），是指信用证上指明有权使用该证的人，一般为出口商。

（3）开证行（Issuing Bank），是指接受开证申请人的委托、代表申请人开立信用证的银行。

（4）通知行（Advising Bank），是指受开证行的委托，将信用证转交或通知受益人的银行。开证行一般在出口商所在地选择一家代理行作为通知行。通知行有义务证实信用证的表面真实性。

此外，还可能会出现其他当事人。

（5）保兑行（Confirming Bank），是指受开证行的请求，在开证行开出的不可撤销的信用证上加具自己的保兑责任的银行。保兑行具有与开证行相同的付款或议付的责任。

（6）议付行（Negotiating Bank），是指被授权买入或贴现受益人交来的跟单汇票的银行。

（7）付款行（Paying/Drawee Bank），是指信用证上指定的履行付款责任的银行，通常为开证行或其指定的另一银行。

（8）偿付行（Reimbursing Bank），是指信用证上指定的对议付行或付款行进行偿付的银行。

2）信用证的基本运作程序

由于信用证种类不同，信用证条款的规定各异，其业务环节和手续也不尽相同，但是从信用证方式支付的一般运作程序来看，主要经过以下基本环节。具体程序如图 7-5 所示。

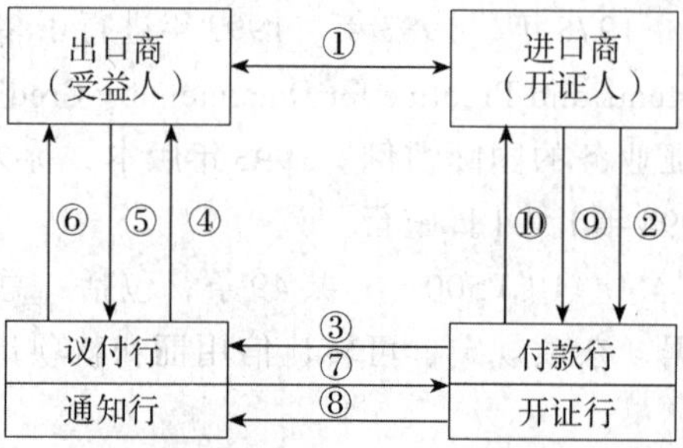

图 7-5 信用证支付的一般程序

说明：①进口商（开证人）与出口商（受益人）订立买卖合同，规定以信用证方式支付货款；②进口商向当地银行提出申请，填写开证申请书，交纳押金或提供其他担保，请开证行开证；③开证行根据申请书内容，向出口商（受益人）开出信用证，并寄发给通知行请其通知受益人；④通知行核对印鉴（或密押）无误后，将信用证通知受益人；⑤出口商（受益人）审核信用证与合同相符后，按信用证规定装运货物，并备齐各项单据，开立汇票，在信用证有效期内送交当地银行（议付行）请求议付；⑥议付行按信用证条款审核单据无误后，按照汇票金额扣除利息，把货款垫付给受益人（押汇）；⑦议付行将汇票和单据寄给开证行或其指定的付款行索偿；⑧开证行或其指定的付款行核对单据无误后，付款给议付行；⑨开证行通知开证人付款赎单，开证人验单无误后付清货款；⑩开证行将货运单据送交进口商（开证人）。

【案例 7-6】

某公司出口一批冷冻鱼，7 月 16 日接到通知行转来的一张信用证简电本。简电本中表明了 L/C 号码、商品品名、数量和价格等项目，并说明“详情后告”。该公司收到简电本后急于出口，于 7 月 20 日按照简电本规定的数量装运出口。在货物装运后制作单据时，收到了通知行转来的一张 L/C 证实书，证实书中规定的数量与简电本中的数量不符。

小资料 7-2：信用证的开立方式

问题：该公司应按照信用证证实书的规定还是按照简电本的规定制作单据？

分析提示：简电本不是有效的 L/C 文件，不能作为交单议付的依据。因此，该公司应该按信用证证实书的规定制作单据。

7.3.3　信用证的特点

信用证支付方式是开证行以自己的信用做出的有条件的付款保证，因此与建立在商业信用基础上的汇付、托收相比，具有如下特点：

1）开证行负有第一性的付款责任

信用证支付方式是以银行信用作保证的，因此，开证行应承担第一性的付款责任。按照《UCP600》的规定，在信用证业务中，开证行对受益人的付款责任是首要的、独立的。即使开证人事后丧失偿付能力，只要出口商提交的单据符合信用证条款，开证行也必须承担付款责任。

【案例7-7】

我某公司以CIF价格向美国出口一批货物，合同的签订日期为6月2日。6月28日由日本东京银行开来了不可撤销的即期L/C，金额为××万日元，信用证中规定装船期为7月份，偿付行为美国的花旗银行。中国银行收到信用证后于7月2日通知出口公司。7月10日该公司获悉国外进口商因资金问题濒临破产倒闭。

问题：该公司应如何处理？

分析提示：在信用证业务中，开证行承担第一性的付款责任。由于两个业务行，即开证行（东京银行）、偿付行（花旗银行）都是资信很高的银行，该公司可以办理出口手续，将货物出口。因此，我方应在7月份按时发货并认真制作单据，交单议付，由议付行向东京银行寄单，向花旗银行索偿。

2）信用证是一项独立自主的文件

信用证是依据买卖合同开立的，一经开立，即成为独立于买卖合同之外的契约。买卖合同是进出口商之间的契约，只对进出口双方具有约束力。而在信用证业务中，银行的权利与义务仅限于信用证的规定，并不受买卖合同的约束，也不过问是否有合同存在与合同的履行情况。

《UCP600》第4条规定：就性质而言，信用证与可能作为其开立基础的销售合同或其他合同，是相互独立的两种交易。即使信用证中提及该合同，银行也与该合同完全无关，且不受其约束。

【案例7-8】

我某公司从国外进口一批钢材，货物分两批装运，每批分别由中国银行开立一份L/C。第一批货物装运后，卖方在有效期内向银行交单议付，议付行审单后，即向外国商人议付货款，然后中国银行对议付行进行了偿付。该公司收到第一批货物后，发现货物品质与合同不符，因而要求开证行对第二份L/C项下的单据拒绝付款，但遭到开证行拒绝。

问题：开证行这样做是否有道理？

分析提示：开证行拒绝有理。按照《UCP600》第4条规定，信用证各当事人的权利和责任完全以信用证条款为依据，不受买卖合同的约束。只要出口商提交的单据符合信用证条款，开证行就必须承担付款责任。

我方该公司要求开证行拒付，实质为撤销信用证，不可撤销信用证未经有关当事人同意不得撤销。开证行在单据相符时必须付款，而不管货物是否与合同相符。有关品质不符，进口商应直接向出口商索赔。

3）信用证是一种单据交易

跟单信用证实行相符交单原则。只要受益人或其指定人提交符合信用证规定的单据，开证行就应承担付款或承兑的责任。因此，信用证业务是一种纯粹的单据业务。

《UCP600》第5条规定：银行处理的是单据，而不是单据可能涉及的货物、服务或履约行为。

《UCP600》第14条规定：银行需审核交单，并仅基于单据本身确定其是否在表面上构成相符交单。

《UCP600》第15条规定：当开证行确定交单相符时，必须承付。

《UCP600》第34条规定：银行对于任何单据的形式、充分性、准确性、内容真实性、虚假性或法律效力，或对单据中规定或添加的一般或特殊条件，概不负责；银行对任何单据所代表的货物、服务或其他履约行为的描述、数量、重量、品质、状况、包装、交付、价值或其他存在与否，或对发货人、承运人、货运代理人、收货人、货物的保险人或其他任何人的诚信与否、作为和不作为、清偿能力、履约或资信状况，也概不负责。

【案例7-9】

开证行审单无误后，已付款给受益人。但进口商对开证行赎单后，发现提单日期是倒签的，于是立即要求开证行退回货款并赔偿其他损失。

问题：进口商此举是否合理，为什么？

分析提示：根据《UCP600》的规定，银行以单证相符为付款依据，银行审单遵循表面真实性，即只要受益人提交的单据在表面上与信用证规定的条款一致，银行即承担付款责任，而不论单据是否涉及伪造或行为疏忽。因此，开证行既无退款义务，也无赔偿责任。

在信用证项下，实行单据“严格符合的原则”。《UCP600》规定的相符交单包含三点：①与信用证本身的条款和条件相符；②与《跟单信用证统一惯例》（《UCP600》）的规定相符；③与国际标准银行实务（International Standard Banking Practice，ISBP）相符。

【案例7-10】

日本某银行应当地客户的要求开立了一份不可撤销的自由议付L/C，出口地为上海，信用证中规定单证相符后，议付行可向日本银行的纽约分行索偿。上海一家银行议付了该笔单据，并在L/C有效期内将单据交开证行，同时向其纽约分行索汇，顺利收回款项。第二天开证行提出单据有不符点，要求退款。议付行经落实，确定不符点成立，但此时从受益人处得知，开证申请人已通过其他途径（未用提单）将货物提走。

问题：议付行可否以此为理由拒绝退款？

分析提示：不能拒绝退款。理由是：（1）L/C业务是纯单据业务，单证不符不能付款，银行仅处理单据，不问货物真实情况。（2）尽管开证申请人将货物提走，但是开证行并未将单据交给开证人。因此，议付行应向受益人追索所垫付的货款，退款给开证行。

小资料7-3：银行的单据审核

7.3.4 信用证的作用

采用信用证支付方式，给进出口商及银行都带来一定的好处。信用证在国际贸易结算中的作用主要表现在：

1）对出口商的作用

（1）保证出口商凭借与信用证规定相符的单据取得货款。

（2）保证出口商按时收汇。

（3）可凭信用证通过打包贷款或押汇以取得资金融通。

2）对进口商的作用

（1）保证取得代表货物所有权的单据。

（2）保证按时、按质、按量收到货物。

（3）进口商可凭自己的资信及开证行对自己的信任，少交或免交部分押金，从而取得资金融通。

3）对银行的作用

（1）可利用进口商在申请开证时交的押金或担保品为银行利用资金提供便利。

（2）在信用证业务中，银行提供的每一项服务都可取得各种收益，如开证费、通知费、议付费、保兑费、修改费等。

7.3.5　信用证的主要内容

各国银行所使用的信用证没有统一的格式，但其所包含的主要内容基本相似，主要包括：

1）关于信用证本身的说明

（1）信用证的当事人。

（2）信用证的种类。

（3）信用证金额。信用证金额主要规定该信用证项下的最高金额，需要写明小写金额和大写金额。

（4）信用证的有效期和到期地点。未规定到期日的信用证是无效的，不能使用。信用证的到期日是银行承担付款、承兑、议付货款的最迟期限，也是约束受益人交单议付的期限。凡是晚于到期日提交的单据，银行有权拒付。

信用证到期地点可以规定在出口地、进口地或第三国，一般选在出口商所在地。

【案例7-11】

德国一家银行开来金额为150 000欧元的信用证。信用证中规定有效地点为中国，装运以后的10天内提交单据。但信用证有一特殊指示，“所有单据必须于装运后的21天内寄至我方”。

出口商于4月30日装运货物，5月8日提交单据。议付行审核后以快件寄出单据。开证行5月26日发来电报称：于5月25日收到单据，并正与开证申请人联系是否接受单据。议付行迅速将电报转交给出口商。后来，经过多次谈判，买方同意接受单据。6月18日，开证行电告议付行“货款已付”，但此时已经比约定晚了约20天。卖方遭受了约800欧元的利息损失。

问题：信用证有效地点是中国还是德国？该信用证条件对出口商有什么不利之处？

分析提示：在本案例中，开证行的特殊指示实际上规定德国为议付地点。单据邮寄延误的风险由卖方自负。因为《UCP600》第35条规定：银行对单据在传递过程中发生延误或遗失而引起的后果概不负责。当银行声称单据寄至该行时，对卖方极为不利。卖方别无选择，只好与买方交涉支付问题。

(5) 信用证的交单期。《UCP600》第14条规定：凡要求提交的正本运输单据，须由受益人或其代表在不迟于本惯例所指的发运日之后的21个日历日内交单，但是在任何情况下都不得迟于信用证的截止日。

【案例7-12】

某份信用证规定最晚装运期为4月30日，最晚交单议付日为5月15日，但没有规定运输单据出单日期后须交单议付的特定期限。

问题：受益人于5月15日向议付行提交4月23日签发的提单办理议付，是否可以？

分析提示：《UCP600》第14条规定：凡要求提交的正本运输单据，须由受益人或其代表在不迟于本惯例所指的发运日之后的21个日历日内交单，但是在任何情况下都不得迟于信用证的截止日。4月23日签发的提单，受益人于5月15日向议付行交单议付，提单在出单日后超过21天（4月23日至5月15日共22天）。因此，银行不能接受单据。

2）关于装运货物的说明

(1) 有关货物的描述。信用证中对货物的描述应与合同规定相符。货物的说明要完整、明确，并力求简洁，不要加入过多的细节。

(2) 有关货物数量的增减幅度。

3）关于装运的说明

(1) 装运日期。

(2) 可否分批装运及转运。

4）关于单据条款

信用证中规定的单据主要包括商业发票、运输单据、保险单据及其他单据。

(1) 关于商业发票，《UCP600》规定，商业发票必须由受益人开立，抬头人必须是开证申请人，不需要签署。

(2) 关于运输单据，《UCP600》第19条至第27条是对运输单据的有关规定，分别对多式联运单据，提单，不可转让海运单，租船合同提单，空运单据，公路、铁路和内陆水运运输单据，快递收据，邮政收据等做出了规定。

(3) 关于保险单据，《UCP600》规定，保险单据必须由保险公司或承保人或其代理人或代表出具并签署。如果保险单据表明其以多份正本出具，则所有正本均须提交。

信用证项下各种单据的出单日期，除信用证另有规定外，银行将接受出单日期早于信用证日期的单据，但该单据必须在信用证和本惯例规定的期限内提交。由于当今的国际贸易方式多样化，不仅运输单据有买卖在途货物的问题，而且还涉及其他问题（如各种商检证书等），签发日期也可早于开证日期。因此，本条款的规定是为了适应国际贸易发展的需要。

5）特殊（别）条款

在信用证中，有时根据进口国政治、经济情况或每一笔具体业务的要求加列一些特殊（别）条款。例如，限制装运某国籍船只，或不许装运某国籍船只的条款；限制航线和港口等。此外，还应有开证行签章、开证行对受益人、汇票持有人保证付款的责任条款以及适用的国际惯例等。

不可撤销跟单信用证样例，见表7-2：

表7-2　　不可撤销跟单信用证

Issue of a Documentary Credit

FROM		BKJPYUTYA08E SESSION：000 ISN：000000 CITI BANK，OSAKA NO.216，AUMAHU，AKI_GUN，OSAKA，JAPAN
TO	:	BANK OF CHINA，NANTONG BRANCH 153，RENMING RD NANTONG，CHINA TEL：0513-3578321
Type of Documentary Credit	40A	IRREVOCABLE
Letter of Credit Number	20	LGU-002156
Date of Issue	31G 31D	20180302
Date and Place of Expiry	31D	20180330 CHINA
Applicant Bank	51D	CITI BANK，OSAKA
Applicant	50	YOUNGAN TRADING CO.
Beneficiary	59	JIAHA INTER TRADING CO.， 60，NONGJU RD NANTONG JIANGSU，CHINA
Currency Code，Amount	32B	USD 26 520.00
Available with…by…	41D	ANY BANK BY NEGOTIATION
Drafts at	42C	AT SIGHT
Drawee	42D	CITI BANK，OSAKA
Partial Shipments	43P	NOT ALLOWED
Transhipment	43T	NOT ALLOWED

Shipping on Board/Dispatch/Packing in Charge at/from

44A SHANGHAI

Transportation to	44B	OSAKA，JAPAN
Latest Date of Shipment	44C	20180320

Description of Goods or Services：45A

100PCT RAYON FABRIC CLOTH

30SX30S/56X54/40X40CM 2PLY

CIF OSAKA

CHINA ORIGIN

续表

Documents Required：46A 1.SIGNED COMMERCIAL INVOICE IN 5 COPIES. 2.FULL SET OF CLEAN ON BOARD OCEAN BILLS OF LADING MADE OUT TO ORDER AND BLANK ENDORSED，MARKED "FREIGHT PREPAID" NOTIFYING APPLICANT. 3.PACKING LIST/WEIGHT MEMO IN 4 COPIES INDICATING QUANTITY/GROSS AND NET WEIGHTS OF EACH PACKAGE AND PACKING CONDITIONSAS CALLED FOR BY THE L/C. 4.CERTIFICATE OF QUALITY IN 3 COPIES ISSUED BY PUBLIC RECOGNIZED SURVEYOR. 5.BENEFICIARY'S CERTIFIED COPY OF FAX DISPATCHED TO THE ACCOUNTEE WITH 3 DAYS AFTER SHIPMENT ADVISING NAME OF VESSEL，DATE，QUANTITY，WEIGHT，VALUE OF SHIPMENT，L/C NUMBER AND CONTRACT NUMBER. 6.CERTIFICATE OF ORIGIN IN 3 COPIES ISSUED BY AUTHORIZED INSTITUTION. 7.CERTIFICATE OF HEALTH IN 3 COPIES ISSUED BY AUTHORIZED INSTITUTION.		
ADDITIONAL INSTRUCTIONS：47A 1.CHARTER PARTY B/L AND THIRD PARTY DOCUMENTS ARE ACCEPTABLE. 2.SHIPMENT PRIOR TO L/C ISSUING DATE IS ACCEPTABLE. 3.BOTH QUANTITY AND AMOUNT 10 PERCENT MORE OR LESS ARE ALLOWED.		
Charges	71B	ALL BANKING CHARGES OUTSIDE THE OPENNING BANK ARE FOR BENEFICIARY´S ACCOUNT.
Confirmation Instructions	49	WITHOUT
Instructions to the Paying/Accepting/Negotiating Bank：78 1.ALL DOCUMENTS TO BE FORWARDED IN ONE COVER，UNLESS OTHERWISE STATED ABOVE. 2.DISCREPANT DOCUMENT FEE OF USD 50.00 OR EQUAL CURRENCY WILL BE DEDUCTED FROM DRAWING IF DOCUMENTS WITH DISCREPANCIES ARE ACCEPTED.		
"Advising through" Bank	57A	BANK OF CHINA，NANTONG BRANCH 135 RENMING RD NANTONG，CHINA TEL：0513-5341234
********other wordings between banks are omitted********		

7.3.6 信用证的种类

在国际贸易中所使用的信用证种类繁多，可以从不同的角度做不同的划分，其中比较常见的有：

1）跟单信用证和光票信用证

按信用证项下的汇票是否附有货运单据，信用证可分为跟单信用证和光票信用证。

（1）跟单信用证（Documentary Credit），是指开证行凭跟单汇票或仅凭单据付款的信用证。付款行凭信用证规定的单据支付信用证项下的款项。这里的"单据"，是指代表货物所有权的单据。跟单信用证主要用于贸易结算，是当前国际贸易支付的主要方式。

（2）光票信用证（Clean Credit），是指开证行仅凭不附单据的汇票付款的信用证或要求汇票附有非货运单据（如发票、垫款清单等）的信用证。

2）不可撤销信用证和可撤销信用证

按开证行所负的责任不同，信用证可分为不可撤销信用证和可撤销信用证。

（1）不可撤销信用证（Irrevocable Letter of Credit），是指信用证一经开出，在其有效期内，若未经受益人及有关当事人的同意，开证行不得片面修改或撤销的信用证。只要受益人提供的单据符合信用证规定，开证行就必须履行付款义务。

当然，在征得开证行、保兑行和信用证受益人同意的情况下，即使是不可撤销信用证也是可以撤销和修改的。

【案例7-13】

国外一家贸易公司与我国某进出口公司订立合同，购买小麦500吨。合同规定，7月20日前开出信用证，8月5日前装船。7月28日买方开来信用证，有效期至8月10日。由于卖方按期装船发生困难，因此去电请买方将装船期延长至8月17日，并将信用证有效期延长至8月20日，买方回电表示同意，但未通知开证行。8月17日货物装船后，卖方到银行议付时，遭到拒绝。

问题：银行是否有权拒绝议付？卖方应当如何处理此事？

分析提示：银行有权拒绝议付。因为根据《UCP600》的规定，虽然信用证是根据买卖合同开出的，但一经开出就成为独立于买卖合同的法律关系。银行只受原信用证条款约束，而不受买卖双方之间合同的约束。合同条款改变，信用证条款未改变，银行只按原信用证条款办事。买卖双方达成修改信用证的协议并未通知开证行，因此银行有权拒绝议付。（2）作为卖方，当银行拒绝议付时，可依据修改后的合同条款，直接要求买方履行付款义务。

（2）可撤销信用证（Revocable Letter of Credit），是指开证行可以不经受益人同意，也不必事先通知受益人，在议付行议付之前有权随时取消或修改的信用证。这种信用证对受益人缺乏保障，因此《UCP600》取消了这类信用证，但在《UCP500》中仍有此分类，这点应引起注意。《UCP500》第8条规定：可撤销的信用证可以由开证行随时修改或撤销，不必事先通知受益人；然而，开证行必须做到：对办理可撤销信用证项下即期付款、承兑或议付的另一家银行，在其收到修改或撤销通知之前已凭表面与信用证条款相符的单据做出的任何付款、承兑或议付者，予以偿付；对办理可撤销信用证项下延期付款的另一家银行，在其收到修改或撤销通知之前已接受表面与信用证条款相符的单据者，予以偿付。

3）保兑信用证和不保兑信用证

根据有无另一家银行在信用证上加以保证兑付，信用证可分为保兑信用证和不保兑信用证。

保兑信用证（Confirmed Letter of Credit），是指出口商为了保证安全收汇，要求开证行开出的信用证必须经另一家银行保证兑付。对信用证加以保兑的银行称为保兑行，通常是通知行，有时也可以是出口地的其他银行或第三国银行。保兑行一经保兑，就承担和开证行同样的付款责任，即当信用证规定的单据提交到保兑行或任何一家指定银行时，在完全符合信用证规定的情况下，则构成保兑行在开证行之外的确定承诺。不可撤销的保兑的L/C对出口商来说是双重保证。

未经另一家银行加具保兑的信用证则是不保兑信用证（Unconfirmed Letter of Credit）。当开证行资信良好时，通常使用不保兑信用证，即一般的不可撤销信用证。即使开证行要求另一家银行加保，如果该银行不愿意在信用证上加具保兑，则被通知的信用证仍然只是一份未加保的不可撤销信用证。通知行在给受益人的信用证通知中一般会写上：This is merely an advice of credit issued by the above mentioned bank which conveys no engagement on the part of this bank.（这是上述银行所开信用证的通知，我行只通知而不加保证。）

4）即期信用证、远期信用证和假远期信用证

根据按付款时间的不同，信用证可分为即期信用证、远期信用证和假远期信用证。

（1）即期信用证（Sight Letter of Credit），是指开证行或保兑行指定的付款行在收到符合信用证条款的跟单汇票或装运单据后，立即履行付款义务的信用证。在即期信用证中，为了加速收汇时间，有时还加列电汇索偿条款（T/T Reimbursement Clause），即指开证行允许议付行在审核各种单据与信用证相符后，可以用电报或电传通知开证行或指定付款行，说明单证相符并要求付款。开证行或其指定付款行接到电报或电传通知后，有义务立即用电汇将货款拨交议付行。

（2）远期信用证（Usance Letter of Credit），是指开证行或付款行收到信用证项下的单据时，不立即付款，而是在规定的期限内履行付款义务的信用证。它又可分为银行承兑远期信用证和延期付款信用证两种。

银行承兑远期信用证（Banker's Acceptance Letter of Credit），是指以开证行作为远期汇票付款人的信用证。这种信用证项下的汇票在承兑前，银行对受益人的权利义务以信用证为准；在承兑后，银行作为汇票的承兑人，则应对出票人、背书人、持票人承担付款责任。

延期付款信用证（Deferred Payment Letter of Credit），是指开证行在信用证中规定，开证行收单后若干天，或提单日期后若干天付款的信用证。因为这种信用证不需要受益人开立汇票，所以出口商不能利用贴现市场的资金，只能自行垫款或向银行借款。

（3）假远期信用证（Usance Letter of Credit Payable at Sight），也称买方远期信用证（Buyer's Usance Letter of Credit），是指信用证中规定受益人开立远期汇票，由付款行负责贴现，一切利息和费用由开证申请人负担。使用这种信用证，对受益人来说可以即期收到货款，但要承担远期汇票到期遭到拒付时被追索的风险。然而，对开证申请人来说，要待远期汇票到期时才向付款行付款。因此，有些进口商使用这种信用证是为了使用开证行或其指定付款行的资金。

5）可转让信用证和不可转让信用证

根据按受益人对信用证的权利可否转让，信用证可分为可转让信用证和不可转让信用证。

（1）可转让信用证（Transferable Letter of Credit），是指开证行开立的写明“可转让”字样的、受益人可以全部或部分转让给第二受益人的信用证。可转让信用证只能转让一次，转让费由第一受益人负担，但可同时转让给一个或一个以上的第二受益人。

《UCP600》第38条规定：可转让信用证系特别注明“可转让”（Transferable）字样的信用证；除非转让时另有规定，有关转让的所有费用（如佣金、手续费等）须由第一受益人支付；只要信用证允许，可以部分付款或部分发运，信用证可以分几部分同时转让给数

名第二受益人；已转让信用证不得以第二受益人的要求，转让给任何其后受益人；第一受益人不视为其后受益人。

《UCP600》还规定：信用证须准确转让原证件，必须投保的保险比例可以增加，但信用证金额、单价、截止日、交单日或最迟装运期限等内容可以减少或缩短；开证申请人和受益人的名称可以改变；第一受益人有权用自己的发票（和汇票）替换第二受益人提交的发票（和汇票），其金额不得超过原信用证金额；经过替换发票（和汇票），第一受益人可以在信用证下支取其发票与第二受益人发票间的可能产生的差额。

（2）不可转让信用证（Non-Transferable Letter of Credit），是指受益人不能将信用证的权利转让给他人的信用证。凡信用证上未注明“可转让”字样，都是不可转让信用证，实际业务中多数是这种信用证。

【案例7-14】

某一家贸易商将可转让的信用证分别转让于甲、乙两个厂商，信用证规定在一定时期内分两期装船，每次为10公吨。安排甲厂交货在后，乙厂交货在前。甲厂按期交货，而乙厂因故无法交货。

问题：该信用证是否有效？甲厂的货款是否有保障？

分析提示：买卖双方按贸易合同转让来办理各项事物。卖方之所以能够将信用证转让给第三者，是基于买方对卖方的信任，并在信用证中获得允许。但第二受益人与买方并无直接关系。《UCP600》第32条规定：如信用证规定在指定时期内分期装货，其中任何一期未按期装运，信用证对该期和以后各期货款均告失效。在本案例中，信用证规定在一定期间内分两次装船，每次为10公吨，虽然甲厂按期交货，但是乙厂因故无法交货致使这家贸易商在第一期未能按时装运，因此该信用证已失效，甲厂的货款也没有保障。

6）循环信用证

循环信用证（Revolving Letter of Credit），是指信用证被受益人全部或部分利用后，其金额又重新恢复到原金额，可再次使用，直至达到规定的次数或规定的总金额为止。循环信用证按循环计算方式不同，可分为按时间循环信用证和按金额循环信用证两种：

（1）按时间循环信用证（Revolving around Time），是指受益人在一定的时间内可多次支取信用证规定的金额的信用证。

（2）按金额循环信用证（Revolving around Value），是指信用证金额议付后，仍恢复到原金额可再度使用，直至用完规定的总金额为止的信用证。按金额循环信用证可根据恢复方式不同分为：自动循环（Automatic Revolving）信用证、非自动循环（Non-Automatic Revolving）信用证和半自动循环（Semi-Automatic Revolving）信用证三种。

循环信用证的特点是可以多次循环使用，它通常用于商品数量大，需要在较长的一段时间内分期分批交货。进口商可以不必多次开证从而节省开证费用，同时出口商也可免去多次审证的麻烦。

【案例7-15】

某集团公司以虚构进口贸易的方式，通过对外循环开立180天远期信用证，非法获取银行资金。从8月15日至8月21日，该集团公司凭借虚构的进口货物合同等，在中国银行某分行共计骗开信用证33份，议付31份，获取总金额为7 507.40万美元，造成该银行实际损失为3 549.95万美元。

问题：开证行应吸取什么教训？

分析提示：通过对外循环开立180天远期信用证，有一个较长的时间差，隐蔽性大，不易察觉，能配合其他条件实施诈骗。对于此类信用证的风险应予以重视和防范。开证时要求缴足开证保证金，加强资金监管。

7）对开信用证

对开信用证（Reciprocal Letter of Credit），是指两张信用证的开证申请人互以对方为受益人而开立的信用证。对开信用证的特点是第一张信用证的受益人（出口商）是第二张信用证的开证申请人和受益人，第一张信用证的通知行通常是第二张信用证的开证行。两张信用证的金额相等或大体相等，两证可同时互开，也可先后开立。对开信用证多用于易货贸易或来料加工和补偿贸易业务。

8）对背信用证

对背信用证（Back to Back Letter of Credit），是指受益人要求原证的通知行或其他银行以原证为基础，另开一张内容相似的信用证给第三者，新证称为对背信用证，又称转开信用证。对背信用证的受益人可以是国外的，也可以是国内的。对背信用证的内容除开证申请人、受益人、金额、单价、装运期限、有效期限等可以变动外，其他条款一般与原证相同。由于对背信用证的条款在修改时，新证的开证申请人须征得原证开证申请人的同意，因此修改比较困难，所需时间也较长。对背信用证主要用于以下几种情况：中间商转售他人货物，从中谋利；两国不能直接进行进出口贸易而需要通过第三国；原证是不可转让的；原证的受益人不能提供全部规定的货物。

9）预支信用证

预支信用证（Anticipatory Letter of Credit），是指开证行授权代付行（通常是通知行）向受益人预付信用证金额的全部或一部分，由开证行保证偿还并负担利息。预支信用证与远期信用证相反，是由开证申请人付款在先，受益人交单在后。

10）付款信用证和议付信用证

按付款方式不同，信用证可分为付款信用证和议付信用证。

（1）付款信用证（Payment Letter of Credit），是指指定某一银行付款的信用证。付款信用证一般不要求受益人开具汇票，而仅凭受益人提交的单据付款。另外，前面讲到的即期信用证中不要求开具汇票，仅凭单据立即付款和延期付款的信用证均属付款信用证。

（2）议付信用证（Negotiation Letter of Credit），是指开证行允许受益人向某一指定银行或任何银行交单议付的信用证。议付，是指议付行对汇票和（或）单据付出对价。只审核单据而不支付对价，不能构成议付。议付信用证按是否限定议付行分为两种：①限制议付信用证（Restricted Negotiation Letter of Credit），是指开证行指定某一银行或开证行自己进行议付的信用证。②公开议付信用证（Open Negotiation Letter of Credit），又称自由议付信用证（Freely Negotiation Letter of Credit），是指开证行对愿意办理议付的任何银行做出公开议付邀请和普遍付款承诺的信用证，即任何银行均可按信用证条款自由议付的信用证。

11）备用信用证

小资料7-4
信用证的结算

备用信用证（Standby Letter of Credit），又称商业票据信用证（Commercial Paper Letter of Credit）、担保信用证或保证信用证（Guarantee Letter of Credit），是指开证行应开证申请人的要求，对受益人开立的承诺承担某项义务的凭证，一般用于投标、还款或履约保证。

备用信用证的运作程序是：开证行根据开证申请人的请求向受益人开出备用信用证；开证申请人按照合同履行其义务；开证申请人根据合同的规定履行了其应尽的义务，备用信用证便自动失效，此时全部交易即告结束；开证申请人未能根据合同的规定履行其应尽的义务，受益人可按照备用信用证的规定向开出备用信用证的银行提出索款要求，通常是提交一份开证申请人未履行合同义务的声明；开证行经审查认为受益人所提交的声明符合备用信用证的规定，即按约定向受益人支付信用证金额，并从开证申请人处获得偿付。

【拓展阅读7-1】

备用信用证与跟单信用证的区别

（1）使用条件不同。跟单信用证的受益人只要履行信用证条件，即可向开证行要求付款，而备用信用证的受益人只有在开证申请人未履行其义务时，才能使用该证要求开证行付款。如果开证申请人按期履行其义务，则受益人就无须使用备用信用证。

（2）付款依据不同。跟单信用证的受益人只要根据信用证规定提交货运单据，开证行就会据以付款，而备用信用证是开证行凭借受益人出具的说明开证申请人未能履行其义务的证明文件保证付款。

（3）适用范围不同。跟单信用证一般只用于货物买卖的支付，而备用信用证可用于投标、借贷、履行合约等违约行为的偿付。

7.3.7　合同中的信用证条款

（1）不可撤销即期信用证。例如，买方应于××年×月×日前（或接到卖方通知后××天内或签约后××天内），通过卖方可以接受的银行，开出以卖方为受益人的（由××银行保兑）不可撤销的（可转让的）全部发票金额的即期信用证。信用证有效期限延至装运日期后××天在中国到期。

The Buyers shall arrange with a bank acceptable to the Sellers for opening an Irrevocable (Transferable) Letter of Credit in favor of the Sellers (confirmed by ×× bank) before… (or within ×× days after receipt of the Sellers' advice or within ×× days after signing of this contract). The said Letter of Credit shall be available by sight draft(s) for full invoice value and remain valid for negotiation in China until ×× days after the date of shipment.

如要求电报索汇，可在上述条款内加列信用证应列明收到议付电报通知后即以电汇偿付。

The Letter of Credit must stipulate that reimbursement is to be made telegraphically upon receipt of the cable of negotiation.

（2）远期信用证。例如，买方应于××年×月×日前（或接到卖方通知后××天内或签约后××天内）通过卖方可接受的银行开立以卖方为受益人的不可撤销的（可转让的）见票后××天（或装船后××天）付款的银行承兑信用证。信用证议付有效期限延至装运期后××

天在中国到期。

The Buyers shall arrange with a bank acceptable to the Sellers for opening an irrevocable (transferable) Banker's Acceptance Letter of Credit in favor of the Sellers before… (or within ×× days after receipt of Sellers' advice or within ×× days after signing of this contract).The said letter of credit shall be available by draft(s) at ×× days sight (or ×× days after shipment) and remain valid for negotiation in China until ×× days after the time of shipment.

7.4 各种支付方式的结合使用

在国际贸易中，一笔交易一般经双方协商采用一种上述介绍的支付方式，但有时为了促进交易的达成，也可以将两种或多种支付方式结合使用。

7.4.1 信用证与汇付相结合

信用证与汇付相结合，是指部分货款用信用证方式支付，余款用汇付方式支付。这种结合通常有两种情况：

1）先汇付后信用证

先汇付后信用证，即先由进口商以汇付的方式向出口商支付一定的资金，作为定金或部分预付款，其余货款在货物装运后，由出口商凭信用证和规定的单据收取。

2）先信用证后汇付

先信用证后汇付，即大部分货款在货物装运后，由出口商凭信用证及规定的单据收取，余款在货物抵达目的地后，通过检验确定货物的品质、数量或重量后再行汇付。当采用这种方式时，应明确规定使用何种信用证、何种汇付方式以及采用信用证支付金额的比例等，以防出现争议。

7.4.2 信用证与托收相结合

信用证与托收相结合又称部分信用证、部分托收，即指一笔交易的货款部分用信用证支付，其余部分用托收方式结算。具体做法通常是：信用证规定受益人（出口商）开立两张汇票，属于信用证部分货款凭光票付款，而全套货运单据则附在托收汇票项下，按即期或远期付款交单托收。

为了防止信用证项下的部分货款收取后，进口商拒付托收款项而单据已被取走的风险，在出口合同中支付条款应做如下规定：买方须在装运月份前××天送达卖方不可撤销信用证，规定××%的发票金额凭即期光票支付，其余××%的发票金额用跟单托收方式（即期或远期）付款交单。全套货运单据附于托收项下，在买方付清发票的全部金额后交单。如买方不能付清全部发票金额，则货运单据须由开证行掌握，凭卖方指示处理。

Payment by Irrevocable Letter of Credit to reach the Sellers ×× days before the month of shipment stipulating that ××% of the invoice value available against clean draft, while the remaining ××% against the draft (at sight or at ×× days after sight) on collection basis. The full set of shipping documents shall accompany the collection draft and shall only be released after full payment of the invoice value. If the Buyers fail to pay the full invoice value, the shipping documents shall be held by the issuing bank at the Seller's disposal.

同时，在合同中还要规定买方在信用证中应列入上述条款。

The above terms should be explicitly included in the establishing Letter of Credit.

7.4.3 托收与汇付相结合

托收与汇付相结合一般是指在跟单托收方式下，出口商要求进口商以汇付方式支付一定的押金或预付款。在货物装运后，出口商可从货款中扣除已预付的款项，余款通过银行托收。如果托收金额被拒付，则出口商可以押金或预付款来抵偿自己的损失。

7.4.4 汇付、托收和信用证三者相结合

在成套设备、大型机械产品和交通工具的交易中，因为成交金额较大，产品周期长，通常采用按工程进度或交货进度分若干期付清货款，即分期付款和延期付款的方法，一般采用汇付、托收和信用证三者相结合的方式。

1）分期付款（Pay by Installments）

买卖双方在合同中规定，在产品投产前，买方可采用汇付方式，先交部分货款作为定金，卖方在买方付出定金前，应向买方提供出口许可证影印本和银行开具的保函。除定金外，其余货款，可按不同阶段分期支付，买方开立不可撤销的信用证即期付款。但最后一笔货款一般是在交货或卖方承担质量保证期满时付清。货物所有权则在付清最后一笔货款时转移。在分期付款条件下，货款在交货时付清或基本付清，因此按分期付款条件所签订的合同是一种即期合同。

2）延期付款（Deferred Payment）

在成套设备和大宗交易中，可采用延期付款的办法。其做法是：买卖双方签订合同后，买方一般要预付一小部分货款作为定金，有的合同还规定，按工程进度和交货进度分期支付部分货款，但大部分货款是在交货后若干年内分期摊付，即采用远期信用证支付。买方应承担延期付款的利息，在延期付款的条件下，货物所有权一般在交货时转移。

采用延期付款时，虽然其做法与分期付款类似，但是二者有所不同，主要有以下区别：

（1）货款清偿程度不同。采用分期付款时，其货款交货时付清或基本付清；采用延期付款时，大部分货款是在交货后一个相当长的时期内分期摊付。

（2）所有权转移时间不同。采用分期付款时，只要付清最后一笔货款，货物所有权即转移；采用延期付款时，货物所有权一般在交货时转移。

（3）支付利息费用不同。采用分期付款时，买方没有利用卖方的资金，因而不存在利息问题；采用延期付款时，买方利用了卖方的资金，因而买方须向卖方支付利息。

延期付款是买方利用外部资金的一种形式，一般货价较高。因此，在按延期付款条件签订合同时，应结合利息、费用和价格等因素综合考虑，权衡得失，然后做出适当选择。

【拓展阅读7-2】

SWIFT信用证

SWIFT（Society for Worldwide Interbank Financial Telecommunications，环球银行金融电信协会）是国际银行同业间的国际合作组织，成立于1937年。目前，全球大多数国家的多数银行已使用SWIFT系统。SWIFT系统为银行的结算提供了安全、可靠、快捷、标准

的通信业务，从而大大提高了银行的结算速度。SWIFT系统的特点包括：

（1）需要会员资格。我国的大多数专业银行都是其会员。

（2）费用较低，高速度。同样多的内容，SWIFT的费用只有电传（TELEX）费用的18%左右、电报（CABLE）费用的2.5%左右。

（3）安全性较高。SWIFT的密押比电传的密押可靠性强、保密性高，且自动化程度较高。

（4）格式具有标准化。SWIFT的电文有着统一的要求和格式。因此，目前信用证的格式主要采用SWIFT电文的格式。

SWIFT MT700/701跟单信用证标准格式，分别见表7-3和表7-4。

表7-3 MT 700 ISSUE OF A DOCUMENTARY CREDIT

M/O 选择	Tag 标记	Field Name 栏目名称	Content/Options 结构/选项
M	27	Sequence of Total	1!n/1!n
M	40A	Form of documentary Credit	24x
M	20	Documentary Credit Number	16x
O	23	Reference to Pre-Advice	16x
O	31C	Date of Issue	6!n
M	31D	Date and Place of Expiry	6!n29x
O	51a	Applicant Bank	A or D
M	50	Applicant	4*35x
M	59	Beneficiary	[/34x] 4*35x
M	32B	Currency Code, Amount	3!a15d
O	39A	Percentage Credit Amount Tolerance	2n/2n
O	39B	Maximum Credit Amount	13x
O	39C	Additional Amounts Covered	4*35x
M	41a	Available With… By …	A or D
O	42C	Drafts at …	3*35x
O	42a	Drawee	A or D
O	42M	Mixed Payment Details	4*35x
O	42P	Deferred Payment Details	4*35x

续表

M/O 选择	Tag 标记	Field Name 栏目名称	Content/Options 结构/选项
O	43P	Partial Shipments	1*35x
O	43T	Transhipment	1*35x
O	44A	Loading on Board/Dispatch/Taking In Charge at/from	1*65x
O	44B	For Transportation to …	1*65x
O	44C	Latest Date of Shipment	6!n
O	44D	Shipment Period	6*65x
O	45A	Description of Goods and/or Services	100*65x
O	46A	Documents Required	100*65x
O	47A	Additional Conditions	100*65x
O	71B	Charges	6*35x
O	48	Period for Presentation	4*35x
M	49	Confirmation Instructions	7!x
O	53a	Reimbursing Bank	A or D
O	78	Instructions to the Paying/Accepting/Negotiating Bank	12*65x
O	57a	“Advise Through” Bank	A，B or D
O	72	Sender to Receiver Information	6*35x

说明：M=Mandatory　O=Optional

表7-4　MT 701 ISSUE OF A DOCUMENTARY CREDIT

M/O 选择	Tag 标记	Field Name 栏目名称	Content/Options 结构/选项
M	27	Sequence of Total	1!n/1!n
M	20	Documentary Credit Number	16x
O	45B	Description of Goods and/or Services	100*65x
O	46B	Documents Required	100*65x
O	47B	Additional Conditions	100*65x

说明：M=Mandatory　O=Optional

● 课堂讨论

7.1 汇票、本票和支票的含义是什么？简述它们之间的主要区别。

7.2 托收的含义和特点是什么？

7.3 简述信用证的含义、性质和特点。

7.4 信用证有哪些种类？试简述每种信用证的含义和使用条件。

● 知识掌握

7.1 出口采用托收方式时应注意哪些问题？

7.2 为什么在采用托收时，一般应争取选用CIF或CIP贸易术语？

7.3 简述信用证支付方式的基本运作程序。

7.4 什么是备用信用证？它与跟单信用证有什么不同？

7.5 分期付款与延期付款有什么区别？

● 知识应用

□ 案例分析

7.1 出口方委托银行以远期付款交单方式向进口方代收货款。货到目的地后，进口方凭信托收据向代收行借取了全套货运单据先行提货销售，但因经营不善而亏损，无法向银行支付货款。试问出口方应向谁追偿？为什么？

7.2 某出口公司（出口方）按CIF条件，凭不可撤销L/C向某外商出售货物一批。该外商按合同规定开来的L/C经出口方审核无误，出口方在L/C规定的装运期内将货物装上海轮，并在装运前向保险公司办理了货运保险。但装船完毕后不久，海轮起火爆炸沉没，该批货物全部灭失，该外商闻讯后来电表示拒绝付款。试问出口方应如何处理？根据《2010年国际贸易术语解释通则》和《UCP600》分别说明理由。

7.3 信用证规定，装船时间不得迟于2月1日，信用证的有效期限为2月15日之前，在中国议付有效。因运输问题，经买方同意，开证行通知议付行装船时间修改为“不迟于2月11日”。出口方如期装运后，于2月20日备妥全套单据向银行办理议付，却遭到拒付。请分析银行拒付的原因。

7.4 我国A公司收到国外开来的不可撤销L/C，由设在我国的某外资银行通知并加以保兑。A公司在货物装运后，正要将有关单据交银行议付时，接到该外资银行通知，由于开证行宣布破产，该外资银行不再承担此L/C的付款责任。试问A公司应如何处理？

7.5 某公司（卖方）与欧洲某客户（买方）达成一笔圣诞节应季礼品的出口交易。合同规定的交货期限为8月1日前，但未对买方的开证时间予以规定。卖方于7月上旬开始向买方催开L/C，经多次催证，买方于7月25日开具L/C。卖方于8月5日将货物装运完毕，当卖方向银行提交单据时遭到银行拒付。试问银行拒付有无道理？为什么？此案例中，卖方有哪些失误？

7.6　有一国外开来的信用证，信用证内规定“不得分批装运（Partial Shipment are not Allowed）”，假如受益人将该批货物分为两票（Two Lots）装在同一航次同一条船上，并凭两份提单向银行交单议付。试问银行有无以“不得分批装运”为理由拒付的权利？为什么？

7.7　国外开来不可撤销L/C，信用证中规定最迟装运期限为8月31日，议付有效期限为9月15日。我方按照信用证中规定的装运期限完成装运，并取得签发日期为8月10日的提单，当我方备齐议付单据于9月4日向银行议付时，遭到银行拒付。试问银行拒付是否有道理？为什么？

7.8　有一银行开来的信用证，信用证中规定“于或约于2018年7月15日装船（Shipment to be Effected on or about 15th July，2018）”，受益人于7月8日装船，并向银行提交了一份7月8日签发的提单，但遭到银行拒付。试问在上述情况下，银行有无拒付货款的权利？为什么？

7.9　青岛某公司以CIF条件对外出口一批货物，买方开来了保兑信用证，该信用证规定“银行收到符合要求的单据后付款90%，余下10%的货款等货物到达目的港后，买方通知银行方可支付”。当货轮到达目的港外海时，接到当地港务局通知，因目的港拥挤，货轮在该港的辅助港卸货。于是，买方以货物未在约定港口卸货为由，拒付剩余货款。试问：（1）买方拒付的理由是否合理？为什么？（2）出口方可否要求付款行及保兑行付款？（3）从本案例中，卖方应吸取什么教训？

□ 操作题

7.1　有四笔出口业务，付款方式分别为：

（1）D/P即期（D/P）（D/P at sight）；

（2）D/P见票30天（D/P at 30 days after sight）；

（3）D/A见票30天（D/A at 30 days after sight）；

（4）D/P见票30天，凭信托收据借取单据。

问题：寄单邮程为7天，托收日期为7月1日。若不计银行合理工作时间，以上四笔业务的提示日、承兑日、付款日、交单日各为哪一天？

7.2　根据信用证内容，回答问题。

FROM：INDUSTRIAL BANK OF JAPAN，LIMITED，TOKYO

TO：BANK OF CHINA，SHANGHAI

SEQUENCE OF TOTAL：27：1/1

FORM OF DOC. CREDIT：40A：IRREVOCABLE

DOC. CREDIT NO.：20：ILC136107800

DATE OF ISSUE：31C：20181015

DATE AND PLACE OF EXP.：31D：20181215 IN THE COUNTRY OF BENEFICIARY

APPLICANT：50：ABC COMPANY，1-3 MACHI KU STREET，OSAKA，JAPAN

BENEFICIARY：59：SHANGHAI DA SHENG CO.，LTD. UNIT C 2/F JINGMAO TOWER，SHANGHAI，CHINA.

CURRENCY CODE，AMOUNT：32B：USD21 240.00

AVAILABLE WITH/BY… 41D：ANY BANK BY NEGOTIATION

DRAFTS AT…：42C：SIGHT FOR 100 PCT INVOICE VALUE

DRAWEE：42D：THE INDUSTRIAL BANK OF JAPAN，HEAD OFFICE

PARTIAL SHIPMENT：43P：ALLOWED

TRANSSHIPMENT：43T：NOT ALLOWED

LOAD/DISPATCH/TAKING IN CHARGE AT/FROM：44A：CHINESE PORTS

FOR TRANSPORTATION TO…：44B：OSAKA/TOKYO

LATEST DATE OF SHIPMENT：44C：20181130

DESCRIP TIDN OF GOODS/SERVICE：45A：4 000 PCS “DIAMOND” BRAND CLOCK ART NO.791 AT USD5.31 PER PIECE CIF OSAKA/TOKYO PACKED IN NEW CARTONS

DOCUMENTS REQUIRED：46A：

IN 3 FOLD UNLESS OTHERWISE STIPULATED：

1.SIGNED COMMERCIAL INVOICE .

2.SIGNED PACKING LIST.

3.CERTIFICATE OF CHINESE ORIGIN.

4.BENEFICIARY'S CERTIFICATE STATING THAT ONE SET OF ORIGINAL SHIPPING DOCUMENTS INCLUDING ORIGINAL “FORM A” HAS BEEN SENT DIRECTLY TO THE APPLICANT.

5.COPY OF TELEX FROM APPLICANT TO SUPPLIERS APPROVING THE SHIPPING SAMPLE.

6.INSURANCE POLICY OR CERTIFICATE ENDORSED IN BLANK FOR 110 PCT OF CIF VALUE，COVERING W.P.A RISK AND WAR RISK .

7.3/3 PLUS ONE COPY OF CLEAN ON BOARD OCEAN BILLS OF LADING，MADE OUT TO ORDER AND BLANK ENDOR SED MARKED “FREIGHT PREPAID” AND NOTIFY APPLICANT.

ADDITIONAL CONDITION：47A：

ALL DRAFTS DRAWN HEREUNDER MUST BE MARKED “DRAWN UNDER INDUSTRIAL BANK OF JAPAN，LTD.，HEAD OFFICE，CREDIT NO. ILC136107800 DATED OCT.15，2018” AND THE AMOUNT OF SUCH DRAFTS MUST BE ENDORSED ON THE REVERSE OF THIS CREDIT.

T/T REIMBURSEMENT IS NOT ACCEPTABLE

DETAILS OF CHARGES 71 B：ALL BANKING CHARGES OUTSIDE JAPAN ARE FOR BENEFICIARY'S ACCOUNT

CONFIRMATION 49：WITHOUT

SPECIAL INSTRUCTION TO THE PAYING/ACCEPTING/NEGOTIATING BANK 78：ALL DOCUMENTS INCLUDING BENEFICIARY'S DRAFTS MUST BE SENT BY COURIER SERVICE DIRECTLY TO OUR HEAD OFFICE. MARUNOUCHI，CHIYODA-U，TOKYO，JAPAN 100，ATTN. INTERNATIONAL BUSINESS DEPT. IMPORT SECTION，IN ONE LOT. UPON OUR RECEIPT OF THE DRAFTS AND DOCUMENTS，WE SHALL MAKE PAYMENT AS INSTRUCTED BY YOU.

根据上述信用证内容，回答下列问题：

（1）该信用证的种类。

（2）该信用证的有效期限、交单日期。

（3）如果已装船提单的签发日为11月15日，则受益人最迟应在何时向银行交单？

（4）该信用证项下汇票的种类、汇票的付款人。

（5）受益人应提交的单据种类及份数。

第8章 商品检验与检疫

学习目标

在学习完本章之后，你应该能够：

了解进出口商品检验与检疫的重要性与必要性；

明确进出口商品检验与检疫的含义与内容；

熟知检验证书的种类、检验机构和检验标准；

掌握商检时间和地点的具体规定方法。

【引例】

某年10月，中国某进出口公司（以下简称中方）从美国某公司（以下简称美方）进口一批美国东部黄松，共计6 942千板英尺，货值数百万美元，货物的目的港是上海。原买卖合同规定“按照美国西部检验标准检验”。但是在信用证开出前，美方提出将合同的检验标准修改为“按美国西部标准或东部标准检验”，中方没有过多思考，同意了美方的要求，并按此条款开出了信用证。货物运抵上海后，上海海关按照我国进口美国黄松通用的美国西部标准对货物进行了检验，检验结果表明货物共短少材积3 948千板英尺，短少比率达到了57%，价值100多万美元。根据调查，美国东部标准与西部标准计算材积的方法是完全不同的，二者的材积差距40%以上。美方正是钻了这个差别的空子，使中方公司受到了巨大的损失。

从以上的案例中可以看出：进出口商品的检验与检疫是国际贸易业务中不可缺少的一环，进出口合同中的检验条款在国际货物买卖中占有十分重要的地位。

在国际货物买卖中，由于买卖双方相距遥远，货物在长途运输过程中可能发生残损、短少甚至灭失，尤其是在凭单证交接货物的交货条件下，买卖双方对所交货物的品质、数量等问题更易产生争议。因此，为了便于查明货损、货差原因和确定责任归属，以利于货物的交接和交易的顺利进行，就需要对货物进行检验、检疫或鉴定，并为此出具检验检疫证书，商品检验检疫证书一般也是交单议付时必备的单证之一。由此可见，做好进出口商品的检验与检疫，以及在进出口合同中约定好商品检验与检疫的条款，对国际贸易的顺利进行都有十分重要的意义。

8.1　进出口商品检验与检疫的重要性

国际货物买卖中的商品检验与检疫（以下简称商品检验或商检），是指商品检验检疫机构对成交商品的品质、数量、重量、包装、卫生、安全、装运条件，以及对涉及人员的传染病、疫情和动植物的病虫害、疫情等项目进行检验、检疫和监督管理的工作。由于商品检验直接关系到买卖双方在货物交接方面的权利与义务，特别是某些进出口商品的检验与检疫工作，还直接关系到本国的国民经济的顺利发展、协调生态环境的平衡、保证人民的健康和动植物的生长、维护国家安全及本国出口商品质量的提高和出口贸易的发展。因此，许多国家的法律和国际公约都对商品的检验与检疫问题做出了明确规定。

《中华人民共和国进出口商品检验法》第5条规定，列入由国家商检部门制定、调整必须实施检验的进出口商品目录的进出口商品由商检机构实施检验。该条款同时规定，凡是列入此目录的进出口商品，除非符合国家规定的免予检验条件，否则，进口商品未经检验的，不准销售、使用；出口商品未经检验合格的，不准出口。

《联合国国际货物销售合同公约》第38条也对货物的检验问题做出了明确规定，买方必须在按实际情况可行的最短时间内检验货物或由他人检验货物。如果合同涉及货物的运输，检验可推迟到货物到达目的地后进行。

上述各种有关商品检验的规定都体现了一个共同的原则，即除非买卖双方另有约定，否则买方在接受货物之前应享有对所购买的货物进行检验的权利。但需要注意的是，买方对货物的检验并不是强制性的，也不是买方接受货物的前提条件。也就是说，如果买方没有利用合理的机会检验货物，那就等于其自动放弃了检验货物的权利。另外，如果合同中的检验条款规定以卖方的检验为准，那么就排除了买方检验货物的权利。

【案例8-1】

我方售货给加拿大的甲商，甲商又将货物转售给英国的乙商。货物运抵加拿大后，甲商发现货物存在质量问题，但仍将原货运往英国，乙商收到货物后，除发现货物质量问题外，还发现有80包货物的包装破损，货物短少严重，因而向甲商索赔，甲商又向我方提出索赔。

问题：我方是否应负责赔偿？为什么？

分析提示：若买方没有利用合理的机会检验货物，则其放弃了检验货物的权利，也丧失了拒收货物的权利。在本案例中，甲商的情况即是如此，因此甲商丧失了索赔权。

8.2　检验检疫机构

在国际货物贸易中，买卖双方除自行对货物进行必要的检验外，通常还要委托独立于买卖双方之外的第三方对货物进行检验。虽然有时买卖双方未要求对所交易的商品进行检验，但是根据有关法律或法规的规定，必须由某机构进行检验，经检验合格后方可出境或入境。这种根据客户的委托或有关法律、法规的规定对进出口商品进行检验、鉴定和监督管理的机构，就是商品检验检疫机构，简称检验机构或商检机构。

8.2.1 国际上的商品检验检疫机构

国际上的商品检验机构，其种类繁多，名称各异，有的称为公证行（Authentic Surveyor）、宣誓衡量人（Sworn Measurer），有的称为实验室（Laboratory），检验机构的类型大体可归纳为官方检验机构、半官方检验机构和非官方检验机构三种。

（1）官方检验机构。它是指由国家或地方政府投资，按照国家有关法律法令对进出口商品实施强制性检验、检疫和监督管理的机构，如美国的食品药物管理局、动植物健康检查署、粮谷检验署和日本的通商产业省检验所等。

（2）半官方检验机构。它是指一些有一定权威的、由国家政府授权、代表政府行使某项商品检验或某一方面检验管理工作的民间机构。例如，根据美国政府的规定，凡是进口与防盗信号、化学危险品有关的以及与电器、供暖、防水等有关的产品的安全检验和鉴定，必须经美国保险人实验室（Underwriter's Laboratory）这一半官方检验机构检验认证合格，并贴上该实验室的英文缩写标志"UL"后，该产品方可进入美国市场。

（3）非官方检验机构。它主要是指由私人创办的具有专业检验、鉴定技术能力的公证行或检验公司，如英国的劳合社公证行（Lloyd's Surveyor）、瑞士通用公证行（Société Générate de Surveillance，SGS）等。

8.2.2 我国的商品检验机构

中华人民共和国成立后，我国一般进出口商品的检验工作主要是由中华人民共和国进出口商品检验局及其在各省、自治区、直辖市及进出口口岸、进出口商品集散地设立的分支机构来承担的。同时，各专业部门的检验机构也根据专业特点和国家的安排分别承担有关进出口商品的专业检验工作。这些机构包括：农业部的中华人民共和国动植物检疫所及其所属各省、自治区、直辖市和陆、海、空港口的检疫局；交通部的中华人民共和国船舶检验局和各地的分局；卫生部的中华人民共和国卫生检疫所、中华人民共和国药品检验所、食品卫生检验所等。

1980年，为了适应改革开放后我国对外贸易迅速发展的需要，我国成立了中国进出口商品检验总公司，并在各省、自治区、直辖市开办了分公司，以非官方机构的身份，独立开展进出口商品的检验、鉴定业务，签发相应的证书，并为进出口双方当事人提供有关商品检验的咨询工作。

1988年7月，为改变我国进出口商品检验工作由多家机构承担的状况，原国家商检局、原卫生部检疫局、原农业部动植物检疫局共同组建了中华人民共和国进出境检验检疫局（State Administration of Exit and Entry Inspection and Quarantine of the People's Republic of China，CIQ），简称国家出入境检验检疫局或中国出入境检验检疫局，对我国的出入境商品检验进行统一的管理。

2001年4月，为了符合WTO对商品检验与质量监督的要求，也为了使我国的商品检验和技术认证与监督制度与国际接轨，国务院决定将国家质量技术监督局与国家出入境检验检疫局合并，组建中华人民共和国国家质量监督检验检疫总局，主管全国的质量、计量、进出境商品检验、出入境卫生检疫，出入境动植物检疫和认证、认可、标准化等工作，并行使行政执法职能。国家质量监督检验检疫总局的成立，标志着我国进出口商品检验工作进入了一个新的时期。

2018年3月，根据第十三届全国人民代表大会第一次会议审议批准的国务院机构改革方案，将国家质量监督检验检疫总局的职责整合，组建中华人民共和国国家市场监督管理总局；将国家质量监督检验检疫总局的出入境检验检疫管理职责和队伍划入海关总署；将国家质量监督检验检疫总局的原产地地理标志管理职责整合，重新组建中华人民共和国国家知识产权局，不再保留中华人民共和国国家质量监督检验检疫总局。商检融入海关，标志着我国进出口商品检验工作又进入了一个新的时期。

● 8.3　检验时间与地点

确定商品检验时间与地点，实际上就是确定买卖双方中哪一方行使对货物的检验权的问题，即确定检验结果以哪一方提供的检验证书为准。检验权，是指买方或卖方有权对所交易的货物进行检验，其检验结果作为交付与接受货物的依据。谁享有对货物的检验权，谁就享有了对货物的品质、数量、包装等项内容进行最后评定的权利。由此可见，如何规定检验时间与地点是直接关系到买卖双方切身利益的重要问题，是交易双方商定检验条款的核心所在。

在国际货物买卖合同中，根据国际贸易习惯做法和我国的业务实践，有关检验时间与地点的规定办法，可归纳为以下四种。

1）在出口国检验

在出口国检验又可分为产地（工厂）检验和装运港（地）检验两种。

（1）产地（工厂）检验。它是指货物在产地出运或工厂出厂前，由产地或工厂的检验部门或由买方的验收人员进行检验和验收，并由买卖合同中规定的检验机构出具检验证书，作为卖方所交货物的品质、数量等项内容的最后依据。卖方只承担货物离开产地或工厂前的责任，对于货物在运输途中所发生的一切变化，卖方概不负责。

（2）装运港（地）检验。它又称“离岸品质、离岸重量”，是指货物在装运港或装运地交货前，由买卖合同中规定的检验机构对货物的品质、重量（数量）等项内容进行检验鉴定，并以该检验机构出具的检验证书作为最后依据。卖方对交货后货物所发生的变化不承担责任。

采用上述两种规定办法时，即使买方在货物到达目的港或目的地后，自行委托检验机构对货物进行复验，也无权对商品的品质、重量（数量）向卖方提出异议，除非买方能证明，所收到的货物与合同规定不符是由于卖方的违约或货物的固有瑕疵所造成的。可见，这两种规定办法，从根本上否定了买方的复验权，对买方极为不利。

2）在进口国检验

在进口国检验，是指在进口国目的港，将货物运至买方营业处或最终用户所在地进行检验。在进口国检验又可分为目的港（地）检验和买方营业处所（最终用户所在地）检验。

（1）在目的港（地）检验。它又称“到岸品质、到岸重量”，是指货物运达目的港或目的地时，由合同规定的检验机构对货物的品质、重量（数量）、包装进行检验，并出具相应的检验证书，作为决定货物品质和重量的最后依据。采用这种规定方法时，买方有权根据货物运抵目的港或目的地时的检验结果，对属于卖方责任的品质、重量（数量）不符点，向卖方索赔。

（2）买方营业处所（最终用户所在地）检验。对于一些因使用前不便拆开包装或因不具备检验条件而不能在目的港或目的地检验的货物，如密封包装货物、精密仪器等，通常是在买方营业处所（最终用户所在地），由合同规定的检验机构在规定的时间内进行检验，并以该机构出具的检验证书，作为判断卖方交货品质、数量等项内容是否符合合同规定的最终依据。

采取上述两种规定办法时，卖方必须保证货物到达目的港时货物的品质、重量（数量）、包装与合同规定相符。如果货物在品质、重量（数量）等方面存在的不符点，属于卖方责任所致，则买方有权凭货物在目的港、目的地或买方营业处所（最终用户所在地）的检验机构出具的检验证书，向卖方提出索赔，卖方不得拒绝。显然，这两种规定办法对卖方很不利。

3）出口国检验、进口国复验

出口国检验、进口国复验，是指卖方在出口国装运货物时，以合同规定的装运港或装运地的检验机构出具的检验证书，作为卖方向银行收取货款的凭证之一，货物运抵目的港或目的地后，由双方约定的检验机构在规定的地点和期限内对货物进行复验。复验后，如果货物与合同规定不符，而且属于卖方责任所致，则买方有权凭检验机构出具的检验证书，在合同规定的期限内向卖方索赔。由于这种规定办法比较公平合理，在国际贸易中被广泛采用，也是我国进出口业务中最常用的一种规定办法。

4）装运港（地）检验重量、目的港（地）检验品质

在大宗商品的交易中，为了调和买卖双方在商品检验问题上存在的矛盾，有时对商品的重量检验和品质检验分别进行，在这种做法下，以装运港或装运地检验机构出具的重量检验证书，作为卖方所交货物重量的最后依据，以目的港或目的地检验机构出具的品质检验证书，作为品质的最后依据。货物到达目的港或目的地后，如果货物在品质方面与合同规定不符，而且该不符点是卖方责任所致，则买方可凭品质检验证书向卖方提出索赔，但买方无权对货物的重量提出异议。这种对检验时间与地点的规定办法也可称为“离岸重量、到岸品质”。

小资料 8-1：检验时间和地点的选用

【案例 8-2】

合同中的检验条款规定“以装运地检验报告为准”。但是，货物到目的地后，买方发现货物的品质与心理预期差异较大。于是，买方申请当地商品检验机构出具检验证书。

问题：买方可否凭此检验证书向卖方索赔？为什么？

分析提示：买方不能凭此检验证书向卖方索赔。因为合同中的检验条款规定“以装运地检验报告为准”。也就是说，买方在货物到达目的港或目的地后，自行委托检验机构对货物进行复验，也无权对商品的品质、重量（数量）等项内容向卖方提出异议，除非买方能证明，所收到的货物与合同规定不符是由于卖方的违约或货物的固有瑕疵所造成的。

● 8.4 检验证书的种类及作用

1）检验证书的种类

国际货物买卖中的检验证书，其种类繁多，卖方究竟需要提供哪种证书，要根据商品的特性、种类、贸易习惯以及政府的有关法规而定。常见的检验证书主要有以下几种：

(1) 品质检验证书 (Inspection Certificate of Quality)，用于证明商品品质、规格的证书。

(2) 数量检验证书 (Inspection Certificate of Quantity)，用于证明商品实际数量的证书。

(3) 重量检验证书 (Inspection Certificate of Weight)，用于证明商品重量的证书。

(4) 价值检验证书 (Inspection Certificate of Value)，用于证明商品价值的证书，通常用于证明发货人发票所载的商品价值正确、属实。

(5) 产地检验证书 (Inspection Certificate of Origin)，用于证明商品原生产地的证书，通常包括一般产地证、普惠制产地证、野生动物产地证等。

(6) 卫生检验证书 (Sanitary Inspection Certificate)，用于证明食用的动物产品、食品在出口前已经过卫生检验、可供食用的证书。

(7) 兽医检验证书 (Veterinary Inspection Certificate)，用于证明动物产品在出口前已经过兽医检验、符合检疫要求的证书。

(8) 消毒检验证书 (Disinfection Inspection Certificate)，用于证明动物产品在出口前已经过消毒处理、符合安全及卫生要求的证书。

(9) 验残检验证书 (Inspection Certificate on Damaged Cargo)，用于证明商品残损情况、估算残损贬值程度、判定致损原因的证书。

(10) 熏蒸证书 (Inspection Certificate of Fumigation)，用于证明商品或其包装材料必须经过检疫熏蒸处理，已经消灭其中危险的检疫性有害生物，如一些检疫性害虫和病菌等。

(11) 其他检验证书，如植物检疫证明等。

2) 检验证书的作用

检验证书是商检机构对商品进行检验、鉴定后出具的证明文件，是国际货物买卖中的重要单据之一。检验证书具有多方面的作用，具体表现在：①证明卖方所交货物符合合同规定；②海关通关验放的有效证件；③买卖双方办理货款结算的依据；④解决争议、办理索赔与理赔的依据；⑤计算运输、仓储、关税等费用的依据。

【案例 8-3】

进口方委托银行开出的信用证上规定：卖方须提交“商品净重检验证书”。进口商在收到货物后，发现除质量不符外，卖方仅提供重量单。买方立即委托开证行向议付行提出拒付，但货款已经押出。事后，议付行向开证行催付货款，并解释卖方所附的重量单就是净重检验证书。

问题：重量单与净重检验证书一样吗？开证行能否拒付货款给议付行？

分析提示：重量单与净重检验证书不一样。重量单一般是由卖方自己出具的，而净重检验证书一般是由第三方检验机构出具的。由于单证不符，因此开证行可以拒付货款。

8.5　检验标准

检验标准，是指对进出口商品的品质、规格、包装等项目实施检验的具体规定和要求，以及对抽样、制样或检验方法、检验仪器的具体规定和要求等。在国际货物买卖合同中，即使是同一种商品，因对其实施检验的标准和方法不同，往往会导致其检验结果大不一样。因此，交易双方在签订买卖合同时，除了规定检验时间与地点、检验机构和检验证书之外，往往还要明确检验标准。检验标准的具体内容，视商品的种类、特性及进出口国家有关法律或行政法规的规定而定。

8.5.1 国际上对检验标准的分类

在国际货物贸易中，关于商品的检验标准，归纳起来可分为以下几类：

1）买卖双方约定的标准

买卖双方约定的标准是国际货物贸易中普遍采用的检验标准，其中最常见的是买卖合同和信用证中所规定的标准。

2）与贸易有关国家所制定的强制执行的法规标准

这类标准主要指商品生产国、出口国、进口国、消费国或过境国所制定的法规标准，如货物原产地标准、安全法规标准、卫生法规标准、环保法规标准、动植物检疫法规标准等。

3）国际权威性标准

国际权威性标准，是指在国际上具有权威性的检验标准，其中包括国际标准、区域性标准化组织标准、国际商品行业协会标准和某国权威性标准四种。

（1）国际标准。它是指国际专业化组织所制定的检验标准，如国际标准化组织、国际海事组织、国际电工委员会、国际食品法典委员会、国际民航组织等制定的检验标准。

（2）区域性标准化组织标准。它是指区域性组织所制定的检验标准，如欧洲标准化委员会、欧洲电工标准化委员会、泛美技术标准委员会等制定的检验标准。

（3）国际商品行业协会标准。它是指国际性商品行业协会所制定的检验标准，如国际羊毛局、国际橡胶会议组织等制定的检验标准。

（4）某国权威性标准。它是指某些国家所制定的具有国际权威性的检验标准，如英国的药典、美国的公职分析化学家协会和材料与试验协会所制定的检验标准。

8.5.2 我国对商品标准的分类

根据《中华人民共和国标准化法》的规定，商品标准包括国家标准、行业标准、地方标准、团体标准和企业标准。国家标准分为强制性标准和推荐性标准。强制性标准是必须执行的。推荐性的国家标准、行业标准、地方标准、团体标准、企业标准的技术要求不得低于强制性国家标准的相关技术要求。不符合强制性标准的产品、服务，不得生产、销售、进口或者提供。出口产品、服务的技术要求，按照合同的约定执行。

我国积极推动国际标准化活动，开展标准化对外合作与交流，参与制定国际标准，结合国情采用国际标准，推进本国标准与国外标准之间的转化运用。

8.5.3 我国商检机构对进出口商品实施检验的标准

根据《中华人民共和国进出口商品检验法实施条例》的有关规定，我国商检机构按下述标准对进出口商品实施检验。

（1）法律、行政法规规定有强制性标准或者其他必须执行的检验标准的，按照法律、行政法规规定的检验标准检验。

（2）法律、行政法规未规定有强制性检验标准或者其他必须执行的检验标准的，按照对外贸易合同规定的检验标准检验；凭样品成交的，还应当按照样品检验。

（3）法律、行政法规规定的强制性检验标准或者其他必须执行的检验标准，低于对外贸易合同约定的检验标准的，按照对外贸易合同约定的检验标准检验；凭样品成交的，还应当按照样品检验。

（4）法律、行政法规未规定有强制性检验标准或者其他必须执行的检验标准，且对外贸易合同又未约定检验标准或者约定的检验标准不明确的，按生产国标准、有关国际标准或者国家商检部门指定的标准检验。

综上所述，虽然国际货物买卖合同中的检验与检疫条款的内容，因商品种类和特性的不同而有所差异，但是通常都包括检验时间与地点、检验机构、检验检疫证书以及货物与合同规定不符时买方索赔的时限等内容。

例如，国际货物买卖合同中检验条款："以装运港（地）××（检验机构名称）签发的品质与重量检验证书作为信用证项下议付行提交单据的一部分。买方对于装运货物的任何索赔，须于货物到达目的港（地）后××天内提出，并须提供经卖方同意的公证机构出具的公证报告。"

"The Certificates of Quality and Weight issued by ××（name of the inspection organization）at the port（place）of shipment shall be a part of the documents to be presented for negotiation under the relevant Letter of Credit. Any claim by the Buyers regarding the goods shipped shall be filed within ×× days after the arrival of the goods at the port（place）of destination, and supported by a survey report issued by a surveyor approved by the Sellers."

【案例 8-4】

浙江省纺织品进出口公司通过香港华润纺织品原料有限公司从希腊进口原棉 3 930.65 公吨，共计 17 869 包，总价值为 6 689 152 美元，由萨洛尼港装运于 7 月 26 日运抵上海。卸货时发现原棉严重水湿、霉烂、残损、脏污、锈迹，便立即停卸，并向上海进出口商品检验局申请商检事宜。

问题：假设你是该公司的业务员，你是否会采取同样的措施？此案例给我们的启示是什么？

分析提示：买方在发现卖方交付的货物不符合合同规定时，应该及时与卖方联系并委托有关检验机构进行检验，以取得检验证书，为索赔提供有力的证据。从本案例中，我们可以看出合同中检验条款的重要性。

【拓展阅读 7-1】

我国关检合并后的新变化

根据党的十九届三中全会审议通过的《中共中央关于深化党和国家机构改革的决定》和《深化党和国家机构改革方案》的要求，将国家质量监督检验检疫总局的出入境检验检疫管理职责和队伍划入海关总署。

2018 年 4 月 20 日，出入境检验检疫正式并入中国海关。出入境检验检疫系统统一以海关名义对外开展工作，一线旅检、查验和窗口岗位要统一上岗、统一穿着海关制服、统一佩戴关衔。

机构改革后，海关的职责更宽广，队伍更壮大。那么关检合并后，会有哪些新变化呢？

（1）通关作业流程的改变

关检合并后，通关作业上就会实现"一次申报""一次查验""一次放行"的"三个一”通关作业标准化。

①“一次申报”。在海关现有通关作业信息化尚未进行整合的情况下，通过“单一窗口”可实现“一次申报”，统一通过“单一窗口”实现报检，从而进一步加大“单一窗口”标准版的推进力度。在关检合并的背景下，假以时日，关检信息化系统可以实现完全融合。

②“一次查验”。海关、检验检疫的查验指令下达，保留三个环节，即查验指令下达、实施查验、查验结果异常处置。

③“一次放行”。收货人、发货人凭海关放行指令提发货物。海关向监管场所发送放行指令，在放行环节实现一次放行。

综上所述，此次合并意味着关检“两头跑”的时代结束。对进出口企业来说，企业通关费用将会减少，通关效率提升，贸易便利化程度进一步提高。

(2) 企业报关报检资质合并

企业通过“单一窗口”标准版进行报关报检资质备案。企业申请提交成功后，可以到其所在地海关的业务窗口提交申请材料，并加盖企业印章。向海关提交复印件的企业，应当同时交验原件；向海关办理报关人员备案的企业，应当在“单一窗口”相关业务办理中同时填写报关人员备案信息。报关人员身份证件信息应当填写居民身份证的相关信息，“单一窗口”暂时不支持使用其他证件办理报关人员备案。

由此可见，今后企业报关报检资质合并、报关员与报检员资质合并，企业只需进行相关的备案，即可同时具备报关报检资质。例如，海关的AEO认证管理，检疫对企业也有信用管理，二者合并统一信用管理执法标准、共享信息，提高企管能力及效率。

企业因此可以精简人员，减少工作量，报关员与报检员不再细分。因此，今后企业对报关报检人员的要求将会提高，其业务水平也会得到进一步提升。

(3) 转变优化职能

①在国家安全管控方面。海关将在原有安全准入（出）、税收征管风险防控基础上，增加卫生检疫、动植物检疫、商品检验、进出口食品安全监管等职责，通过建立信息集聚、优化高效、协调统一的风险防控体系，推行全链条式管理，强化智能监管、精准监管，将更好地贯彻总体国家安全观。

②在促进贸易便利化方面。依托全国海关通关一体化“两中心三制度”整体框架，全国检验检疫作业将全面融入，优化作业流程，减少非必要的作业环节和手续，从而降低通关成本，提升通关效率。

③在提升行政管理效能方面。按照优化协同高效的要求，两支队伍融为一支队伍，两套印章减为一套印章，两个窗口合为一个窗口，两次执法并为一次执法，落实“放管服”改革。

● 课堂讨论

8.1 在国际货物贸易中，为什么都要对进出口商品进行检验与检疫？

8.2 在进出口合同中为什么要订立商品检验条款？该条款主要包括哪些内容？

8.3 我国国家商品检验机构名称的变革说明了什么？

● 知识掌握

8.1　关于进出口商品的检验时间与地点，通常有哪几种规定？

8.2　在国际贸易中商检证书有哪些作用？

8.3　在国际货物买卖中，商品检验标准可分为几种？

● 知识应用

□ 案例分析

8.1　买卖双方在履行买卖六角螺栓合同过程中，买方认为，卖方交货品质存在严重缺陷，于是通告卖方拟聘请国际检验机构，并建议选择劳合社在希腊的代理机构对到货进行检测。在卖方未表示同意的情况下，买方于9月26日擅自聘请劳合社在比雷埃夫斯港的检测机构进行检验。该机构于12月8日出具证明，指出该批货物全部为不可议付的货物。卖方则认为，该项检测报告是无效的，不能作为认定货物品质的依据。因此，双方产生争议，买方遂向中国国际经济贸易仲裁委员会提请仲裁。仲裁庭在查阅双方提供的资料并经开庭审理后，认为申请人（买方）单方面对货物进行检验，不符合双方合同的规定，其检测报告不能作为认定货物品质的合法依据。

问题：仲裁庭的裁决有没有道理？为什么？

分析提示：首先，合同规定：品质异议须于货到目的港（地）之日起30天内提出，但须提供经卖方同意的公证行的检验证明。经庭审查明，作为买方的申请人委托劳合社设在希腊比雷埃夫斯港的检验机构进行检验，并未经过卖方同意，因此不能作为有效的依据。在此应指出的是，当买方提出品质异议时，卖方曾建议由中国商检机构检验，并表示同意全部退货，而买方拒不按合同规定处理品质异议，却坚持擅自寻找检验机构检测，这违反了合同的约定。

其次，根据买方单方面委托的劳合社检验机构对合同项下货物进行检测所做出的结论是“100%不可议付”。仲裁庭认为，该结论的含义不明确，它并不表示品质的概念。

基于上述原因，仲裁庭对买方的主张不予支持是有道理的。

8.2　中国某外贸公司曾按信用证付款方式向荷兰鹿特丹出口一批食品，买方开来信用证，信用证中要求提供“货物无病毒，适于人类食用”的卫生证明。货物装船后，卖方议付货款时，议付行发现卖方提交的卫生证明中漏写“货物无病毒”字样，实为单证不符，便两次去电开证行征求意见，但开证行始终不予答复。卖方为避免开证行拒付货款，只好由其重新按来证要求更换卫生证明，结果遭受了延迟收汇20多天的利息损失。

问题：该外贸公司的做法是否正确？为什么？

分析提示：在信用证付款条件下，必须严格遵循“单证一致”的原则。如果单证上出现一字之差或微小差异，则可能遭到开证行拒付。在各国对卫生检疫商品要求越来越严格的情况下，如果卖方提交的卫生检疫证明不符合来证要求和进口国的有关规定，不仅会遭到开证行拒付，还有可能不许进口。

第9章

争议的预防与处理

● 学习目标

在学习完本章之后，你应该能够：

了解：合同中约定争议条款的意义；

明确：索赔的依据、索赔的期限、索赔的办法；

熟知：不可抗力、仲裁，运用定金条款的注意事项；

掌握：仲裁裁决的效力、仲裁条款的规定、不可抗力条款的规定、不可抗力事件的通知和证明。

【引例】

买卖双方签订了一份价款为10万美元的购销合同，合同规定：签约后一周内，买方向卖方支付1万美元定金，卖方在收到定金后的4个月内交付约定的货物；同时，双方还约定了违约金条款，规定任何一方违约，需向对方支付相当于合同价款8%的违约金。合同签订后，买方依约交付了定金，卖方收到定金后，因市场变化和经营状况不佳，不能依约交货，买方遂向卖方要求其双倍返还定金并赔偿约定的违约金，卖方只同意支付违约金和返还原收到的1万美元定金，双方因此产生争议。买方遂向某法律专家咨询，准备提请仲裁。后经这位专家解释了我国《合同法》的有关规定之后，买方改变了主意，仅要求卖方双倍返还定金，不再提赔偿违约金的要求。卖方对此表示同意，于是双方友好地解决了本合同项下的争议。

在国际货物贸易中，交易双方从洽商交易、签订合同到实际履行合同，往往相隔较长时间。在此期间，市场变幻莫测，价格瞬息万变，金融市场动荡不定，加之国际贸易线长、面广，中间环节多，一旦在生产、收购、运输和资金供应等任何一个环节发生意外，或市场行情发生对一方当事人不利的变化，就有可能出现一方当事人不履约或违约的情况，使另一方当事人遭受损失，从而导致索赔事件的发生，甚至引起贸易纠纷。此外，国际贸易易受政治、经济形势变化和自然条件的影响，在履约过程中，有可能发生并非当事人过失造成的意外事件致使合同不能履行或不能如期履行的情况。为了预防、减少贸易纠纷，妥善地处理合同争议，在国际货物买卖合同中，必须事先约定异议与索赔条款

(Discrepancy and Claim Clause)、违约金条款（Liquidated Damages Clause）、不可抗力条款（Force Majeure Clause）和仲裁条款（Arbitration Clause）。

9.1　异议与索赔

国际货物贸易涉及的面很广，情况复杂多变，在履约过程中，如一个环节出现问题，就有可能导致一方当事人违约或毁约，而给另一方当事人造成损害；受损害的一方为了维护自身权益，便会向违约方提出异议，并要求其赔偿损失。索赔多针对交货期、交货品质与数量等问题。一般来说，买方向卖方提出索赔的情况较多。当然，买方不按期接运货物或无理拒收货物与拒付货款的情况也时有发生，因此，也有卖方向买方索赔的情况。为了便于处理这类问题，在国际货物买卖合同中，通常都应订立异议与索赔条款。

9.1.1　异议与索赔条款的内容

异议与索赔条款的内容，主要包括提出异议与索赔的时限、索赔的依据、索赔金额和违约处理办法等。

1）索赔时限

为了方便处理履约中出现的违约问题，在异议与索赔条款中，应写明索赔的时限。如守约方超过约定时限提出异议与索赔，即丧失索赔的权利，违约方可不予受理。索赔时限有约定和法定之分，约定索赔时限的长短由交易双方酌情商定；对于有质量保证期限的商品，还应加订质量保证期。法定索赔时限，由国家和国际立法确定。一般来说，法定索赔时限较长，如《联合国国际货物销售合同公约》和我国的《合同法》都规定索赔时限为自买方实际收到货物之日起的两年之内。

应当指出，虽然法定索赔时限一般比约定索赔时限长，但在加订质量保证期的情况下，约定索赔时限有时可能超过法定索赔时限。法定索赔时限，只在买卖合同中未约定索赔时限时才起作用。

2）索赔依据

在异议与索赔条款中，一般都规定提出索赔应出具的证据和出证机构。例如，双方约定：货到目的港卸货后，若发现品质、数量或重量与合同规定不符，除应由保险公司或船公司负责外，买方于货到目的港后若干天内，凭双方约定的某商检机构出具的检验证明向卖方提出索赔。

3）索赔金额

异议与索赔条款对合同双方当事人都有约束力，不论何方违约，受损害方都有权提出索赔。若买卖合同中约定了损害赔偿的金额或损害赔偿额的计算方法，则按约定的损害赔偿金额或根据约定的损害赔偿额的计算方法计算出的赔偿金额提出索赔。若合同中事先未做规定，则只能事后酌情确定。一般来说，索赔金额应相当于因当事人违约所造成的损失，其中包括合同履行后守约方的预期利益，但不得超过违约方订立合同时能够预见到或应当预见到的因违约可能造成的损失。

4）违约处理办法

有的异议与索赔条款对守约方如何索赔和违约方如何理赔都分别做了具体规定。例如，有的进出口合同规定："货到目的港后，买方如发现品质、数量或重量与合同规定不符，除属于保险公司或船公司的责任外，买方可以凭双方同意的检验机构出具的检验证书向卖方提出异议。品质异议，需自货到目的港之日起30天内提出；数量或重量异议，需自货到目的港之日起15天内提出。卖方收到异议后，应在20天内答复。”凡有此类规定的，应按约定办法处理。如合同未做具体规定，则依不同情况，有理有据地对违约事件进行适当处理。

9.1.2 约定异议与索赔条款的注意事项

鉴于买卖合同中的异议与索赔条款关系到交易双方的利害得失，因此，在约定此项条款时，需要注意以下事项：

1）合理约定索赔期限

索赔期的长短，同买卖双方都有利害关系。索赔期规定过长，势必使违约方承担责任的期限也随之延长，从而加重了其负担；索赔期规定太短，有可能使守约方无法行使索赔权而蒙受更大的损失。因此，交易双方约定索赔期时，必须根据不同种类商品的特点，并结合运输、检验条件和检验所需的时间等因素，酌情做出合理的安排。对于性能比较复杂和有质量保证期的机、电、仪等设备的交易，由于在合同中需要加订质量保证期，故索赔期可适当放长一些。在不影响守约方行使其索赔权的前提下，索赔期可适当缩短一点。

2）索赔期的约定应明确具体

交易双方约定索赔期时，不仅要明确时间的长短，而且应对该期限的起算时间一并做出具体规定。在实际业务中，索赔期的起算方法通常有以下几种：

（1）自货到目的港后若干天起算。

（2）自货到目的港卸离海轮后若干天起算。

（3）自货到买方营业处所或用户所在地后若干天起算。

（4）自货物检验后若干天起算。

3）应注意索赔条款与检验条款之间的联系

异议与索赔条款同商品检验条款有着密切的联系。例如，买方索赔的期限同买方对货物进行复验的有效期互相关联，故约定索赔期时，必须考虑检验条件和期限的长短等因素。为了使这两项条款的约定互相衔接和更加合理，以免出现彼此脱节或互相矛盾的情况，在有些买卖合同中，有时便将这两项条款结合起来订立，并称为“检验与索赔条款”(Inspection & Claim Clause)。

● 9.2 违约金与定金

从事国际货物贸易的专业人员应对违约金与定金的含义、违约金与定金条款的约定办法及其运用问题有所了解，以利于订立、履行进出口合同和处理合同争议。

9.2.1 违约金

交易双方为了确保其订立的合同能得到切实有效的履行，在其签署的进出口合同特别是大宗商品和机械设备的进出口合同中，往往约定违约金条款。

1）违约金的含义及性质

违约金是指一方当事人违反合同，依据约定或法律规定向另一方当事人支付一定数额的金钱的责任。它是违约责任中一种常见的责任形式。违约金有约定和法定之分。在国际货物贸易中，违约金通常由合同当事人约定。

违约金按性质的不同，可分为惩罚性违约金和补偿性违约金，世界上大多数国家都以违约金的补偿性为原则，以惩罚性为例外。区分违约金性质的意义在于：如属惩罚性违约金，债权人除请求违约金以外，还可请求强制履行主债务或额外请求损害赔偿；如属补偿性违约金，则在违约金之外不得再请求强制履行主债务或额外请求损害赔偿。我国《合同法》第114条规定，当事人可以约定一方违约时，应当根据违约情况向对方支付一定数额的违约金。只要一方违约，不论是否给守约方造成损失，违约方都应支付约定的违约金。由此可见，违约金既具有补偿性，也具有惩罚性。具体来说，在一方违约而未给对方造成损失时，违约金是对违约方的惩罚；当一方违约给对方造成的损失超过约定的违约金时，违约金实际上起了一定的补偿作用；当约定的违约金超过守约方所遭受的实际损失时，则违约金同时具有补偿性和惩罚性。

2）违约金条款的内容及应注意的事项

违约金条款的内容，主要是交易双方协商确定的违约金数额，并写明履约过程中若出现当事人违约的情况，则违约方应向对方支付约定的违约金数额。有时，因违约产生的损失赔偿额的计算方法，也在违约金条款中由双方当事人约定。

（1）违约金数额的确定应当合理。《国际统一私法协会国际商事合同通则》第7章第4条第13款规定："如合同规定不履行方当事人应支付受损害方当事人一笔约定的金额，则受损害方当事人有权获得该笔金额，不管其实际损失如何。但是，如约定金额大大超过因不履行以及其他情况造成的损害，则将该约定金额减少至一个合理的数目，而不考虑任何与此相反的约定。"由此可见，交易双方应根据公平合理的原则，实事求是地约定一个合理的违约金数额，防止估计过高或过低的情况发生。因为，估计过高，无异于加重对违约方的惩罚；估计过低，则不仅对当事人不能有效地起到约束作用，甚至可能出现对违约所造成的实际损失也难以弥补，这与违约金一般以补偿性为原则的做法不符。

（2）违约金条款应明确具体。为便于执行有关违约金的约定，其条款内容不能含糊或笼统，以免引起争议。在国际货物贸易中，有些公司在约定违约金条款方面，积累了很多实践经验。例如，一份买卖粮食的CIF合同中规定："装运期为4月份，如卖方迟延装运，每迟延10天，应向买方支付相当于合同总金额1%的违约金，迟延时间不足10天者，按10天计。违约金累计不得超过合同总金额的5%。如卖方逾期2个月仍未装运，则买方有权终止合同。"上述规定是可取的，其内容不仅明确具体、易于执行，而且还体现了合同的严肃性。

9.2.2　定金

定金，是指合同一方当事人按合同约定预先付给另一方当事人一定数额的金钱，以保证合同的订立与成立、担保合同的履行和保留合同的解除权，它是作为债权的担保形式而存在的。定金与预付款有别，定金是对履约做出的具体担保，而预付款则是对合同义务的预先履行。

我国《合同法》第115条规定：付给定金的一方履行合同义务后，定金应当抵作价款或者收回；反之，若付给定金的一方不履行合同义务，则无权要求返还定金。根据对等原则，若收受定金的一方不履行合同义务，则应当双倍返还定金。在合同中有定金条款的情况下，无论哪一方当事人不履行合同义务，都要损失与定金数额相等的金钱，这有利于促使合同双方自觉地履行合同义务。

1）定金条款的内容

定金条款由合同双方当事人约定，内容如下：

（1）定金的数额及支付定金的时间与方式。

（2）支付定金的一方履行合同义务后，是收回定金还是抵作价款。

（3）定金罚则。支付定金的一方不履行合同义务的，即丧失定金的所有权，因而无权请求返还定金；收受定金的一方不履行合同义务的，则应双倍返还定金。

2）约定定金条款的注意事项

（1）定金条款由双方当事人根据经营意图自愿酌情商定，任何一方不得强迫对方接受定金条款。

（2）定金条款的内容应当明确具体，以利于合同的履行。

（3）在合同中同时有违约金条款与定金条款的情况下，一方违约时，另一方可以选择适用违约金条款或定金条款，即只能选择其中之一适用，不能二者同时适用。

9.3 不可抗力

在国际货物贸易中，由自然原因或社会原因引起的人力不可抗拒事件致使买卖双方签署的合同不能履行时，按照国际贸易的有关法律和惯例，可以免除合同当事人的责任。为了明确责任，在国际货物买卖合同中，一般都会约定此项免责条款，即不可抗力条款。

国际上对不可抗力的解释并不统一。在英美法系中，有“合同落空”之说；在大陆法系中，有“情势变迁”或“契约失效”之说。《联合国国际货物销售合同公约》的解释是：合同签订后，发生了合同当事人订约时无法预见和事后不能控制的障碍，以致不能履行合同义务。尽管上述对不可抗力的称呼和解释不一，但其基本精神和处理原则大体相同，即合同签订后，如发生了当事人无法预见、无法预防和无法控制的意外事件，致使合同不能履行，可以免除当事人的责任。鉴于国际上对不可抗力事件及其引起的法律后果并无统一规定，为防止合同当事人对不可抗力事件的性质、范围做随意解释，或提出不合理的要求，或无理拒绝对方的合理要求，故有必要在买卖合同中订立不可抗力条款，明确约定不可抗力事件的性质、范围、处理原则和办法，以免引起不必要的争议。由此可见，在买卖合同中约定不可抗力条款，有着重要的法律和实践意义。

9.3.1 不可抗力条款的主要内容

不可抗力条款的约定繁简不一，也并无统一的格式和规定，但归纳起来一般包括下列内容：

1）不可抗力事件的性质与范围

不可抗力事件有其特定的解释，并不是任何一种意外事件都可随意称作不可抗力事件。不可抗力事件的范围较广，包括自然力量引起的水灾、旱灾、冰灾、雪灾、雷电、暴风雨、地震、海啸等，社会原因引起的战争、暴动、骚乱、政府颁布禁令、封锁禁运和调整政策和制度等。关于不可抗力事件的性质与范围，交易双方商定合同时应达成共识，具体写明，以免事后引起争议。

2）不可抗力事件的通知与证明

不可抗力事件发生后如果影响合同履行，发生事件的一方当事人应按约定的通知期限和通知方式，将事件情况如实通知对方；对方在接到通知后，应及时答复，如有异议也应及时提出。此外，发生不可抗力事件的一方当事人还应按约定办法出具证明文件，作为发生不可抗力事件的证据。在国外，这种证明文件一般由当地的商会或法定公证机构出具。在我国，这种证明文件由中国国际贸易促进委员会出具。

3）不可抗力事件的处理原则与办法

发生不可抗力事件后，应按约定的处理原则和办法及时进行处理。发生不可抗力事件的后果有两种：一是解除合同；二是延期履行合同。究竟如何处理，应视事故的原因、性质、规模及其对履行合同所产生的实际影响程度，由双方当事人酌情商定。

鉴于在实践中往往会出现一旦发生不可抗力事件一方就提出解除合同的问题，且合同是否延期执行或解除直接关系到交易双方的经济利益，故在不可抗力条款中，应就不可抗力事件所引起的法律后果做出明确规定。例如，我国进出口合同一般都规定，因不可抗力事件的影响而不能履行合同时，可根据实际所受影响的时间延长履行合同的期限；如因不可抗力事件延迟履行合同达若干天（如60天或90天），双方应就履行合同的有关问题进行协商。按照这样的规定，当发生不可抗力事件时，可先推迟履行合同的期限；只有当不可抗力事件持续下去超过合同规定的期限以后，才能通过双方协商，最后决定是否解除合同。

【案例9-1】

国内某研究所与日本客户签订了一份进口合同，欲引进一台精密仪器，合同规定9月份交货。9月15日，日本政府宣布该仪器为高科技产品，禁止出口。该禁令自公布之日起15日后生效。日商来电以不可抗力为由要求解除合同。

问题：日商的要求是否合理？

分析提示：日方的要求不合理，我方可要求其按时交货。《联合国国际货物销售合同公约》对不可抗力的解释是：合同签订后，发生了合同当事人订约时无法预见和事后不能控制的障碍，以致不能履行合同义务。而本案中交货期是9月份，政府禁令的实施实际上是从10月份开始。如日方按期交货，并不受此禁令的影响。因此，该禁令不构成不可抗力事件，日方的要求不合理。

9.3.2　约定不可抗力条款的注意事项

1）对不可抗力事件性质与范围的约定办法要合理

关于不可抗力事件的性质与范围，通常有三种约定办法。我们应在权衡利弊的基础上，选用其中有利的一种。

（1）概括规定。它是指在合同中不具体规定哪些事件属于不可抗力事件，只是笼统地规定“由于公认的不可抗力的原因，致使卖方不能交货或延期交货，卖方不负责任”，或“由于不可抗力事件使合同不能履行，发生不可抗力事件的一方可据此免除责任”。这类约定办法过于笼统，含义模糊，解释伸缩性大，容易引起争议，合同中不宜采用。

（2）具体规定。它是指在合同中详列不可抗力事件。这种一一列举的办法虽然明确具体，但比较烦琐，且可能出现遗漏情况，也不是最好的办法。

（3）综合规定。它是指在列明经常可能发生的不可抗力事件（如战争、洪水、地震、火灾等）的同时，再加上“以及双方同意的其他不可抗力事件”的文句。这种约定办法既明确具体，又有一定的灵活性，是一种可取的办法。我国的进出口合同一般都采取这种约定办法。

2）约定不可抗力条款应体现公平合理原则

不可抗力条款应对买卖双方都有约束力，任何一方当事人因发生不可抗力事件，以致不能履行合同义务，均可免除责任。例如，我国某外贸公司从国外订购货物时，双方在合同中仅片面约定“如卖方发生不可抗力事件可免除责任”，这种有失公平的规定是极不合理的。

3）不可抗力条款的内容应当完备

为了便于履行合同和按约定办法及时处理不可抗力事件，不可抗力条款的内容应当完备。在实际业务中，有的进出口合同只约定了不可抗力事件的性质和范围，而对不可抗力事件的通知、出证和如何处理等事项，却缺乏明确具体的规定，以致影响了对不可抗力事件做出及时妥善的处理。

● 9.4 仲裁

9.4.1 仲裁协议

1）仲裁协议的形式

小资料9-1：合同争议的解决

在国际货物贸易中，仲裁协议是指合同当事人或争议双方达成的有关解决彼此争议的一种书面协议。它主要包括下列两种形式：一种是在争议发生之前订立的，通常作为合同中的一项仲裁条款（Arbitration Clause）出现，在绝大多数国际货物买卖合同中都有此项条款；另一种是在争议发生之后订立的，即把已经发生的争议提交仲裁的协议。

上述两种形式的仲裁协议的法律效力是相同的，而且它们都具有独立性。根据我国仲裁规则的规定，合同中的仲裁条款应视为与合同其他条款相分离、独立存在的条款，附属于合同的仲裁协议也被视为与合同其他条款相分离、独立存在的；合同的变更、解除、终止、失效或无效以及存在与否，均不影响仲裁条款或仲裁协议的效力。

2）仲裁协议的作用

仲裁协议有以下三个方面的作用：

（1）约束双方当事人只能以仲裁方式解决争议，不得向法院起诉。

（2）排除法院对争议案件的管辖权。如果一方违背仲裁协议，自行向法院起诉，另一方可根据仲裁协议要求法院不予受理，并将争议案件退交仲裁庭裁断。

（3）使仲裁机构取得对争议案件的管辖权。

这里需要强调说明的是，在上述三项作用中，最关键的是排除法院对争议案件的管辖权。因此，若双方当事人不愿将其争议提交法院审理，就应在争议发生前在合同中约定仲裁条款，以免将来发生争议后，由于达不成仲裁协议而不得不诉诸法院。

【案例9-2】

甲方与乙方签订了一份出口某货物的合同，合同中的仲裁条款规定：“凡因执行本合同发生的一切争议，双方同意提交仲裁，仲裁在被诉方国家进行。仲裁裁决是终局的，对双方都有约束力。”合同履行过程中，双方因货物品质问题发生争议，于是将争议提交甲国仲裁。经仲裁庭调查审理，认为乙方的举证不实，裁决乙方败诉。事后甲方因乙方不执行裁决向本国法院提出申请，要求法院强制执行，乙方不服。

问题：乙方可否向本国法院提请上诉，为什么？

分析提示：乙方不能向本国法院提请上诉。因为仲裁裁决是终局的，对双方都有约束力，而且仲裁协议排除法院对有关案件的管辖权。如果一方违背仲裁协议，自行向法院起诉，另一方可根据仲裁协议要求法院不予受理，并将争议案件退交仲裁庭裁断。

9.4.2 仲裁条款的基本内容

国际货物买卖合同中的仲裁条款通常包括仲裁地点、仲裁机构、仲裁规则、仲裁裁决的效力和仲裁费的负担等内容。

1）仲裁地点

交易双方磋商仲裁条款时，都极为关心仲裁地点的确定，这是因为仲裁地点与仲裁所适用的法律密切相关。按各有关国家的法律规定，凡属程序方面的问题，除非仲裁条款（或协议）另有规定，一般都适用审判地法律，即在哪个国家仲裁，就适用哪个国家的仲裁法规。至于确定合同当事人权利、义务的实体法，如在合同中未具体约定，一般由仲裁庭按仲裁地点所在国的法律冲突规则予以确定。

由于仲裁地点是买卖双方都关心的一个十分重要的问题，因此在仲裁条款中必须对仲裁地点做出明确具体的规定。在我国的进出口合同中，关于仲裁地点通常有三种约定办法：一是约定在中国仲裁；二是约定在被申请人所在国仲裁；三是约定在双方同意的第三国仲裁。

2）仲裁机构

国际上的仲裁机构很多，其中很多是常设的仲裁机构，如设在巴黎的国际商会仲裁院、英国伦敦国际仲裁院、瑞典斯德哥尔摩商会仲裁院、瑞士苏黎世商会仲裁院、美国仲裁协会、日本国际商事仲裁协会、中国国际经济贸易仲裁委员会和中国海事仲裁委员会等。除此之外，也有由双方当事人共同指定仲裁员临时组成的仲裁庭。

小资料9-2：中国国际经济贸易仲裁委员会

3）仲裁规则

各国仲裁机构一般都制定了自己的仲裁规则，按照国际仲裁机构的通常做法，原则上都采用仲裁所在地的仲裁规则。但值得注意的是，法律上也允许双方当事人根据约定采用仲裁地点以外的其他国家（或地区）仲裁机构所制定的仲裁规则进行仲裁。在中国仲裁时，双方当事人通常都约定适用《中国国际经济贸易仲裁委员会仲裁规则》。根据中国现行仲裁规则的规定，凡当事人同意将争议提交仲裁委员会仲裁的，均视为同意按照该仲裁规则进行仲裁。

4）仲裁裁决的效力

仲裁庭依法做出的裁决，通常都是终局性的，对争议双方当事人均具有法律效力，任何一方都必须依照执行，并且不得向法院起诉要求变更裁决。即使当事人向法院起诉，法院一般也只是审查程序，而不审查实体，即仲裁庭做出的裁决，如仲裁程序上没有问题，双方当事人应当承认和执行。

为了明确仲裁裁决的效力，以利于执行裁决，在订立合同中的仲裁条款时，双方应明确规定“仲裁裁决是终局性的，对双方当事人均有约束力”的条文。

5）仲裁费的负担

仲裁费由谁负担，通常都在仲裁条款中予以约定，以明确责任。根据双方当事人的意愿，有的约定由败诉方承担，也有的约定由仲裁庭裁决确定。

9.4.3 我国通常采用的仲裁条款格式

我国各进出口公司通常采用中国国际经济贸易仲裁委员会向合同当事人推荐的下列几种示范仲裁条款格式：

1）在中国仲裁的条款格式

“凡因本合同引起的或与本合同有关的任何争议，双方都应当通过友好协商的办法解决；如果协商不能解决，应提交中国国际经济贸易仲裁委员会，按照申请仲裁时该委员会现行有效的仲裁规则进行仲裁。仲裁裁决是终局的，对双方都有约束力。”

2）在被申请人所在国仲裁的条款格式

“凡因本合同引起的或与本合同有关的任何争议，双方都应通过友好协商的办法解决；如果协商不能解决，应提交仲裁，仲裁在被申请人所在国进行。在中国，由中国国际经济贸易仲裁委员会根据申请仲裁时该委员会的仲裁规则进行仲裁。如在××国（被申请人所在国名称），由××国××仲裁机构（被申请人所在国仲裁机构的名称）根据该组织的仲裁程序规则进行仲裁。现行有效的仲裁裁决是终局的，对双方都有约束力。”

3）在第三国仲裁的条款格式

“凡因本合同引起的或与本合同有关的任何争议，双方都应通过友好协商的办法解决，如果协商不能解决，应按××国××地××仲裁机构现行有效的仲裁程序规则进行仲裁。仲裁裁决是终局的，对双方都有约束力。”

合同当事人除酌情分别采用上述仲裁条款外，还可以在仲裁条款（或仲裁协议）中对仲裁员人数、国籍、开庭地点、普通程序或简易程序、适用法律及仲裁语言等事项做出约定，或者在仲裁条款（或仲裁协议）制定完之后、争议提交仲裁之前或者仲裁程序开始之前，以书面补充协议的形式进行补充约定。

9.4.4 约定仲裁条款的注意事项

交易双方签订买卖合同时，为了明确合理地约定仲裁条款，必须注意下列事项：

1）选择合适的仲裁地点

众所周知，仲裁地点不同，适用的法律则不同，不同的法律对同一问题的解释与处理结果也必然有别，因此，交易双方都希望选择法律环境比较利于己方的地点仲裁。同时，仲裁地点与合同当事人所在地距离的远近以及在该处仲裁所花费用的大小等，也是需要考虑的因素。若争议金额不大，一般应选择与自身距离近的地点仲裁，最好争取在本国仲裁，以节省开支和避免出现得不偿失的情况。

此外，交易双方如约定在双方同意的第三国仲裁，则应选择同意受理双方当事人都不是本国公民的争议案的仲裁机构，而且是比较公正并具有一定的业务能力的仲裁机构。

2）择优选择适当的仲裁机构

国际上常设的仲裁机构很多，它们的情况大都不一致，因此，需要择优选择仲裁机构。选择时，既要考虑成交金额的大小，又要考虑下列各种因素：该机构的历史沿革和背景，审理案件的态度是否公正，办案效率和业务水平的高低，裁决的权威性和对外影响程度等。

3）合理约定仲裁费的负担

在仲裁条款中，关于仲裁费由何方负担有各种不同的规定，有的只约定由败诉方负担，有的约定由仲裁庭决定。鉴于有时会出现争议双方均有违约的情况，双方都不同程度地负有责任，有时虽属一方违约引起争议，但由于胜诉方“狮子大开口”，索赔金额过高，而仲裁费是按索赔金额计收的，加之某些费用开支又不合理，致使仲裁费用增加，若这些不合理费用也由败诉方负担，显失公平。因此，在约定仲裁费用的负担时，最好同时约定：由败诉方承担或由仲裁庭酌情决定相互承担的比率。这种约定办法既符合实事求是的原则，也体现了对仲裁庭裁量权的尊重。

4）仲裁条款的规定应当明确具体

约定仲裁条款应当明确具体，以利于争议的解决。例如，有的合同在约定仲裁地点时，规定“在中国或外国仲裁”，或者规定“在进口国或出口国仲裁”；有的合同既约定“由中国国际经济贸易仲裁委员会仲裁”，又约定“在中国香港仲裁”；有的合同约定“发生争议，在中国的仲裁机构或法院依法解决”；还有的合同约定“若双方发生争议，通过仲裁解决”，但仲裁地点、仲裁机构和仲裁规则等内容，都未具体规定。上述这些模棱两可或含糊其词的规定，都不利于解决争议。因此，拟定仲裁条款或签订仲裁协议时，应使其内容明确具体，以利于及时解决争议。

9.4.5　仲裁裁决的承认与执行

仲裁裁决是终局性的，对双方当事人都具有法律上的约束力，当事人必须执行。在双方当事人都在本国的情况下，如一方不执行裁决，另一方可请求法院强制执行。如一方当事人在国外，则涉及一个国家的仲裁机构所做出的裁决要由另一个国家的当事人去执行的问题。在此情况下，如国外的当事人拒不执行裁决，则只有到国外法院去申请执行，或通过外交途径要求对方国家的有关主管部门或社会团体（如商会、同业公会）协助执行。为了解决在执行外国仲裁裁决问题上的困难，国际上除通过双边协定就相互承认与执行仲裁裁决问题做出规定外，还订立了多边国际公约。1958年6月10日，联合国在纽约召开了国际商事仲裁会议，签订了《承认及执行外国仲裁裁决公约》（Convention on the Recognition and Enforcement of Foreign Arbitral Awards），简称《1958年纽约公约》。

1986年12月，第六届全国人民代表大会常务委员会第四次会议决定中华人民共和国加入《1958年纽约公约》，并同时做出下列两点声明：

第一，中华人民共和国只在互惠的基础上对在另一缔约国领土内做出的仲裁裁决的承认和执行适用该公约。

第二，中华人民共和国只对根据中华人民共和国法律认定为属于契约性和非契约性商事法律关系所引起的争议适用该公约。

中国政府于1987年1月22日递交加入书，该公约于1987年4月22日对我国生效。我国政府对上述公约的加入和所做的声明，不仅为我国承认与执行外国仲裁裁决提供了法律依据，而且有利于我国仲裁机构做出的裁决在国外公约成员国国内的执行。

【拓展阅读9-1】

定金与订金

所谓定金，是指合同当事人为了确保合同的履行，依据法律规定或者当事人双方的约定，由当事人一方在合同订立时或者订立后、履行前，按照合同标的额的一定比例（不超过20%），预先给付对方当事人的金钱或其替代物。作为一种法律上的债权担保方式，给付定金的目的在于促使债务人履行债务，保障债权人的债权得以实现。签订合同时，对定金必须以书面形式进行约定，同时还应约定定金的数额和交付期限。给付定金的一方如果不履行债务，则无权要求另一方返还定金；接受定金的一方如果不履行债务，需向另一方双倍返还定金。债务人履行债务后，依照约定，定金应抵作价款或者收回。

根据最高人民法院在2000年12月8日公布的《关于适用〈中华人民共和国担保法〉若干问题的解释》(以下简称《解释》)，定金的类型和适用主要有如下几种：

(1) 订约定金。《解释》第115条规定了订约定金。订约定金，即立约定金，其设立是为了担保主合同的签订。订约定金的特点是：其法律效力的发生与主合同是否发生法律效力没有关系。凡在意向书一类的协议中设定了订约定金，其法律效力自当事人实际交付定金时就存在，在其所担保的订约行为没有发生时，对拒绝订立主合同的当事人就要实施定金处罚。

(2) 成约定金。《解释》第116条规定了成约定金，即作为主合同成立或生效要件而约定的定金。当事人在合同中约定有成约定金的，定金未交付，则合同不成立或不生效。若当事人约定定金并明确表示定金的交付构成合同的成立或生效要件，则该定金具有成约定金的性质。但是，为了鼓励交易，如果主合同已经履行或者履行了主要部分，即使给付定金的一方当事人未按约实际交付定金，仍应当承认主合同的成立或生效。

(3) 解约定金。《解释》第117条规定了解约定金，即将定金作为保留合同解除权的代价，也即支付定金的一方当事人可以放弃定金以解除合同，接受定金的一方当事人也可以双倍返还定金以解除合同。需要注意的是，当事人一方虽然以承担定金损失解除了合同，但在守约的当事人因合同解除受到的损失大于定金收益的情况下，解约方仍然应承担损害赔偿的责任。

(4) 违约定金。《担保法》第89条对违约定金做了规定，《解释》第120条、第122条对违约定金做了补充规定。违约定金是以定金的放弃或者双倍返还作为违反合同的补救方法而约定的定金。《担保法》规定以当事人一方不履行约定的债务作为适用定金罚则的条件。《解释》进一步对“不履行”分不同情况做了不同规定：一是明确规定违约定金处罚的条件不但要有迟延履行等违约行为，还要有因该违约行为致使合同目的落空的结果，这两个条件缺一不可。二是主合同部分得到履行，部分没有履行，一方当事人因此遭受了损失，但是合同的目的没有完全落空，这时，既要对不完全履行合同的当事人进行定金处罚，又不能使定金全部被罚。三是因不可抗力、意外事件或第三人过错致使主合同不能履行，能否适用定金罚则的规定。因不可抗力、意外事件致使主合同不能履行的，不适用定金罚则；因合同关系以外的第三人的过错，致使主合同不能履行的，适用定金罚则。当事人一方受定金处罚后，可以依法向第三人追偿。

“订金”在法律上是不明确的，也是不规范的，在审判实践中一般被视为预付款，即使认定为一种履约保证，这种保证也是单方的，只对给付方形成约束，即给付方对收受方的保证。若收受方违约，只能退回原订金，给付方得不到双倍返还；若给付方违约，收受方会以种种理由把订金抵作赔偿金或违约金而不予退还。

根据我国《民法通则》和《担保法》的规定，定金与订金的区别主要表现在四个方面：①交付定金的协议是从合同，依约定应交付定金而未付的，不构成对主合同的违反；而交付订金的协议是主合同的一部分，依约定应交付订金而未交付的，即构成对主合同的违反。②交付和收受订金的当事人一方不履行合同债务时，不发生丧失或者双倍返还预付款的后果，订金仅作为损害赔偿金。③定金的数额在法律规定上有一定的限制，如《担保法》就规定定金数额不超过主合同标的额的20%；而订金的数额由当事人自由约定，法律一般不做限制。④定金具有担保性质，而订金只是单方行为，不具有明显的担保性质。

可见，定金和订金虽只一字之差，但其产生的法律后果却是不一样的，订金不能产生定金所能产生的四种法律效果，更不能适用定金罚则。

● 课堂讨论

9.1　在国际货物买卖合同中为什么要订立索赔条款？《联合国国际货物销售合同公约》对货物的索赔期限是怎样规定的？

9.2　在国际货物买卖合同中规定违约金条款有何意义？规定和运用该条款应注意哪些事项？

● 知识掌握

9.1　在国际货物贸易中，规定和运用定金条款应注意哪些事项？

9.2　何谓不可抗力？在国际货物买卖合同中规定不可抗力条款应注意哪些事项？

9.3　为什么仲裁是解决国际经贸争议的重要方式？国际货物买卖合同中的仲裁条款包括哪些主要内容？

9.4　我国仲裁机构审理国际经贸仲裁案件遵循哪些原则？

9.5　我国参加《承认与执行外国仲裁裁决公约》的意义何在？该公约包括哪些基本内容？

● 知识应用

□ 案例分析

9.1　我国某出口企业以CIF纽约条件与美国某公司订立了200套家具的出口合同。合同规定12月交货。11月底，我方出口商品仓库因遭受雷击发生火灾，致使一半以上的出口家具被烧毁。我方遂以不可抗力为由要求免除交货责任，美方不同意，坚持要求我方按时交货。我方经多方努力，于次年1月初交货，而美方以我方延期交货为由提出索赔。

问题：中方的做法对不对？如果不对，应该怎么处理？

分析提示：不可抗力的法律适用。

9.2　买卖双方按CIF鹿特丹、即期信用证付款条件达成交易，在合同和信用证中都规定“不准转船”。卖方按合同和信用证的规定，及时将其出售的货物装上了直达鹿特丹的班轮，并凭直达提单等装运单据办理了货款的议付。船方为了装载其他货物，中途擅自将卖方托运的货物换装其他船续运至鹿特丹。因其中途转船延误了时间，致使货物晚到1个月，买方遂向卖方索赔，卖方拒赔。后买方提请仲裁，结果被仲裁庭驳回。

问题：买方向卖方索赔有没有道理？仲裁庭驳回买方的仲裁请求对不对？

分析提示：索赔的对象要把握准确。

9.3 中国某公司曾与美国某商人签订了一份买卖机械设备零件的合同，合同背面载有仲裁条款。后在履约过程中，双方发生争议，美国商人遂向美国法院起诉中方公司。该法院受理此案后，即向中方公司发出传票，中方公司以合同背面载明的仲裁条款为证，提出抗辩，要求美国法院不予受理。美国法院核实材料后，承认它对本案无管辖权。本争议案仍按双方约定的仲裁条款，通过仲裁途径解决。

问题：美国法院的做法是否正确？中方公司的做法是否有道理？

分析提示：仲裁协议的作用。

第10章

合同的磋商与签订

● 学习目标

在学习完本章之后，你应该能够：

了解：签订书面合同的意义；

明确：磋商的内容；

熟知：磋商的程序；

掌握：构成发盘和接收的条件。

【引例】

1.阿根廷某公司应中国某公司的请求，报出某产品200公吨、每公吨2 150美元、即期装运的实盘。中方接到阿方的报盘后，未做还盘，而是一再请求阿方增加数量、降低价格，并延长有效期。后阿方公司将数量增到350公吨，每公吨价格为CIF上海价2 100美元，有效期经3次延长，最后延长至9月25日，中方公司于9月20日来电表示接受该盘。

阿方接到该电传时，得知国际市场上该商品价格上扬，遂向中方发电称："由于国际市场价格发生变化，货物已于接到你方电传时售出。"而中方对此拒绝接受，坚持要求按发盘条件执行合同，阿方如不执行合同，则要赔偿中方的损失。

2. 3月15日，A公司向新加坡客户G公司发盘：报童装兔毛衫200打，货号CM034，每打CIF新加坡100美元，8月份装运，即期信用证付款，25日复到有效。3月22日，A公司收到G公司的如下答复：你15日发盘收到。你方报价过高，若降至每打90美元可接受。A公司次日复电：我方报价已是最低价，降价之事歉难考虑。3月26日，G公司又要求航邮一份样品以供参考。3月29日，A公司寄出样品，并函告对方：4月8日前复到有效。4月3日，G公司回函表示接受发盘的全部内容，4月10日送达A公司。A公司经办人员视其为逾期接受，故未做任何表示。

7月6日，A公司收到G公司开来的信用证，并请求用尽可能早的航班出运。此时因原料价格上涨，A公司已将价格调整至每打110美元，故于7月8日回复称：我公司与你方此前未达成任何协议，你方虽曾对我方的发盘表示接受，但我方4月10日才收到，此乃逾期接受，无效。请恕我方不能发货。信用证已请银行退回。如你方有意成交，我方重新报价每打CIF新加坡110美元，9月份交货，其他条件不变。

7月12日，G公司来电：我方曾于4月3日接受你方的发盘，虽然如你方所言，4月10日才送达你方，但因你我两地之邮程需3天时间，尽管我方的接受在传递过程中出现了失误，但你我两国均为《联合国国际货物销售合同公约》（以下简称《公约》）的缔约国，按《公约》第21条第2款的规定，你方在收到我方逾期接受后未做任何表示，就意味着合同已经成立，请确认你方将履行合同；否则，一切后果将由你方承担。

从上述案例中可以看出，国际货物买卖合同是当事人之间意思表示一致的结果，是通过一方提出要约、另一方对要约表示承诺而成立的。要约一经受要约人承诺，合同即告成立，当事人双方就应履行各自的义务。因此，业务人员应熟练掌握交易磋商的基本程序，从而保证合同的有效签订和顺利履行。

● 10.1 合同磋商的形式和内容

10.1.1 合同磋商的形式

交易磋商是指交易双方就买卖商品的各项交易条件进行协商，最后达成协议的整个过程。交易磋商通常有口头谈判和书面磋商两种形式。

口头谈判主要是指交易双方面对面地谈判或通过国际电话等进行的交易磋商。口头谈判方式由于买卖双方可以直接交流，因此对谈判内容复杂、涉及问题多的交易更为适合。

书面磋商是指通过信件、电报、传真等通信方式来洽谈交易。其费用比口头谈判低廉，是日常业务中的通用做法。

口头谈判和书面磋商这两种磋商方式在法律上均具有同等的效力。通过口头谈判或书面磋商，双方对交易条件达成协议后，即可签订正式书面合同。

10.1.2 合同磋商的内容

合同磋商的内容包括合同所涉及的各项条款，这些条款可分为两类：

（1）主要交易条件（Main Terms and Conditions），包括品质、数量、包装、价格、交货、支付等条款。买卖双方欲达成交易、订立合同，必须至少就这六项条款进行磋商并取得一致意见（特殊情况可以例外）。

（2）一般交易条件（General Terms and Conditions），包括检验、索赔、仲裁、不可抗力等条款。这些条款适用于国际贸易中的任何一笔交易。它们虽非成立合同不可缺少的内容，但是为了提高合同质量，防止或减少争议的发生以及便于解决可能发生的争议，买卖双方在交易磋商时也不容忽视。

● 10.2 交易磋商的一般程序

交易磋商的程序可以概括为四个环节：询盘、发盘、还盘和接受。其中，发盘和接受是每笔交易必不可少的基本环节或法律步骤。

10.2.1 询盘

询盘（Inquiry）通常是买方或卖方准备购买或销售某种商品，向对方发出的一种询问以邀请对方发盘的表示。询盘时，除品名外，有时还要列明规格、交货期等。询盘通常是交易的起点，它对买卖双方都没有约束力。在实际业务中，由买方主动发询盘的较多。例如：Please offer Groundnut 100MT.（请发盘100公吨花生仁）；Please cable Groundnut 100MT.（请电告100公吨花生仁）。

询盘的另一种常见做法是提出内容不肯定或附有保留条件的建议。例如，在价格中使用参考价（Reference Price）或价格倾向（Price Indication），或标注"以我方最后确认为准"（Subject to our final confirmation）、"有权先售"（Subject to prior sale）等字样。这样即使提出的交易条件明确、完备，仍不能算是有效的发盘，而属于邀请发盘。

询盘信函示例：

Dear Sirs,

We are one of the leading importers of TV sets in the city and are willing to establish business relations with your corporation.

For the time being, we are interested in your TV sets, details as per our Inquiry Note No.5678 attached, and will be glad to receive your keenest quotation as soon as possible.

We would like to say that if your price is attractive and delivery date acceptable, we are ready to place a large order with you immediately.

Yours faithfully,

10.2.2 发盘

发盘（Offer）又称发价，是卖方或买方向对方提出一定的交易条件，并愿意按照这些条件达成交易的一种肯定表示。在国际贸易中，发盘通常是卖方在收到买方的询盘之后提出的，也可由卖方主动提出，也有买方向国外的卖方提出上述表示的，习惯上称为"递盘"（Bid）。发盘的方式有口头和书面两种。书面发盘可以采取书信、电报、电传、传真、互联网等方式。

发盘既是商业行为，又是法律行为，在合同法律中称为要约。发盘可以是应对方邀请对询盘做出的答复，也可以是在没有邀请的情况下直接发出的。在发盘的有效期内，发盘人不得任意撤销或修改其内容。对方一旦在有效期内表示无条件接受发盘，发盘人将受其约束，并承担按发盘条件与对方订立合同的法律责任。

发盘时常使用发盘（Offer）、发实盘（Offer Firm/Firm Offer）、订购（Book）等术语。

例如："offer willow basket five hundred dozens, USD fourteen per dozen CIF New York, five dozens per carton, shipment Nov./Dec., sight L/C, reply here 10th June."（今报柳篮500打，每打14美元CIF纽约，每5打一纸箱；11/12月装运，即期信用证，限6月10日复到。）

实盘信函示例：

A Firm Offer

Dear Sirs,

We thank you for your inquiry of July 10th, asking us to make you a firm offer for black tea.

We are now offering you 50 metric tons of black tea, at USD XXX net per metric ton CFR Shanghai for shipment during November / December. This offer is firm, subject to your reply reaching here before July 30th of our time.

As you know, there is a large demand for the above goods, such a growing demand can only result in increased price.However，you may benefit from the advancing market if you send us your immediate acceptance.

Yours truly,

1）构成发盘的条件

构成一项有约束力的发盘，应具备以下条件：①向一个或一个以上特定的人提出；②表明发盘人受该发盘约束；③发盘的内容必须十分确定；④接受必须在发盘的有效期内做出并送达发盘人。

《公约》对发盘内容的"十分确定"做了解释，即在发盘中明确货物名称，规定数量和价格。在规定数量和价格时，既可以明示，也可以暗示，还可以只规定确定数量和价格的方法。但是，在我国的贸易实践中，一项交易条件完整的发盘，通常应包含货物的品质、数量、包装、价格、交货、支付等主要交易条件。

在我国的实际业务中，有时会出现交易条件表面上不完整但是实际上是完整的情况，原因可分为三种：①买卖双方事先订有"一般交易条件"的协议；②援引买卖双方来往磋商的函电和以前的合同条款；③买卖双方在以前的业务交往中已形成习惯做法。

2）发盘的有效期

发盘的有效期是指可供受盘人对发盘做出接受的期限。在国际贸易中，凡是发盘都有有效期。明确规定有效期的发盘从发盘被传达到受盘人时开始生效，到规定的有效期届满为止。不明确规定有效期的发盘，按惯例在合理时间内有效。口头发盘，除双方另有约定外，受盘人必须立即接受，发盘的效力于谈话结束时终止。

【案例10-1】

一位法国商人于某日上午拜访我国某外贸企业洽购某商品。我方口头发盘后，对方未置可否，当日下午法商再次来访，表示无条件接受我方上午的发盘，那时我方已获知该商品的国际市场价格有趋涨的迹象。

问题：我方应如何处理，为什么？

分析提示：按《公约》的规定，对于口头要约，需立即接受方能成立合同。上午我方发盘后，法商未置可否，也未提出任何要求，则合同没有成立。据此，我方鉴于市场有趋涨的迹象，可以予以拒绝或提高售价继续洽谈。

我国在出口贸易中，常见的明确规定发盘有效期的方法主要有：①规定最迟接受的期限。例如："offer valid till fourteenth our time."（发盘限我方时间14日复到）。②规定一段接受的期间。例如："offer valid for a week."（发盘有效期一周）。

《公约》第20条规定：①发盘人在电报或信件内规定的接受期间，从电报交发时刻或信上载明的发信日期起算，如信上未载明发信日期，则从信封上所载日期起算。发盘人以电话、电传或其他快速通信方法规定的接受期间，从发盘送达被发盘人时起算。②在计算接受期间时，接受期间内的正式假日或非营业日应计算在内。但是如果接受通知在接受期间的最后一天未能送到发盘人地址，因为那天在发盘人营业地是正式假日或非营业日，则接受期间应顺延至下一个营业日。

3）发盘的撤回、撤销和终止

（1）发盘的撤回（Withdraw）。它是指发盘人将尚未被受盘人收到的发盘予以撤销的行为。《公约》第15条第2款规定："一项发盘，即使是不可撤销的，得予撤回，如果撤回通知于发价送达被发价人之前或同时，送达被发价人。

（2）发盘的撤销（Revocation）。它是指发盘人将已被受盘人收到的发盘予以撤销的行为。《公约》第16条规定：在未订立合同之前，发盘得予撤销，如果撤销通知于被发盘人发出接受通知之前送达被发盘人。但在下列情况下，发盘不得撤销：（a）发盘写明接受发价的期限或以其他方式表示发盘是不可撤销的；或（b）被发盘人有理由信赖该项发盘是不可撤销的，而且被发盘人已本着对该项发盘的信赖行事。

以上规定表明，发盘在一定条件下可以撤销。

（3）发盘的终止。它是指发盘法律效力的消失。通常有下列几种情况：①发盘中规定的有效期届满；②受盘人做出还盘；③发盘人依法撤销发盘；④在发盘被接受前，当事人丧失行为能力或死亡或法人破产；⑤人力不可抗拒的意外事故造成发盘的失效，如政府禁令或战争。《公约》第17条规定：一项发盘，即使是不可撤销的，于拒绝通知送达发盘人时终止。

当受盘人不接受发盘中的条件，并将拒绝通知送到发盘人手中时，原发盘就失去了效力，发盘人不再受其约束。

10.2.3　还盘

还盘（Counter Offer），是受盘人对发盘内容不完全同意而提出要求更改的表示。还盘可以用口头方式或者书面方式表达，一般与发盘采用的方式相符。在磋商交易中，还盘既是对发盘的拒绝，也是受盘人以发盘人的地位所提出的新发盘。因此，一方的发盘经对方还盘以后即失去效用，受盘人不得再接受原发盘。

【案例10-2】

我国某公司于7月16日收到法国某公司发盘：“马口铁500公吨，单价545美元CFR中国口岸，8月份装运，即期L/C支付，限7月20日复到有效。”我方于17日复电：“若单价500美元CFR中国口岸可接受，履约中如有争议，在中国仲裁。”法国公司当日复电：“市场坚挺，价不能减，仲裁条件可接受，速复。”此时马口铁价格确实趋涨。我方于19日复电：“接受你方16日发盘，L/C已由中国银行开出。”结果对方退回了中方开立的L/C。

问题：合同是否成立？

分析提示：合同并未成立。我方19日电并不是有效的接受，因为16日的法商发盘经我方17日还盘已经失效，法商不再受其约束。我方应接受的是法国公司17日的复电。

一方发盘，另一方如对其内容不同意，可以还盘；同样，一方的还盘，另一方如对其内容不同意，也可以进行再还盘。一笔交易往往经过还盘及往返多次的再还盘才能达成。

还盘与再还盘不仅可以就商品的价格高低提出意见，也可以就交易的其他条件提出意见。

例如：（1）“Your Telex 7th Counter offer USD15 per dozen CIF New York.”（你7日电收悉，还盘：每打15美元CIF纽约）。

（2）“Your telex 7th D/P sight payment.”（你7日电收悉，即期D/P支付）。

还盘信函示例：

Dear Sirs,

RE: COUNTER OFFER FOR BICYCLES

Thank you for your letter about the offer for the captioned bicycles. Although we appreciate the quality of your bicycles, their price is too high to be acceptable. Referring to the Sales Confirmation No.89SP-754, you will find that we ordered 1 000 bicycles with same brand as per the terms and conditions stipulated in that Sales Confirmation, but the price was 10% lower than your present price. Since we placed the last order, price for raw materials has been decreased considerablely. Retailing price for your bicycles here has also been reduced by 5%. Accepting your present price will mean great loss to us, let alone profit. We would like to place repeat orders with you if you could reduce your price at least by 1.5%. Otherwise, we have to shift to the other suppliers for our similar request. We hope you take our suggestion into serious consideration and give us your reply as soon as possible.

Yours truly,

10.2.4 接受

接受（Acceptance）是交易的一方完全同意对方发盘中全部交易内容的肯定表示。发盘和接受是达成交易的两个必经环节。一方的发盘经另一方接受，交易即告达成，合同亦即成立，双方应分别履行其应承担的义务。

接受在法律上称作承诺，它既属于商业行为，也属于法律行为。表示接受，一般用“接受”（Accept）、“同意”（Agree）和“确认”（Confirm）等术语。

例如：(1)“Your Counter offer dated 10th accepted.”(你方10日电悉，还盘已接受)。

(2)“Your 10th accepted, willow basket five hundred dozens, £10 per dozen, CIF London, five dozens per carton, shipment Nov./Dec.D/P sight payment.”(你方10日电悉，柳篮500打，每打10英镑，CIF伦敦，每5打一纸箱，11/12月装运，即期D/P付款。)

接受信函示例：

Dear Sirs,

We are glad to learn from your letter of May 5th that you have accepted our offer dated May 3rd.

In reply, we confirm having sold to you 1 000 dozens Men's Pajamas on the following terms and conditions:

Commodity: Men's Pajamas

Quantity: 1 000 dozen

Price: At USD188 per dozen CFR Vancouver

Color: Blue, dark, red

Size: L/XL/XXL

Shipment: to be effected from Dalian to Vancouver during July 2018.

Payment: by a confirmed and irrevocable letter of credit in our favor, payable by draft at sight.

We are pleased to have transacted this initial business with you and look forward to the further expansion of trade to our mutual benefit.

Yours faithfully,

1）构成接受的条件

《公约》对构成有效接受的条件做了以下规定：①接受必须由受盘人做出；②接受必须无条件同意发盘所提出的交易条件。

如果受盘人在答复时使用了"接受"字样，同时又对发盘的内容做了某些更改，即构成有条件的接受（Conditional Acceptance），这种"接受"不是法律上所讲的有效的接受，因为有条件的接受属于还盘。如果受盘人在表示接受时提出的变更与原发盘条件并不相矛盾，而是解释或说明原发盘条件是否构成有效接受，则要看其所载的条件是实质性变更原发盘条件还是非实质性变更原发盘条件。

《公约》第19条规定：①对发盘表示接受，但载有添加、限制或其他更改的答复，即为拒绝该项发盘，并构成还盘。②对发盘表示接受，但载有添加或不同条件的答复，如所载的添加或不同条件在实质上并不变更该项发盘的条件，除发盘人在不过分迟延的期间内以口头或书面通知反对其中的差异外，仍构成接受；如果发盘人不做出这种反对，合同的条件就以该项发价的条件以及接受通知内所载的更改为准。③有关货物价格、付款、货物质量和数量、交货地点和时间、一方当事人对另一方当事人的赔偿责任范围或解决争端等的添加或不同条件，均视为在实质上变更发盘的条件。

由此可见，实质性变更是对发盘的拒绝，构成还盘的性质；非实质性变更能否构成有效的接受，取决于发盘人是否反对。

【案例10-3】

A国商人将从他国进口的初级产品转卖，向B国商人发盘。B国商人复电，接受发盘，同时要求提供产地证。两周后，A国商人收到B国商人开来的信用证，正准备按信用证规定发运货物时，获商检机构通知，因该货物非本国产品，不能签发产地证。A国商人电请B国商人取消信用证中要求提供产地证的条款，遭到拒绝，于是引起争议。A国商人提出，其对提供产地证的要求从未表示同意，依法无此义务，B国商人则坚持A国商人有此义务。

问题：请根据《公约》（双方所在国均为缔约国）的规定，对此案做出裁决。

分析提示：（1）A国与B国均为《公约》的缔约国，由于双方对《公约》的适用未做排除和保留，本案应按《公约》的规定办理。

（2）A国商人在收到B国商人对其发盘做出附加条件的接受时，未提出任何异议，即视为接受有效，A国商人应负提供产地证的义务。

（3）B国商人已根据其接受条件开立信用证，A国商人接受信用证后，又未提出异议，并准备履行信用证规定的交货义务，后因商检机构不能出证，这与B国商人无关，即认定A国商人违约。

（1）接受必须在发盘规定的有效期内做出。发盘中通常都规定一个有效期。发盘人在有效期内，不能任意撤销或修改发盘的内容，过期则不再受其约束。受盘人只有在有效期内做出接受，才有法律效力。如发盘中未规定有效期，则应在合理时间内接受才有效。

（2）接受必须以一定的方式明确表示出来。《公约》第8条规定：①为本公约的目的，一方当事人所做的声明和其他行为，应依照他的意旨解释，如果另一方当事人已知道或者不可能不知道此一意旨；②如果上一款的规定不适用，当事人所做的声明和其他行为，应按照一个与另一方当事人同等资格、通情达理的人处于相同情况下应有的理解来解释；③在确定一方当事人的意旨或一个通情达理的人应有的理解时，应适当地考虑到与事实有关的一切情况，包括谈判情形、当事人之间确立的任何习惯做法、惯例和当事人其后的任何行为。

表示接受大多采用口头或书面声明的方式，但也可以根据发盘的要求或双方当事人之间已经确立的习惯做法做出行动表示，如卖方备货、买方开立信用证等。缄默或不行动本身并不等于接受。

2）逾期接受

逾期接受又称为迟到的接受，是指受盘人的接受通知晚于发盘人规定的有效期送达的情况。对于这种迟到的接受，发盘人不受其约束，不具有法律效力。

但《公约》规定了逾期接受仍为有效的两种情况。《公约》第21条规定：①逾期接受仍有接受的效力，如果发盘人毫不迟延地以口头或书面形式将此种意见通知被发盘人。②如果载有逾期接受的信件或其他书面文件表明，它是在传递正常、能及时送达发盘人的情况下寄发的，则该项逾期接受具有接受的效力，除非发盘人毫不迟延地以口头或书面通知的形式告知被发盘人：他的发盘已经失效。

总之，在逾期接受的情况下，无论是何种原因造成的，决定该接受是否有效的主动权都在发盘人手上。

【案例10-4】

我国出口企业对意大利某商人发盘，限10日复到有效。9日意商人用电报通知我方接受该发盘，由于电报局传递延误，我方于11日上午才收到对方的接受通知，而我方在收到接受通知前获悉市场价格已上涨。

问题：我方应如何处理？

分析提示：按照《公约》的规定，我方于11日收到意商的接受电报属因传递延误而造成的逾期接受。因此，如我方不同意此项交易，应即复电通知对方：我方原发盘已经失效。如我方鉴于其他原因，愿按原发盘达成交易、订立合同，可回电确认，也可不予答复，予以默认。

3）接受的撤回

接受的撤回是指受盘人表示接受的通知在生效前收回。它与接受生效的时间有着密切的关系。

对于接受撤回的问题，按照英美法系的投邮生效原则，接受一经投邮立即生效，合同立即成立，则不存在接受的撤回问题；大陆法系国家和《公约》采用的是到达生效原则，因而接受发出后，在一定的条件下可以撤回。《公约》第22条规定：接受得予撤回，如果撤回通知于接受原应生效之前或同时，送达发盘人。

小资料10-1：各国法律对接受生效时间的不同规定

10.3 书面合同的签订

在交易磋商过程中，一方发盘经另一方接受，交易即告达成，双方之间就建立了合同关系。依国际惯例，买卖双方还需签订一定格式的书面合同，以进一步明确双方的权利与义务，保证交易的顺利执行。

10.3.1 签订书面合同的意义

按照一般的法律规则，合同的成立取决于一方的发盘和另一方对发盘的接受的程序。签订书面合同不是合同有效成立的必备条件。

《公约》第11条规定：销售合同无须以书面订立或书面证明，在形式方面也不受任何其他条件的限制。销售合同可以用包括人证在内的任何方法证明。

但是在国际贸易实践中，在当事人双方磋商一致，达成交易之后，一般均另行签订书面合同。签订书面合同具有以下意义：①可以作为合同成立的证据；②有时是合同生效的条件；③可以作为履约的依据。

10.3.2　书面合同的形式

在国际贸易中，进出口贸易书面合同的名称和形式均无特定的限制，合同（Contract）、确认书（Confirmation）、协议书（Agreement）、备忘录（Memorandum）和订单（Order）均有使用。我国外贸业务中主要使用的是合同和确认书。

1）合同

合同的内容比较全面、详细，除了包括交易的主要条件（如品名、规格、数量、包装、价格、交货、支付）外，还包括保险、商品检验、索赔、仲裁、不可抗力等条款。卖方草拟提出的合同称为“销售合同”（Sales Contract），买方草拟提出的合同称为“购货合同”（Purchase Contract）。

2）确认书

确认书是合同的简化形式。卖方出具的确认书称为“售货确认书”（Sales Confirmation），买方出具的确认书称为“购货确认书”（Purchase Confirmation）。确认书的法律效力与合同完全相同。

3）协议书

协议书在法律上是“合同”的同义语。当双方当事人把经协商达成一致的交易条件整理成书面形式时，我们就称其为“协议”。协议对买卖双方当事人的权利和义务做了明确、具体和肯定的规定，因此具有法律效力。

4）订单和委托订购单

订单是指由出口商与实际购买者拟定的货物订购单。委托订购单是指由代理商或中间商拟定的代理买卖货物的订购单。

除此之外，还有“备忘录”“意向书”等形式，其是否具有法律效力视具体情况而定。

当面或经电话口头磋商达成的交易，在取得口头协议后，都应经双方合法代表正式签署书面合同。

合同一般包括三部分：第一部分是约首，即合同的首部，包括合同的名称、编号、缔约日期、缔约地点、缔约双方的名称和地址等；第二部分是本文，即合同的主体，载有主要的交易条款；第三部分是约尾，即合同的尾部，包括合同的份数以及缔约双方的签字等。合同的内容应该明确、前后一致并与交易双方达成的条款内容完全一致。有效的合同对双方当事人都有约束力。

【拓展阅读10-1】

进出口交易的磋商

2018年11月初，上海纺织品进出口公司接到新加坡海外贸易公司来信声明它是代理商，代客订货，由客户开立信用证，要求建立业务关系，表明对漂布特别有兴趣，并提供了银行资信情况。上海纺织品进出口公司委托中国银行上海分行调查新加坡该公司的资信情况，认为可靠后，于11月20日写信给该公司，表示愿意与之建立业务关系，并介绍了

"跳鲤"牌漂布，货号41000。规格坯布的经纬纱为30支×36支，每英寸经纬密度72×69，每匹幅阔35/36英寸，长42码；布包，每包20匹，内衬牛皮纸、拖腊纸，外捆铁皮，每包体积19英寸×17英寸×23英寸，毛重71千克，净重69千克。同时，附参考样品一块和销售确认书空白格式一份，其背面印有"一般条款"，并要求该公司来信或电报书面确认同意，以利于今后交易磋商。新加坡该公司收到11月20日的信函后，于12月3日来电要求发盘，于是双方开始了交易磋商。自12月3日至12月13日，经过7次电报来往，双方达成交易。其过程如下：

12月3日来电：你11月20日函收到请发实盘41000。

YOUR LETTER 11/20 RECEIVED PLEASE OFFER FIRM 41000.

12月4日去电：你3日电发实盘限7日复到41000 84 000码布每码2.40港元CIF新加坡2019年3月装不可撤销即期信用证。

YOURS THIRD OFFER FIRM SUBJECT REPLY HERE SEVENTH 41000 84 000 YARDS CLOTH BALES HK DOLLARS 2.40PER YARD CIF SINGAPORE SHIPMENT MARCH 2019 IRREVOCABLE SIGHT CREDIT.

12月6日来电：你4日电126 000码1月2.20港元CIFC3% D/P即期请9日复。

YOURS FOURTH 126 000 YARDS JANUARY HK DOLLARS 2.20 CIFC3% D/P SIGHT. PLEASE REPLY HERE NINTH.

12月8日去电：你6日电订货拥挤只能供应100 800码2月2.40港元CIFC2%不可撤销即期信用证11日复到。

YOURS SIXTH ORDERS CONGESTED CAN ONLY SUPPLY 100 800 YARDS FEBRUARY HK DOLLARS 2.40 CIFC2% IRREVOCABLE SIGHT CREDIT REPLY HERE ELEVENTH.

12月10日来电：你8日电其他来源类似品种报价2.25竞争激烈因此至多2.30信用证见票60天电复。

YOURS EIGHTH OTHER SOURCES SIMILAR QUALITY QUOTATION 2.25 COMPETITION KEEN HENCE BEST 2.30 CREDIT 60 DAYS SIGHT REPLY.

12月12日去电：你10日电鉴于首次交易特别考虑2.35信用证30天14日复到。

YOURS TENTH INVIEW OF INITIAL TRANSACTION SPECIAL CONSIDERATION 2.35 CREDIT 30 DAYS REPLY HERE FOURTEENTH.

12月13日来电：你12日电接受信用证将由新加坡××路345号ABC公司开立。

YOURS TWELFTH ACCEPTED CREDIT TO BE OPENED BY ABC COMPANY 345×× ROAD SINGAPORE

分析：从12月3日的来电中可以看出，这是新加坡客户向上海纺织品进出口公司发来的一个询盘。在来电中，该公司提及已收到上海纺织品进出口公司11月20日的去信及附件，未提出任何异议。这说明该公司已同意"跳鲤"漂布的品质规格、包装方式和销售合同确认书背面的"一般条款"，可在此基础上洽谈具体交易。

12月4日的去电是一项典型的发盘。它具备了发盘所有必要的条件：订约的意旨；条件的肯定性（完整、明确、无保留）；传达给特定的受盘人等。虽然，在该电文中对品质条件只列了货号"41000"，包装仅列"布包"，但由于上海纺织品进出口公司在11月20日的去信中已做了详细介绍，因此在发盘时可以省略，而不影响条件的明确与完整。“限7日复到”明确规定了有效期，按此有效期的规定，新加坡客户表示接受的答复最迟必须在上海时间（即北京时间）7日到达上海纺织品进出口公司，合同才能成立。如接受的答复逾期到达，即成为逾期接受或迟到的接受。逾期接受可视为一项新发盘，上海纺织品进出口公司如愿按此成立合同，应毫不延迟地通知新加坡客户；如上海方不同意逾期接受，应及时通知新加坡方，声明原发盘已经失效，以防止对方误认为默认交易已达成。

12月6日的来电是新加坡客户对上海公司12月4日发盘的还盘，对发盘条件提出了修改。例如，数量，从原来的84 000码增加到126 000码；交货期，从3月份提前到1月份；价格，从每码2.40港元CIF新加坡改为每码2.20港元CIFC3新加坡（即增加3%的佣金）；付款，从不可撤销即期信用证改为D/P见票即付。由于还盘实质上是一个新的发盘，因此，还盘后，作为发盘人和受盘人的双方当事人互易其位。新加坡客户成为发盘人，而上海公司变为受盘人。

12月6日的还盘，表面上看来是不完整的，实际上是完整的。虽然仅列有数量、交货期、价格、付款四项主要交易条件，但它引述了上海方12月4日的去电，而该去电已提及“品质”和“包装”条款。12月6日的还盘对“品质”与“包装”未提出不同意见，即表示对这两项交易条件已予同意。因此，12月6日的还盘（或新发盘）未列品质和包装条件，并不影响它符合构成发盘的主要交易条件完整的要求。“请9日复”也是一种明确规定有效期的方法，它与12月4日发盘中的“限7日复到”有所不同。前一种规定，未明确以答复最迟9日到达为准；后一种规定，则明确答复最迟应于（发盘人所在地时间）7日到达发盘人。这两种有效期的规定，虽然仅一字之差，但由于有接受于到达发盘人时生效和于接受的信件投邮或电报交发时生效之分，因此实际上有很大的差别。

12月6日的还盘是新加坡客户讨价还价的一种策略，在价格、付款等主要条件上尽量使自己处于有利的位置，并感觉到我方发盘对其有利，希望增加订购数量和提前发货。

12月8日的去电是对12月6日还盘的再还盘。它将数量从126 000码改为100 800码，交货期从1月改为2月，价格从2.20港元CIFC3%改为2.40港元CIFC2%，付款方式从D/P即期改为不可撤销即期信用证，有效期规定限11月复到上海纺织品进出口公司。再还盘实际上又是一个新的发盘。它所包含的交易条件，连同已洽妥的品质和包装条件，是完整、明确、无保留的。如对方表示接受，合同即告成立。

12月10日的来电又是一个再还盘或一个新的发盘。其引述前电，对已同意的品质、数量、包装、交货四项条件未重复列出，而仅对最关键的价格和付款两项条件提出异议；将价格改为2.30港元（对贸易条件CIF新加坡含佣金2%也已同意，故也无须列出），将付款方式改为信用证见票60天，即希望获得资金融通。在该发盘中，新加坡客户仅注明“电复”，而未明确规定有效期，按国际惯例的解释，受盘人只要在合理时间内用电报答复即可，但合理时间的长短随不同商品、不同行业而异。在接到“电复”式的还盘后，虽未规定有效期，上海方也应尽速复电，否则，可能被视为逾期。

12月12日的去电是上海公司接到12月10日的来电后的再次还盘：价格从2.40港元改为2.35港元，付款方式从信用证见票后60天付款改为见票30天付款；略做一些让步，其他条件不变。如前电，这也是一项发盘。

12月13日的来电则是新加坡客户对上海纺织品进出口公司12月12日发盘的接受。此项接受，除同意12月12日去电中所列的价格与付款条件外，同时包括通过先前来往函电已洽妥的品质、数量、包装、交货等主要条件和“一般条款”。因新加坡客户是中间商，是代客买卖，从中赚取佣金，所以在12月13日的来电中除做出接受外，还通知上海纺织品进出口公司：有关信用证将由实际买方ABC公司（地址：新加坡××路345号）开立，以便上海纺织品进出口公司于收到信用证时查对。

至此，上海纺织品进出口公司与新加坡客户达成了一笔交易，出口合同成立。

● 课堂讨论

10.1　在国际贸易中，为什么要签订书面合同？

10.2　发盘人是否可以撤销或撤回其发盘？

10.3　在国际贸易中，如遇到逾期接受怎么办？逾期接受在什么情况下才能有效？

● 知识掌握

10.1　交易磋商一般要经过哪些环节？一份有效合同的订立有哪些必经环节？

10.2　什么是发盘？构成发盘的条件是什么？

10.3　什么是接受？《公约》对有效接受做了哪些规定？

● 知识应用

案例分析

10.1　甲向乙写信要把某货物以某价出售给乙，乙在收到甲的信之前也向甲发出了一封信，表示愿以同样的价格购买甲的该货物。事后，甲后悔不愿出售该货物，乙则认为合同已成立。双方争执不下。试问：合同是否成立？

10.2　我国某出口公司用特快专递向美国某公司做出一项发盘，规定有效期7天。寄发后3小时，公司业务员发现发盘价格有错，比内部掌握的价格低20%，如该发盘为美商接受，将造成5万美元的损失。试问：在此情况下，我公司应采取什么补救措施？

10.3　我国某出口公司于4月15日向外商A发盘，限20日复到我方。外商A于17日上午向当地邮局交发关于接受我方发盘的电报。但该电报在传递中延误，21日才到达我方。我国出口公司以对方答复逾期为由不予置理，当时该货物市价已上涨，我国出口公司遂以较高价格于22日将货物售予外商B。25日外商A来电称：信用证已开出，请尽早装运。我方立即回复：“接受到达过晚，合同不成立”。而外商A认为，接受通知的晚到不属于他们的过失，坚持合同成立。试分别按照英美法和《公约》的规定说明合同是否成立。

10.4　我国某公司与外商洽商进口某商品一批，经往来电传，已谈妥合同的主要交易条件，但我方在电传中表明交易于签订确认书时生效。事后，对方将草拟好的合同条款交我方确认，但因有关条款的措辞尚需研究，故我方未及时做出答复。不久该商品的市场价格下跌，对方电催我方开立信用证，而我方以合同未成立为由拒绝开证。试问：我方的做法是否合理？为什么？

10.5　我国A公司向国外B公司发实盘，限6月10日前复到有效，B公司于6月8日来电要求降价，A公司于9日与另一家公司达成交易。同一天（9日），B公司又来电要求撤回8日的还盘，全部接受原发盘的条件。A公司以货已出售为由予以拒绝。B公司声称其接受是在我方发盘的有效期内做出的，要求A公司履约。试分析B公司的要求是否合理，为什么？

10.6　巴西大豆出口商2月1日向我国某外贸公司报出大豆价格，在发盘中除列出各项必要条件外，还表示“编织袋包装运输，7日内复到有效”。在发盘有效期内，我方复电表示接受，并称“用最新编织袋包装运输”。巴西方收到上述复电后即着手备货，并准备在双方约定的7月份装船。3月，大豆价格从每吨420美元暴跌至350美元左右。我方向对方去电称：“我方对包装条件做了变更，你方未确认，合同并未成立。”巴西出口商则坚持认为合同已经成立，双方为此发生了争执。分析此案应如何处理，简述你的理由。

第11章

进出口合同的履行

● 学习目标

在学习完本章之后，你应该能够：

了解：我国履行合同的原则；

明确：履行合同的重要性；

熟知：国际货物买卖合同履行的一般程序以及买卖双方应尽的义务；

掌握：掌握国际货物买卖合同履行过程中的重要环节，以及对违约行为的处理。

【引例】 合同履行过程中的纠纷

中国A公司（申请人、买方）与澳大利亚B公司（被申请人、卖方）于3月20日订立了5 000千克羊毛的买卖合同，单价为314美元/KG，CFR张家港，规格为型号T56FNF，信用证付款，装运期为当年6月，申请人于5月31日开出信用证。7月9日被申请人传真申请人称，货已装船，但要在香港转船，香港的船名为Safety，预计到达张家港的时间为8月10日。但直到8月18日Safety轮才到港，申请人去办理提货手续时发现船上根本没有合同项下的货物，后经多方查找，才发现合同项下的货物已在7月20日由另一条船运抵张家港。但此时已造成申请人迟报关和迟提货，被海关征收滞报金人民币16 000元，申请人接受货物后又发现羊毛有质量及短重问题，于是在经商检后向被申请人提出索赔。

本案焦点有三：①船名、船期通知错误应由谁负责；②商检证书是否有效；②羊毛的质量与短重问题。

申请人认为，根据CFR的规定，卖方应“给予买方货物已装船的充分通知，以及为使买方采取通常必要措施能够提取货物所要求的其他任何通知”。但被申请人错误地通知了船名及船期，也没有将货物转船计划发生变化的情况及时通知申请人，从而违反了CFR项下规定的义务。被申请人则认为，在CFR条件下，卖方的义务仅限于租船和将货物装上船，对其后发生的额外费用不承担责任，货物未按原计划转船不是被申请人造成的，也不是被申请人所能控制的。

关于商检证书的有效性问题，被申请人认为，由于申请人没有在合同背面条款规定的商检期内进行商检，因此申请人提交的两份报告都是无效的。根据合同规定的商检期限，买方应在货物到达目的口岸及60日内进行商检。申请人则辩称：买方商检的期限取决于合同所引的《中纺羊毛交易条款》，原合同背后条款是不适用的，买方检验机构是合同约定的检验机构，它所出具的商检证书是合同规定的索赔依据，不容怀疑。

关于羊毛质量问题，申请人声称，根据商检证书，所交货物中有3 017千克原毛霉烂变质，5包原毛的细度与合同规定不符，原毛长度不足3.5英寸，还有567千克弱节毛，净毛重量短重931.4千克，为此共计索赔34 694.40美元；被申请人则声称申请人计算索赔的差价有误，因原毛细度、长度不符及弱节毛问题的差价分别应为499.20美元、654.37美元和85.05美元，合计1 238.62美元。至于短重问题，被申请人称该批货物在装船前检验时重量符合合同规定，即使短重属实，该亏短也没有超过合同规定的短溢幅度。

在船名船期通知错误这一问题上，责任在被申请人方面是毋庸置疑的。因为根据《Incoterms 2010》CFR的规定，卖方有义务将转船的变化情况及时通知买方，以便买方能采取通常必要的措施来提取货物。可是被申请人没有这样做，因此申请人不得不设法打听货物的下落甚至支付滞报金之类的额外费用。本案中，船公司是被申请人雇佣而承担通知义务的第三人，当船公司没有履行到上述通知义务时，雇用他的被申请人理应为此对申请人承担责任，故仲裁庭裁决被申请人赔偿16 080元人民币滞报金给申请人。

关于商检证书的效力问题，仲裁庭认为，虽然合同的背面条款和《中纺羊毛交易条款》中都有关于商检的条款，但根据合同正面条款的规定，合同的全部条款均优先于《中纺羊毛交易条款》，而且后者并没有就商检期限做出明确规定，因此仲裁庭认为本案应适用合同背面条款中所规定的“货到目的口岸60天内”进行商检。但是被申请人所主张的应从货船到港的7月20日起计算商检期限的说法是不能成立的。由于被申请人错误地通知了船名和船期，致使申请人在9月8日才提到货，因此把申请人进行商检的起算时间确定为9月上旬是合理的，其截止日期应为10月底，故申请人提供的由商检局于10月30日出具的第一份商检报告是有效的，第二份于次年1月5日出具的商检报告由于超过了合同规定的期限而无效。

关于羊毛质量及短重的问题，仲裁庭认为，被申请人计算的因羊毛品质与合同规定不符而发生的差价的方法是正确的，但被申请人对货物短重的理解是错误的，所谓2%的短溢条款，是指卖方在交付货物时可以在合同规定的数量上多装或少装2%，买方不得以此作为拒收货物的理由，但这并不等于说买方付了100%的货款而只能收取合同重量的98%的货物，这多收的2%货款仍应退给卖方。故仲裁庭裁决被申请人因所交货物的质量与合同规定不符而向申请人赔偿损失4 089.93美元及相应利息。

重合同、守信用是我国对外贸易乃至整个经济活动一贯遵守的重要原则，也是订立和履行国际货物买卖合同时必须遵守的一项原则。买卖合同的订立，只是表达了双方当事人各自的经济愿望。只有履行了所订立的合同，才能实现双方当事人各自的经济目的。履行合同，既是经济行为，又是法律行为，当事人应当严格履行合同规定的义务。进出口合同的履行，对卖方而言，必须尽到交付符合合同规定的货物、移交一切与货物有关的单据和转移货物的所有权的义务，才能享有按合同规定收取货款的基本权利；对买方而言，必须按照合同规定支付货款和受领货物。

11.1　出口合同的履行

每笔交易在性质、特点上多少有所不同，因此出口合同的履行往往要经过不同的环节。我国出口业务中，最常见的是以信用证为支付方式、以海运为运输方式的CIF合同。履行这类出口合同，一般包括货、证、船、款四项主要工作，具体分为备货、催证、审证、改证、租船订舱、报验、报关、投保、装船和制单结汇等环节。

11.1.1 备货

备货是指卖方根据出口合同的规定，按时、按质、按量地准备好应交付货物的过程。备货是出口方履行其交货义务的一项最基本的工作。

备货有两种做法：一种是“以产定销”，另一种是“以销定产”。前者先组织货源，从货源中挑选样品，与进口商交易磋商，订立合同；然后，把先前组织到的货源交给进口方，履行交货义务。在实践中，更多的商人倾向于后者，即先明确进口商的需求，制作样品，并对样品进行修改，直至既满足进口方的要求，又符合出口方的生产供应能力，以此订立合同；然后，出口方按成交样品组织生产，履行交货义务。“以销定产”有利于成交，但要严格控制生产。

在备货工作中应注意以下几点：

(1) 按照合同的要求认真核实应交货物的名称、品质、规格，并对其进行必要的加工和整理，使之与合同的规定一致。

(2) 备交货物的数量应适当留有余地，以备不时之需；同时，要对实装数量做好审查和记录，尽量避免多装、少装、错装或漏装。

(3) 根据信用证的规定对货物进行适当的包装和刷唛，基本原则是正确、安全和方便。包装的材料和形式要适当，以确保货物运输安全。唛头的图形、字样、格式要与合同或信用证的要求严格一致，不要盲目自定唛样。

(4) 备货的时间要密切加以注意，一定要符合信用证规定的交货期限。在实务中，要结合运输条件（例如，通过海运的货物应结合船期）进行安排。为了防止意外，一般还应适当留有余地。

【案例 11-1】

国内某出口公司与日本某公司达成一项出口交易，合同指定我方出唛头，因此，我方在备货时就将唛头刷好。但在货物即将装运时，国外开来的信用证上又指定了唛头。

问题：在此情况下，我方应如何处理？

分析提示：本案例中，我方有失误之处。此笔交易属信用证业务，所交货物必须与信用证要求相符。虽然理论上讲信用证的内容应该与合同要求相一致，但此案例中两者明显不一致。我方在备货时已刷唛，而信用证来证时间过晚，这些都使我方处于被动状态。此情况下，我方只能向买方要求修改信用证。我方应吸取的教训：在信用证业务下，信用证要尽量早开，要给备货留下足够的时间，见证备货为宜。

11.1.2 落实信用证

落实信用证通常包括催证、审证、改证三个环节。

1) 催开信用证

如果合同中规定采用信用证支付方式，则进口方应按合同中规定的时间开立信用证。如果合同中对开证时间未做规定，则进口方应在合理时间内开出。进口方按时开证是出口方履约的前提。但是，在实务中，有时国外进口商在市场发生变化或资金发生短缺的情况下，往往会拖延开证时间。对此，出口方应催促进口方迅速办理开证手续。特别是大宗商品交易或按进口方要求特制的商品交易，更应结合备货情况及时进行催证。

2）审核信用证

从理论上讲，信用证是依据合同开立的，信用证的内容应该与合同的内容一致。但是，在实务中，由于种种原因，如工作上的疏忽、贸易习惯不同、市场行情变化或进口商有意利用开证加列对其有利的条款等，往往会出现开立的信用证条款与合同规定不符的情况。因此，审核信用证是一项很重要的工作。

审核信用证是银行与出口企业共同的责任。其中，银行主要负责审核有关开证行资信、付款责任以及索汇路线等方面的条款和规定，出口企业着重审核信用证的条款是否与买卖合同的规定相一致。收到信用证后，出口方应当根据合同的内容和《跟单信用证统一惯例》第600号出版物的规定，对信用证进行认真审核。审证的内容一般有：

（1）从政策上审核。信用证的各项内容应当符合我国的方针和政策。例如，凡国家规定不准与之进行经济往来的国家和地区的银行开立的信用证，不能接受；凡与同我国签订有政府间贸易协定、支付协定的国家的当事人进行的交易，有关信用证必须符合协定的规定。

（2）对开证行资信的审核。开证行的资信状况涉及安全收取货款。对于资信较差的开证行，应当要求进口方另选一家银行开立信用证，也可以采取适当措施。例如，要求开立保兑信用证，加列电报索偿条款，分批出运、分批收汇等方式，以保证收款安全。

（3）对信用证的性质和开证付款责任的审核。信用证是否是不可撤销的，影响到出口方的安全收汇。因此，信用证中不应有“可撤销”字样。同时，信用证内应载有“开证行保证付款”的文句（SWIFT信用证除外）。但是，这些还不足以保证开证行履行付款责任。因为有些银行开来的信用证上虽然注明了“不可撤销”字样，但在信用证内，对开证行付款责任方面加列了限制性条款或保留条件，如“以领到进口许可证后通知时方能生效”“信用证下的付款要在货物进口清关后才支付”等。这些条款改变了信用证的性质和开证行的付款责任，受益人对此必须加以注意。

（4）对信用证的金额和货币的审核。信用证金额及货币应与合同一致。若合同中有溢短装条款，则信用证中的金额也应订有相应的增减幅度。信用证中的单价、总值和贸易术语的填写要正确，大、小写要一致。

（5）对信用证有关货物情况的审核。信用证中有关商品货名、规格、数量、包装等项内容必须与合同中的规定相符。

（6）对信用证有效期、交单期和装运期的审核。装运期必须与合同的规定一致。如果国外来证晚，无法按期装运，则应及时要求进口方改证，延展装运期限。信用证的有效期与装运期应有一定的合理间隔，以便出口方在装运货物后有足够的时间办理议付。有的信用证会规定议付交单期，同样应要求交单期与装运期之间有合理的间隔。

（7）对信用证有关装运条款的审核。在审证时，要注意信用证中有关是否允许分批装运和转运的规定。按照《跟单信用证统一惯例》第600号出版物的规定，信用证中若未规定不允许分批装运和不准转运，则可以视为允许分批装运和允许转运。如果信用证规定在指定时期内分批、定量装运，则其中任何一期未按规定装运，信用证对该期和以后各期均告失效。

(8) 对单据的审核。对于来证中要求提供的单据种类和份数及填制方法等，都要进行仔细审核，若发现有不正常的规定，如要求商业发票或产地证明须由国外第三者签证以及提单上的目的港后面加上指定码头等字样，都应慎重对待。

(9) 对其他特殊条款的审核。在审证时，除对上述内容进行仔细审核外，有时信用证内加列许多特殊条款，如指定船公司，指定船籍、船龄、船级等条款，或不准在某个港口转船等，一般不应轻易接受。但若对受益人无关紧要，并且能够办到，也可以酌情灵活掌握。

(10) 对信用证当事人的审核。要审核信用证当事人的名称和地址是否正确。对名称和地址的拼写错误，对旧的名称和地址，对张冠李戴的名称和地址，都应当予以纠正。

3) 修改信用证

信用证的修改可由进口方（开证申请人）提出，也可由出口方（信用证受益人）提出，但都需得到其他有关当事人的同意。如果由出口方提出修改，则应首先征得进口方的同意，再由进口方向开证银行提出申请；开证银行同意后，由开证银行发出修改通知书，以信件、电报或传真等通信方式通过原通知行转告出口方。

小资料11-1：信用证常见不符点

在审核信用证时，如果发现问题，要区别问题的性质，并做出妥善的处理。凡属于违反国家政策的，或有影响合同执行和安全收款的情况，出口方一定要向进口方提出修改。对于可改可不改的，经过努力可以做到的情况，则可酌情处理，或不做修改，按信用证的规定办理。

若审核信用证时发现有多处问题需要修改，则应做到一次性向开证申请人提出；否则，不仅会增加双方的手续和费用，而且会给对方留下不良印象。

收到信用证修改通知书后，如果发现修改内容有误并不能接受，则应及时做出拒绝修改的通知，送交通知行。对于一份信用证修改通知书，要么全部接受，要么全部拒绝，不能接受其中的一部分而拒绝其余部分。

对于已经接受的信用证修改通知书，应立即将其与原证放在一起，并注明修改次数。这样可以防止使用时与原证脱节，造成信用证条款不全，影响及时收款。

【案例11-2】

我国某公司与国外某公司订立了一份农产品出口合同，合同规定以不可撤销即期信用证为付款方式。国外买方按时开来信用证，并经通知行转交我公司。我公司经审核发现，信用证有关装运期的规定与合同不符，为争取时间，尽快将信用证修改完毕，以便及时办理货物出运，我公司立即电告开证银行修改信用证，并要求开证银行修改完毕后，将修改通知直接寄交我公司。

问题：我方做法可能会产生什么后果？

分析提示：我方这种做法不会导致信用证的修改。信用证的正确改证路线：如果由出口方提出修改，则应首先征得进口方的同意，再由进口方向开证银行提出申请；开证银行同意后，由开证银行发出修改通知书，以信件、电报或传真等通信方式通过原通知行转告出口方。

11.1.3　报验、申领出口许可证

1）报验

货物出口，按照规定要对货物进行检验。报验是指出口方向商品检验机构报请检验，经商品检验机构检验后，获得合格的检验证书。在我国的对外贸易中，对出口商品的检验来自两个方面的要求：一是法定检验的要求。凡属国家《商检法》规定的，被列入《商检机构实施检验的进出口商品种类表》中的商品，在货物备齐后，要向商检机构申请检验，取得合格证书后，才准予出口。未经检验或检验不合格的商品一律不准出口。二是合同规定检验的要求。合同中规定对出口商品进行检验，出口方也必须向有关商品检验机构申请报检，获得合格的商检证书后方可出口；否则，就要承担违约的责任。

报验的一般程序是：①申请；②检验；③出证。

2）申领出口许可证

在我国，为了鼓励出口，对大部分商品的出口不加管制，因而不需要办理出口许可证。但是，对属于以下三种情况的商品出口，则需要申领出口许可证：①根据双边、多边协议的规定，我国发布限制出口的商品；②考虑国际市场的容量，为了防止盲目出口而予以管制的商品；③关系到国计民生的重要物资而要控制出口的商品。

申领出口许可证的程序一般是：①申请；②审核、填表；③发证。

“中华人民共和国出口许可证”，一式四联，将第一、第二、第三联交申请人，据以向海关办理货物出口报关和银行结汇手续。

11.1.4　托运、投保、报关

1）托运

托运是指出口企业委托外运机构（如对外贸易运输公司或其他有权受理对外货运业务的单位）向承运单位或其代理公司办理货物的运输业务。如果出口货物数量较大，需要整船装运，则要对外办理租船手续；如果出口数量不大，不需要整船装运，则可洽订班轮舱位。办理出口货物对外运输的基本程序是：

（1）查看船期表，填写出口货物托运单（Shipping Note）；

（2）船公司或其代理公司签发装货单（Shipping Order）；

装货单的作用有三个方面：①表示船公司接受这批货物的承运。装货单一经签发，承、托双方均受其约束。②海关凭此查验出口货物，如果准予出口，即在装货单上加盖海关放行章。这也是称为关单的原因。③通知船方装货，所以，该单就是船公司或外轮代理公司给船方的装货通知和指令。

（3）提货装船，获取大副收据。在完成投保和报关手续后，外运机构到出口企业的仓库提货，送进码头装船。装船完毕，由船上的大副签发大副收据（Mates Receipt），也称收货单。这是船方收到货物的凭证。

（4）缴纳运费，换取提单。外运机构代出口企业向船公司或外轮代理公司支付运费，然后用大副收据向船公司或外轮代理公司换取提单。

（5）发装运通知。货物装上船之后，出口企业应向国外进口方发出装运通知（Shipping Advice），以便对方准备付款，办理进口报关和接货手续。

2）投保

出口企业在履行CIF合同时，在确定船期、船名后，应向保险公司办理投保手续，以

取得保险单。办理投保手续的程序是：

（1）投保申请。由出口企业填制运输险投保单，一式两份。一份由保险公司签署后交出口企业作为接受承保的凭证；另一份由保险公司留存，作为缮制、签发保险单的依据。

（2）缴纳保险费，获取保险单。出口企业收到由保险公司签署的投保单后，向保险公司缴纳保险费。然后，获取由保险公司签发的保险单。

3）报关

报关是指出口货物装船前，向海关申报通关所要办的手续。根据我国《海关法》的规定，货物进出口必须向海关申报，经过海关查验放行后，货物方可提取或装运出口。因此，货物只有完成通关手续后，才能装船。

办理报关手续一般有以下几个步骤：①申报；②审核查验；③缴纳出口税；④出口放行。

【案例 11-3】

美国一外商订购了某公司一批农用拖拉机，同时又订购了一批配套用简单装载设备。该业务员在填写这些装载设备的H.S.编码时，没有填成8432.8090（农业、园艺及林业用整地或耕作机械；草坪及运动场地滚压机……其他），而填写为8429.5100（机动推土机、侧产推土机、筑路机、平地机、铲运机、机械铲、挖掘机、机铲装载机）。前者为非法检产品，后者为法检产品，外商在不需要商检的情况下，白白花费了一笔商检费用。

问题：我们应吸取什么教训？

分析提示：填写海关H.S.编码时，一定要准确使用，不能填错，更不可随意填写，以减少不必要的损失。当然，也不能为了逃避商检和动植物检疫而故意错报。

11.1.5 备制单据

货物装运后，出口企业应立即按照合同和信用证的规定，备制各种单据，并在信用证规定的交单日期之前，把单据送交指定的银行，办理收款手续。出口单据的备制工作做得好坏，对能否顺利、安全地收到货款，有很大影响。备制单据时，要严格做到单证一致、单单一致，单货一致。

出口单据很多，要备制哪些单据，应按不同的交易和信用证规定来确定。常用的单据有：

（1）发票（Commercial Invoice），全称是商业发票，是出口方向进口方开立的凭此向进口方收款的详细的发货价目清单。它的主要作用是供进口方凭此收货、支付货款，以及作为进出口双方记账、报关、纳税的依据。发票是各种单据的核心单据，是出口方必须提供的主要单据之一。

发票没有统一格式，但其内容大致相同，主要包括签发人名称和地址、发票字样、发票抬头、发票号码、开票日期、合同号码、信用证号码、货物运输起讫地点、唛头、货物名称、规格、数量、包装方式、单价、总值、贸易术语、其他说明、签发人的签字或盖章等。

（2）汇票（Draft）。

（3）提单（Bill of Lading，B/L）。

（4）保险单（Insurance Policy）。

（5）包装单据。它是指一切记载或描述商品包装情况的单据，是商业发票的补充单据。不同的商品有不同的包装单据，常用的有装箱单（Packing List）、重量单（Weight Memo）、尺码单（Measurement List）等。

（6）商检证书（Inspection Certificate）

（7）产地证书（Certificate of Origin）。

（8）其他单据。这是根据信用证条款的规定而提供的。这些单据，有的是由出口商自己制作的，有的是由其他单位应出口商的要求而出具的。常见的有：①海关发票（Customs Invoice）；②领事发票（Consular Invoice）；③寄单证明（Beneficiary's Certificate for Despatch of Documents）；④寄货样证明（Beneficiary's Certificate for Despatch of Shipment Samples）；⑤装运通知副本（Copy of Shipping Advice）；⑥邮局/快递收据（Post/Courier Receipt）；⑦船公司证明（Shipping Company's Certificate）。

11.1.6　结汇、核销和退税

1）结汇

结汇是指出口商在货物装运后，按照信用证的规定，把备妥的所有单据，在信用证规定的交单期内送交银行。银行对这些单据审核无误后，向出口商支付货款。

目前，在我国出口业务中，使用议付信用证的比较多。对于这种信用证的出口结汇办法，主要有以下三种：

（1）收妥结汇。这种方法是“先收后结”，即议付行收到受益人提交的单据，经审核确认与信用证条款的规定相符后，将单据寄给国外付款行索汇；待付款行将外汇划给议付行后，议付行才付款给受益人。

（2）定期结汇。它是指议付行根据不同国家或地区的银行索汇邮程所需时间，预先确定一个固定的结汇期限，在收到受益人提交的单据，经审核无误后，将单据寄给国外银行索偿，并按事先规定的期限，将货款贷记受益人账户或交付给受益人。

（3）出口押汇。出口押汇，即议付，是指议付行在审单认可的情况下，根据信用证条款买入出口企业的汇票和单据，按照汇票金额扣除从议付日到估计收到票款之日的利息，将余款付给出口企业。出口押汇实际上是出口方银行对出口企业的资金融通，使出口企业在交单议付时即可取得货款，从而加速资金周转，有利于扩大出口业务。

2）核销

出口收汇核销是指国家为了加强出口收汇管理，保证国家的外汇收入，防止外汇流失，指定外汇管理部门等对出口企业贸易项下的外汇收入情况进行事后监督检查的一种制度。世界上许多国家都实行这项制度。我国自1991年1月1日起，开始对出口企业的收汇进行跟踪核销。根据《出口收汇核销管理办法》的规定，我国的核销工作由国家外汇管理局在海关、银行等部门的配合下具体实施。

办理出口收汇核销的基本程序是：①出口企业申领出口收汇核销单；②报关审核。出口报关时，海关将逐票核对报关单与出口收汇核销单的内容是否一致，并在专为出口收汇核销用的报关单和核销单上盖“验讫”章；③银行结汇时出具出口收汇核销专用联；④出口企业向外汇管理部门办理核销。

3）退税

出口退税是国家为了降低出口产品成本、提高出口竞争力、鼓励出口而制定的一项政策措施。我国政府为了加强对出口退税的管理，采取了出口退税与出口收汇核销挂钩的办法。

办理出口退税的基本程序是：①申请。出口企业申请出口退税。②上报。企业所在地税务机关进行审核，逐级上报上级税务机关。③批复。上级税务机关批准后，签发税收收入退回书，一式五联。第一联交申请出口退税企业，据以做账务处理。

11.2 进口合同的履行

进口方对合同的履行义务主要是支付货款和收取货物。目前，我国商品进口主要使用信用证方式支付货款，以海洋运输方式运送货物，并以象征性交货的贸易术语FOB、CFR、CIF为条件。如按FOB贸易术语和即期信用证支付方式进口的合同，其履行步骤中包括的环节有：开立信用证、租船订舱、装运、办理保险、审单付款、报关接货、检验、拨交及索赔等。

11.2.1 申领进口许可证

申领进口许可证的程序一般是：

1）申请

由进口企业向发证机关提出申请报告。申请报告的内容包括进口商品的名称、规格、数量、单价、总值及进口国别（地区）、贸易方式、对外成交单位的名称等项目；同时，还要附有关的证件和材料，如主管部门的批准文件等。

2）审核、填表

发证机关收到上述申请报告和有关证件、材料后，进行审核。审核通过后，由申请人按规定要求填写“中华人民共和国进口许可证申请表”，并在表上加盖申请单位公章。然后，发证机关把填好的表输入电脑中。

3）发证

发证机关在申请表送交后3个工作日内，签发“中华人民共和国进口许可证”，一式四联，将第一、第二联交申请人，据以向海关办理货物进口报关和银行付汇手续；同时，收取一定的办证费用。进口企业如遇情况变化，需要变更进口许可证的内容时，需要到原发证机关申请换证。换证必须在原证和合同的有效期内进行。

11.2.2 开证和改证

国际贸易合同签订后，进口企业应在合同规定的期限内（如果没有规定期限，则应在合理期限内）向银行申请开立信用证。银行开出信用证后，经出口方审证，若发现内容不符合合同规定，或合同中未做规定，但出口方不愿意接受，则进口方要向银行提出修改信用证。

1）开立信用证

我国进口企业申请开立信用证的手续一般包括：

(1) 向开证银行提交开证申请书。开证申请书是开证申请人请示开证行开立信用证的一种书面文件，其中包含了开证申请人对开证行的指示，开证行如同意，则依此指示开证。除此之外，还列有开证申请人与开证行之间权利和义务的规定。

(2) 提交有关的文件和证明。如进口许可证或有关批件、对外签订的合同，首次开证的申请人需要提供市场监督管理部门颁发的营业执照和主管部门批准其成立的证书。

(3) 提交开证保证金，或提供担保人，并支付开证手续费。

(4) 开证行对开证申请书的内容和开证人的资信进行审核。若审核无疑，在取得开证申请人的保证金后，按照申请书的要求对外开证。

开证行与开证申请人之间的权利和义务就此以开证申请书这一契约的形式构成，双方都必须受其约束。

开证申请书样例

IRREVOCABLE DOCUMENTARY CREDIT APPLICATION

TO: **BANK OF CHINA** Date:

☐ Issued by airmail ☐ With brief advice by teletransmission ☐ Issued by express delivery ☐ Issued by teletransmission(which shall be the operative instrument)	Irrevocable Documentary Credit	Number
Applicant	Date and place of expiry	
Advising Bank Ref.nr	Beneficiary	
Partial shipments ☐ allowed ☐ not allowed / Transshipment ☐ allowed ☐ not allowed	Amount	
Loading on board/dispatch/taking in charge at/from not later than for transportation to:	Credit available with ☐ by sight payment ☐ by acceptance ☐ by negotiation ☐ by deferred payment at against the documents detailed herein	
☐ FOB ☐ CFR ☐ CIF ☐ or other terms	☐ and beneficiary's draft at____sight drawn on____for____% of invoice value.	

Documents required: (marked with x)

1. ( ) Manually Signed Commercial Invoice in____copies indicating this L/C No.and Contract No. (Photo copy and carbon copy not acceptable as original)
2. ( ) Full set (included____original and____non-negotiable copies) of clean on board Ocean Bills of Lading made out to order and blank endorsed,marked freight prepaid and claused notify applicant.
3. ( ) Airway bills showing Freight____and consigned to____.
4. ( ) Railway bills showing Freight____and consigned to____.
5. ( ) Memorandum issued by____consigned to____.
6. ( ) Full set (included____original and____copies) of Insurance Policy/Certificate for 110% of the invoice value, showing claims payable in China,in currency of the draft,blank endorsed.covering ([ ]ocean marine transportation\[ ]air transportation\[ ]overland transportation) all risks and war risks.
7. ( ) Weight Memo/Packing List in____copies issued by____indicating quantity/gross and net weights of each package and packing conditions as called for by the L/C.
8. ( ) Certificate of Quantity/Weight in____copies issued by____indicating the actual surveyed Quantity/Weight of shipped goods as well as the packing condition.
9. ( ) Certificate of Quality in____copies issued by____.
10. ( ) Beneficiary's certified copy of cable/telex dispatched to the applicant within____hours after shipment advising[ ]name of vessel/[ ]flight No./[ ]wagon No.date,quantity,weight and value of shipment.
11. ( ) Beneficiary's Certificate certifying that extra copies of documents have been dispatched according to the contract terms.
12. ( ) Shipping Co.'s Certificate attesting that the carrying vessel is chartered or booked by Applicant of their shipping agents:
13. ( ) Other documents,if any.

Covering:

Additional Instructions:

1. ( ) All banking charges outside the opening bank are for beneficiary's account.
2. ( ) Documents must be presented within____days after the date of issuance of the transport documents but within the validity of this credit.
3. ( ) Third party as shipper is not acceptable.Short Form/Blank Back B/L is not acceptable.
4. ( ) Both quantity and amount____% more or less are allowed.
5. ( ) Prepaid freight drawn in excess of L/C amount is acceptable against presentation of original charges voucher issued by shipping Co./Air Line/or it's agent.
6. ( ) All documents to be forwarded in one cover,unless otherwise stated above.
7. ( ) Other terms,if any.

Account No.: with________________(name of bank)

Transacted by: (Applicant:name,signature of authorized person)

Telephone No.: (with seal)

2）修改信用证

信用证开出后，如果发现内容与开证申请书不符，或是由于其他原因，需要对信用证进行修改的，原开证申请人要向开证行提交修改申请书。开证行经审查，若同意修改，便缮制信用证修改书，并由原通知行通知受益人（出口方），以征求出口方的同意。如果出口方同意，则该修改书即成为信用证的一部分；若不同意（或在没有特别约定的情况下未做表示），则仍按原信用证条款执行。

按照国际惯例，修改信用证有以下几条原则：

（1）信用证的修改必须经开证行、保兑行（如已保兑）、受益人的同意。

（2）如果银行利用另一家银行的服务将信用证通知受益人，则它必须利用同一家银行的服务通知修改。

（3）未经开证行、保兑行（如已保兑）、受益人各方同意，接受同一个修改通知中的部分修改内容是无效的。

（4）开证行自发出修改书之时起，即对该修改书负有不可撤销的义务。保兑行可将其保兑扩大至修改书，并自收到该修改书之时起负有不可撤销的义务。但是，保兑行可以选择不扩大保兑，并将修改书通知受益人。如果保兑行这样做，则它必须将此情况通知开证行及受益人。

（5）原信用证（或含有先前被接受修改的信用证）中的条款，在受益人告知通知修改的银行接受修改之前，仍对受益人具有约束力。这一点强调了接受修改必须是明示的。开证行往往要求通知行告知修改是否为受益人所接受。在实际业务中，通知行往往与受益人自行约定，在一定期限内不拒绝即为接受。

【案例 11-4】

1月10日，芝加哥F银行向我国某外贸公司开立了金额为15 783美元的即期信用证，通知行为我国A银行。该证规定的装船期分别为2月25日和3月8日，货物名称为铁钉。

2月12日，A银行收到该信用证项下第一次修改，要求将装船期分别提前至2月15日和2月24日，并修改货物描述等内容。A银行立即与受益人联系，请求答复。受益人于2月19日向A银行发出书面确认通知，拒绝修改，A银行立即向F银行发出同样内容的电报。3月3日，受益人交单，A银行经审核无误后议付单据，并按开证行的要求寄单索汇。A银行编号为BP95I1327 / 15。3月13日，A银行收到F银行的电报，称该单据迟装并超过有效期，以此拒付并准备退单。

经查，此笔单据的装船日为2月25日，交单日为3月3日，完全符合修改前信用证的要求。据此，A银行据理力争，反驳F银行提出的不符点。

此后，F银行又多次来电坚持上述不符点，并两次将单据退回A银行，但A银行毫不退让，又两次将单据重寄开证行。由于A银行有理有力的反驳，F银行最终于4月25日付款。

问题：你认为本案中A银行的做法是否合理，为什么？

分析提示：本案争议的产生原因在于开证行与议付行对经开证行修改过，但未经受益人同意的信用证条款约束力的认识不同。开证行认为按照其修改过的信用证条款来审核单据，存在不符点，因此拒付；议付行则认为信用证条款虽经开证行修改，但因未获得受益人的同意，因此修改过的信用证不能对受益人构成约束，仍可以依照修改前的信用证条款来审核单据。

那么开证申请人、开证行单方面修改信用证能否产生法律效力呢？回答是否定的。一方面，从信用证的开立与基础交易的基本关系看，信用证的开立是服务于基础交易的，信用证作为一种支付条件，它应当符合基础交易合同中所反映的进出口商的一致意见，除非进出口商就修改基础交易合同的支付条件达成协议，否则不能修改信用证条款。单方面修改信用证条款，即等于违反了基础交易中约定的支付条件，对另一方来说是没有约束力的。另一方面，正是基于对正常交易秩序与规则的认识，《UCP600》第 10 条规定："……未经开证行、保兑行（如有）以及受益人同意，信用证既不能修改也不能撤销……在受益人向通知修改的银行表示接受该修改之前，原信用证的条款对受益人仍然有效。受益人应提供接受或拒绝修改的通知。如果受益人未能给予通知，当交单与信用证以及尚未表示接受的修改的要求一致时，即视为受益人已做出接受修改的通知，并从此刻起，该信用证被修改。"根据《UCP600》的规定，很显然，是否接受修改的主动权掌握在受益人手里，如果受益人不表示接受修改的信用证条款，那么仍可以依据原信用证条款来审核单据或按修改后的条款审核单据。

本案中，开证行的做法是不当的。由于受益人并没有同意修改的信用证条款，因此，开证行不能强加于人而要求适用修改后的信用证条款。在根据原信用证条款审核单据没有不符点的情形下，开证行应予付款。

11.2.3 托运和投保

在实务中，以 FOB 贸易术语订立的合同规定由进口方安排运输和负责投保。

1）托运

我国外贸企业的大部分进口货物都委托中国对外贸易运输总公司、中国租船有限公司或其他外运代理机构代办运输，并与其订立运输代理协议；也有向中国远洋运输公司或其他对外运输的实际承运人办理的。

出口方在交货前的一定时期内，应将预计装运日期通知进口方。进口方在接到上述通知后，应当及时向外运机构办理托运手续。办理托运的一般手续是：进口方在接到出口方的备货通知后，即填制租船订舱联系单，连同进口合同副本交外运机构。办妥托运手续后，进口方要在规定的期限内将船名、航次及船期及时通知对方，以便对方备货装船。同时，为了防止船货脱节和出现船等货的情况，进口方还应随时了解和掌握出口方备货和装船前的准备工作情况，注意催促对方按时装运。对于数量大或重要物资的进口，如有必要，也可派员前往装运地，或请驻外机构监督和检验。

2）投保

货物装船后，出口方应及时向进口方发出装船通知，以便进口方及时办理保险和接货等。我国对进口物品运输投保一般有逐笔投保和预约投保两种形式。

（1）逐笔投保。它是指对各笔进口业务分别办理保险手续。进口方在接到出口方的发货通知后，填写运输险投保单。经保险公司在投保单上签字同意后，进口方向保险公司缴纳保险费。然后，保险公司出具一份正式的保险单给进口方。进口次数少的企业一般采用逐笔投保的方式。

（2）预约投保。有些外贸企业进口次数多，为了简化进口投保手续，这些外贸企业会与保险公司签订货物运输预约保险合同（Open Policy），在合同中规定投保险别、保险费率、适用的保险条款、保险费及赔偿的支付方法等。以后，外贸公司接到外商的装运通知后，只要填制进口货物装货通知，上面列明合同号、起运口岸、船名、起运日期、航线、货物名称、数量、金额等内容，送保险公司，经保险公司审核签章，就办妥了投保手续。这份装货通知就代替了保险单。

11.2.4 审单付款

开证行收到国外寄来的单据后，对照信用证的规定，审核单据的份数和内容。如果单据与信用证的规定不符，开证行就拒绝接受单据和支付货款，并与进口企业联系，征求进口企业是否同意接受单据和信用证的不符点。根据《跟单信用证统一惯例》（第600号出版物）的规定，如果开证行或保兑行（如果有的话）或其他指定银行决定拒绝接受单据，则必须自收到单据次日起的5个银行工作日以内，以电信或其他快捷方式，通知寄单银行或受益人（如果单据由受益人直接向银行提交）。此外，还应说明银行据以拒收单据的所有不符点，并需说明单据是否保留，以待交单人处理，或退还交单人。如果开证行及保兑行未能做到上述要求，或没能保管单据，听候交单人处理，或退回交单人，开证行及保兑行就无权宣称单据与信用证条款不符。

如果开证行认为单据与信用证的规定相符，在对外付款前，也要交进口企业复审。按照我国的习惯，如果进口企业在3个工作日内没有提出异议，开证行即按信用证的规定履行付款义务。开证行的付款是没有追索权的，因此，进口企业对单据的审核也必须认真对待，决不能有疏忽。

11.2.5 报关纳税

进口报关是进口货物的收货人或其代理人向海关交验有关单证，办理进口货物申报手续的法律行为。进口报关必须由海关准予注册登记的报关企业或者有权经营进口业务的企业负责办理，报关员需经海关培训、考核认可。办理报关的程序包括：

1）申报

申报时，要填写进口货物报关单。另外，要交验有关单证，如进口许可证和国家规定的其他批准文件，提单或运单，商业发票，装箱单，免税或免验货物的证明，海关认为有必要提供的进口合同、产地证明及其他文件。

根据我国《海关法》的规定，向海关申报的时限为自运输工具申报进境之日起14天内；超过14天期限未向海关申报的，由海关按日征收滞报金；超过3个月未向海关申报的，由海关提取变卖。

2）查验

海关接受申报后，对进口货物进行检查，以核对与进口货物报关单及其他单据上所列的是否一致。查验时，应在海关规定的时间和场所进行，即在海关监管区域内的仓库、场地进行。查验时，进口方应派人到场，并负责开拆包装。在特殊情况下，由报关人申请，经海关同意，也可由海关派员到进口方的仓库、场地查验。

3）纳税

进口方在收到海关税款缴款书后，应当及时履行纳税义务。根据《海关法》的规定，进口方应自海关签发税款缴款书的次日起7天内（星期日和节假日除外），向指定的银行缴纳税款。逾期未缴的，将依法追缴，并按滞纳天数按日征收滞纳金。

4）放行

放行又称结关，是指进口货物在办完向海关申报、查验、纳税等手续后，由海关在货运单据上签字或盖章放行，进口企业或其代理人持海关签印放行的货运单提取进口货物。未经海关放行的货物，任何单位或个人不得提取。但是，对保税货物、来料加工、来件装配项下的进口货物，海关放行不等于结关。海关还将对进口货物进行后续管理，如核销、补办进口纳税等手续。在此之前，未经海关许可，不得转让或移作他用。

11.2.6　商品检验

对进口商品进行检验是进口方的权利，一般在买卖合同里对此就有明确的规定。检验合格，并符合合同的规定，进口方就应接受货物；否则，进口方有权拒收货物，并要求损害赔偿。对进口商品进行检验不仅是为了让进口方行使合同规定的其应享有的权利，而且是国家对部分进口商品必须进行检验的法律规定。凡列入“商检机构实施检验的进出口商品种类表”（以下简称“种类表”）的商品，在进口时，不论买卖合同中是否规定要进行检验，都必须接受国家商检机构的检验。未经检验，或检验不合格的，一律不准销售和使用。

进口报验的程序与出口报验基本相同。

11.2.7　拨交货物

进口货物经报关、报验后，进口方即可按约定拨交货物。如用货单位在卸货地区，则就近转交货物；如用货单位不在卸货港（地）所在地，则可委托外运公司代为安排进口货物的国内运输，转交给用货单位。一切有关的费用，由进口方与外运公司结算后，再由进口方向订货人最后结算。

11.2.8　进口索赔

进口索赔一般是指货物自出口方交到进口方的过程中，由于人为、天灾或其他种种原因，使进口方收到的货物不符合合同规定或货物有其他损害，进口方依责任归属，向有关方面提出赔偿要求，以弥补其所受的损失。

1）索赔对象

（1）卖方。索赔原因包括：①货物的品质、规格等不符合合同规定；②交货数量不足，重量短少；③掺杂使假，以次充好，以旧顶新；④包装不良或不符合合同要求造成货物残损；⑤凭样成交的商品，所交商品与成交样品不符；⑥未按合同规定的交货期限交货或不交货等。

（2）承运人。索赔原因包括：①因短卸、误卸造成货物短少；②托运货物在运输途中遗失；③托运货物由于承运人配载不当、积载不良或装卸作业粗疏造成损毁；④船舶不具适航条件，设备不良造成所装货物损毁等。

发生上述情况后，进口方应毫不迟延地将损害事实书面通知承运人，让承运人了解货物灭失或残损、短缺的实际状况，以便确定其赔偿责任。

（3）保险公司。如货运途中发生保险范围内的风险导致的损失，进口方可向保险公司索赔。

2）进口索赔应注意的问题

（1）准确判定货损原因和索赔对象。

（2）注意收集与保留旁证材料。商检机构对进口商品进行检验、鉴定时，应严格遵守合同契约和标准的规定，严格按照操作规程、检验方法、事实状态认真检验、鉴定。在索赔案件结案前，应保留足够的、具有代表性的受验样品，保护好看货现场。

（3）提供有效的证明文件。首先，应制备索赔清单，随附商检机构签发的检验证书、装箱单、提单副本。其次，对不同的索赔对象，还要另附有关证件。如向出口方索赔时，应在索赔证件中提出确切的依据和理由。如系FOB、CFR或FCA、CPT合同，还要随附保险单一份。向轮船公司索赔时，需另附由船长及港口理货员签证的理货报告及船长签证的短卸或残损证明。向保险公司索赔时，需另附保险公司与进口方联合出具的检验报告等。

(4) 合理计算索赔金额。合同双方当事人之间确定的索赔金额，应与因违约造成的实际损失相等。具体金额除包括受损商品的价款和利润外，还应包括其他有关费用，如商品检验费、装卸费、银行手续费、仓租费、利息等。

(5) 严格把握索赔期限。进口索赔要在合同规定的有效期内提出，过期无效。如因商检工作需时过长，则可要求对方延长索赔期限。如已发现货损，但又因故来不及在索赔期限内完成有关工作，可先行电告对方声明保留索赔权。向保险公司索赔的期限为：自被保险货物在卸货港（地）全部卸离海轮（车辆、飞机）起算，最多不超过两年。向承运人索赔的期限为：货物到达目的地（港）交货后一年之内有效。向出口方提出索赔的期限，通常根据商品的特性在合同中加以规定。索赔期限往往与商品的复验期联系在一起。进口方在合同规定的复验期内检验商品，并在索赔期内提出索赔要求才是有效的。如买卖合同中没有明确规定索赔期限，而货到目的地后的复验中又不易发现货物的缺陷，按照国际惯例，一般商品应在半年或一年内通知出口方；复杂的大型设备，因检验安装、试运转费时，可延长在两年内通知出口方。按《联合国国际货物销售合同公约》的规定，两年是在合同未明确索赔期限的情况下，最长的、不得超过的期限。

【案例 11-5】

我国某公司与卖方签订了一份以即期L/C付款的FOB合同，进口食品1 000箱，接到卖方的装运通知后，该公司投保了一切险和战争险。卖方凭已装船清洁提单及其他单据向银行收妥货款。但货到目的港后，经复验发现以下情况：(1) 该批货物共有10个批号，抽查2个批号，涉及200箱货物，内含大肠杆菌，超出我国标准；(2) 实收货物998箱，缺少2箱；(3) 有15箱货物外表情况良好，但箱内货物共缺少60千克。

问题：试分析以上情况，我方应分别向谁索赔？

分析提示：依据责任归属，明确索赔对象：(1) 品质不合格，应向卖方索赔；(2) 若提单写明1 000箱，短少2箱，则应向承运人索赔；(3) 箱内短少60千克可向卖方索赔。

● 【拓展阅读 11-1】

主要结汇单证样本

11-1 汇票

ORIGINAL　　　　　　BILL OF EXCHANGE

No.________　　　　　　Dalian, China____________

Exchange for

At ____________ sight of this FIRST of Exchange

(Second of the same tenor and date unpaid) pay to the Order of ____________ the sum of

Drawn under ____________

To ____________

11-2发票样本

中粮辽宁粮油进出口公司

中国大连人民路33号

COFCO LIAONING CEREALS & OILS

IMPORT & EXPORT COMPANY

NO.33 REN MIN ROAD,DALIAN,CHINA

商 业 发 票
COMMERCIAL INVOICE

Invoice No.

Date:

Contract No.

L/C No.

Sold to Messrs.________________________________

____

Means of transportation:________________________________

中 粮 辽 宁 粮 油 进 出 口 公 司

11-3包装单样本

PACKING LIST

dated:________________

INVOICE NO.

COMMODITY:________________________________

NAME OF VESSEL:________________ DATE OF B/L:________________

Shipping Mark:

11-4提单样本

1.Shipper

B/L NO.

中海集装箱运输有限公司

CHINA SHIPPING CONTAINER LINES CO., LTD.

Cable:0001 Telex:33200 CSCO CN

Port-to-Port or Combined Transport

BILL OF LADING

2.Consignee

3.Notify Party(Carrier not to be responsible for failure to notify)

RECEIVED in external apparent good order and condition. Except otherwise noted, the total number of containers or other packages or units shown in this Bill of Lading receipt, said by the shipper to contain the goods described above. Which description the carrier has no reasonable means of checking and is not part of the Bill of Lading. One original Bill of Lading should be surrendered, except clause 22 paragraph 5, in exchange for delivery of the shipment. Signed by the consigned or duly endorsed by the holder in due course. Whereupon the other original(s)issued shall be void. In accepting this Bill of Lading. The Merchants agree to be bound by all the terms on the face and back hereof as if each had personally signed this Bill of Lading.

WHEN the Place of Receipt of the Goods an inland point and is so named herein, any notation of "ON BOARD" "SHIPPED ON BOARD" or words to like effect on this Bill of Lading shall be deemed to mean on board the truck, trail car, air craft or other inland conveyance(as the case may be), performing carriage from the Place of Receipt of the Goods to the Port of Loading.

SEE clause 4 on the back of this Bill of Lading(Terms continued on the back hereof Read Carefully).

ORIGINAL

4.Pre-carriage by*	5.Place of Receipt*
6.Ocean Vessel Voy, No.	7.Port of Loading

8.Port of Discharge	9.Place of Delivery*	10.Final Destination (of the goods-not the ship)

Particulars Furnished by the Merchants

11.Marks & Nos. Container/Seal No.	12.No.of Containers or P'kgs	13.Kind of Packages/Description of Goods	14.Gross Weight (kgs)	15.Measurement
		16.Description of Contents for Shipper's Use Only(CARRIER NOT RESPONSIBLE)		
17.TOTAL NUMBER OF CONTAINERS AND/ OR PACKAGES(IN WORDS)				

18.FREIGHT & CHARGES	19.Revenue Tons	20.Rate	21.Per	22.Prepaid	23.Collect

24.Ex.Rate:	25.Prepaid at	26.Payable at	27.Place and Date of Issue
	28.Total Prepaid in	29.No.of Original B(s)/L	Signed for the Carrier

DATE

BY________________

CHINA SHIPPING CONTAINER LINES CO.,LTD.STANDARD FORM 9701

*Applicable only When Document Use as a Combined Transport Bill of Lading

11-5 保险单样本

PICC 中国人民财产保险股份有限公司
PICC Property and Casualty Company Limited

总公司设于北京　　一九四九年创立
Head Office Beijing　　Established in 1949

货物运输保险单 CARGO TRANSPORTATION INSURANCE POLICY

提单号（B/L No.）　　保险单号（Policy No.）
合同号（Contract No.）
发票号（Invoice No.）
信用证号（L/C No.）

被保险人(Insured):______

中国人民财产保险股份有限公司(以下简称本公司)根据被保险人的要求,以被保险人向本公司缴付约定的保险费为对价,按照本保险单列明条款承保下述货物运输保险,特订立本保险单。

THIS POLICY OF INSURANCE WITNESSES THAT PICC PROPERTY AND CASUALTY COMPANY LIMITED(HEREINAFTER CALLED "THE COMPANY")AT THE REQUEST OF THE INSURED AND IN CONSIDERATION OF THE AGREED PREMIUM PAID TO THE COMPANY BY THE INSURED, UNDERTAKES TO INSURE THE UNDERMENTIONED GOODS IN TRANSPORTATION SUBJECT TO THE CONDITIONS OF THIS POLICY AS PER THE CLAUSES PRINTED BELOW.

标　记 MARKS & NOS.	包装及数量 PACKING & QUANTITY	保险货物项目 DESCRIPTION OF GOODS	保险金额 AMOUNT INSURED

总保险金额:
Total Amount Insured:______
保费(Premium):______ 启运日期(Date of Commencement):______
装载运输工具(Per Conveyance):______
自:　　　经:　　　至:
From______ Via______ To______
承保险别(Conditions):

所保货物如发生保险单项下可能引起索赔的损失,应立即通知本公司或下述代理人查勘。如有索赔,应向本公司提交正本保险单(本保险单共有______份正本)及有关文件。如一份正本已用于索赔,其余正本自动失效。

IN THE EVENT OF LOSS OR DAMAGE WHICH MAY RESULT IN A CLAIM UNDER THIS POLICY, IMMEDIATE NOTICE MUST BE GIVEN TO THE COMPANY OR AGENT AS MENTIONED. CLAIMS, IF ANY, ONE OF THE ORIGINAL POLICY WHICH HAS BEEN ISSUED IN______ORIGINAL(S) TOGETHER WITH THE RELEVENT DOCUMENTS SHALL BE SURRENDERED TO THE COMPANY. IF ONE OF THE ORIGINAL POLICY HAS BEEN ACCOMPLISHED. THE OTHERS TO BE VOID.

保险人:　　中国人民财产保险股份有限公司大连市分公司
UNDERWRITER: PICC PROPERTY AND CASUALTY COMPANY LIMITED DALIAN BRANCH
地址/ADD.:　　大连市黄河路 2 号
No.2, Huanghe Road, Dalian, China
电话/TEL:　　0411－83636670
传真/FAX:　　0411－83636650
E-MAIL:　　huoyx@dal.piccnet.com.cn
Picc Property and Casualty Company Limited Dalian Branch

赔款偿付地点
Claim Payable at:______ 授权人签字
签单日期(Issuing Date):______ Authorized Signature:______
核保人:　　制单人:　　经办人:　　Manager
www.piccnel.com.cn

№ 0013371

●课堂讨论

11.1 修改信用证应注意哪些问题？

11.2 探讨商业发票与海关发票的区别。

●知识掌握

11.1 出口合同履行需经过哪些环节？

11.2 进口合同履行需做哪些工作？

11.3 进口索赔对象有哪些，索赔应注意什么问题？

●知识应用

□ 案例分析

11.1 我国某出口公司向某国出口一批黄豆，合同规定：每公吨180美元，共计1 000公吨，并且规定数量可增减10%。从国外开来的信用证中规定金额为18万美元，1 000公吨。我方工作人员认为数量可增减10%，并以1 100公吨发货装运。

问题：我方凭单证向银行议付时是否会造成拒付？为什么？

分析提示：本题考查对《UCP600》条款的理解。

11.2 中方某公司与意大利商人按CIF条件签订了一份出口某商品的合同，支付条件为不可撤销即期信用证。意大利商人于12月通过银行开来信用证，经审核与合同相符，其中保险金额为发票金额的110%。我方正备货期间，意大利商人通过银行传递给我方一份信用证修改通知，将保险金额改为发票金额的120%。我方未置可否，按原证投保、发货，并于信用证有效期内向议付行议付。议付行议付后将全套单据寄交开证行，开证行以保单与信用证修改书不符为由拒付。

问题：开证行拒付是否有理，为什么？

分析提示：考查信用证修改的要求。

11.3 我国某公司按CIF条件，以即期不可撤销信用证方式，向加拿大一客户出口一批原料，合同规定5月份装运。加拿大公司于5月10日开来不可撤销信用证。证中规定最迟装运日期为5月底。此时我方已来不及办理租船订舱手续，于是立即致电加商要求修改信用证。加商回电，同意修改，展延船期和有效期隔一个月。我公司于6月10日装船，并于6月14日将全套单据交银行议付。

问题：我公司能否顺利结汇？为什么？

分析提示：考查信用证的修改。

11.4 我某公司向外商出口一批货物，CIF条件，即期信用证付款，合同规定11月装运，但未规定具体开证时间。合同签订后，该商品市价下跌，外商一直未开证，我方从10月中旬开始多次电催该外商开证，买方终于在11月16日开来信用证。但由于开证时间太晚，来不及装船，我方要求买方修改信用证的装运期和有效期。但该外商拒绝修改，并以我方未按期装运为由单方面撤销合同，我方只好就此作罢。

问题：我方处理是否妥当？应吸取什么教训？

□ 实践训练

根据本书第二章实践训练中所签的销售确认书，模拟进口方去银行申请开证，并填写开证申请书。

第12章

国际贸易方式

● 学习目标

通过本章的学习，达到以下目标：

了解：国际贸易的多种贸易方式及各种贸易方式的应用范围。

明确：不同的国际贸易方式的性质、特点、作用和应用。

熟知：不同的国际贸易方式的基本做法与应用中的注意事项。

掌握：运用不同国际贸易方式进行实际业务操作。

【引例】

2016年10月，中国甲公司与比利时乙公司签订了一份补偿贸易合同，合同约定由乙公司向甲公司提供生产设备，金额150万欧元，甲公司以该设备所生产的产品分3年偿还全部设备款。合同生效后，乙公司按照合同规定交付了设备，甲公司依照合同规定用该设备生产的产品向乙公司偿还了第一年的设备款50万欧元。

到了第二年，国际市场发生巨大变化，该产品价格上涨幅度达30%。甲公司认为，原合同对返销产品的作价不合理，要求修改合同或签订补充协议，提高返销产品的价格，乙公司不同意。于是，甲公司擅自将产品直接出口，在国际市场上销售，并用所得外汇向乙公司偿还设备款50万欧元。为此，双方产生争议。

2018年12月2日，乙公司根据合同中的仲裁条款提起仲裁，要求甲公司交付产品或按130%支付设备款，并按合同规定支付5%的违约金。在仲裁庭上，甲公司辩论称，其已如数支付了设备价款，就代表其履行了合同；而乙公司则认为，合同规定用产品偿还设备价款，该产品国际市场价格上涨30%，其转售产品应得的利益被剥夺，故甲公司应补偿30%，并支付违约金。

经调查审理，仲裁庭裁决支持乙公司的仲裁请求，甲公司按130%支付第二年的设备价款，支付5%的违约金，第三年继续用产品偿还设备款。仲裁费由甲公司承担。

本案涉及补偿贸易的性质和特点。在本案中，乙公司向甲公司提供设备，由甲公司以该设备所生产的产品偿还设备价款。这种贸易方式属于补偿贸易中的返销形式，是补偿贸易的最基本形式。按照补偿贸易合同的规定，应将进口机器设备所生产的产品返销给提供设备方，以偿还设备价款。甲公司用向第三方出口所收取的外汇偿还乙公司的设备价款的做法，实际上是一般贸易的分期付款方式，已改变了补偿贸易的性质，完全违反了补偿贸易的规定和双方签订的合同，所以，仲裁庭支持乙公司的请求。

在签订补偿贸易合同时，双方均应考虑未来几年产品的国际市场价格变化情况。如果确要改变补偿方式，双方应重新谈判，签订补充协议，并报政府主管部门批准，单方面按有利于自己的做法改变补偿形式，只能承担违约的后果。

国际贸易方式是国际贸易中所采用的各种具体交易方法的总称。国际贸易中涉及的商品千差万别，交易方式也多种多样。在实际业务中，针对不同的商品、不同的市场，往往需要采取不同的贸易方式。

12.1 经销、寄售与代理

12.1.1 经销

1）经销的分类

经销是国际贸易中常见的一种出口贸易方式，是出口商（即供货方）与进口商（即经销方）之间以“款货两清”的买断形式完成的一种商品买卖活动。在经销方式下，进口商以自有资金付清商品的货款后，便享有商品的所有权，经销利润为进口价格和转售价格之间的差额，进口商承担货物自进口后到转售之前的一切经营风险并享有全部收益。

按经销商权限的不同，经销贸易方式分为总经销、独家经销和一般经销三种类型。

（1）总经销，是供货方（只限于出口生产企业）赋予进口经销商在规定的期限和区域内（既可以是全部市场，也可以是某个大区域或某个国家范围内），对指定商品享有独家分销权和优先进货权的一种方式。出口生产企业在此期间和区域内不能再向任何其他商人分销该指定商品，该地区销售指定商品的商人均需从总经销商处进货。总经销商在享有独家分销权的同时，也必须受一定的义务方面的限制，这些限制往往在特许协定中有明确规定。

（2）独家经销，又称包销，是指出口商与国外经销商达成协议，在一定期间内，把指定商品在指定地区的独家经营权授予该经销商，该经销商则承诺不经营其他来源的同类或可替代商品。

从法律上讲，供货方和包销方之间是货主与货主的关系。供货方按照协议的规定向包销方供应指定的商品，包销方以自己的名义买进商品，自行销售，自负盈亏，承担货价跌落及库存积压的风险。

（3）一般经销，又称定销，指供货方对经销商不做过多挑选，不对其授予任何特权，也不强调过多的义务；只要经销商有进货的积极性，能满足供货方的交易条件，及时付足货款，即可得到供货方提供的货物。在这种方式下，供货方与经销商之间存在的只是相对稳定的买卖关系，实质上与一般的国际货物买卖并无区别。

2）经销协议的内容

经销协议是供货方和经销商之间为达成购销业务、明确彼此之间的买卖关系以及双方的权利与义务所签订的一种法律契约。

在特许经销协议中，一般应对以下内容做出规定：

（1）经销商品的种类。特许经销的商品可以是一种或几种，也可以是供货方的全部产品，但必须在协议中明确。此外，在经销协议中还应说明如果在经销协议的有效期内，供货方停止生产或经营某种经销产品，或是在经销产品的范围内开始生产或经营新品种，对这种变化应如何处理。

(2) 经销地区的范围。经销协议中必须明确经销商享有的独家分销权和专卖权的地区范围，如全球市场、几个国家形成的大区域市场，或一个国家内的不同城市。一旦在协议中确定了特许经销地区，供货方一般不得再向该地区内的其他中间商或最终用户销售协议中指定的商品，以保护特许经销商的权益。另外，供货方一般也会在经销协议中规定，经销商不得在规定的经销地区之外进行特许商品的销售。

(3) 经销数量或金额。经销协议中有时会规定供货方在一定时期内供应商品的最低数量，特别是要明确规定经销商在一定时期内的最低经销数额；同时，还需明确供货方不能保证按时供货和经销商不能按时完成经销数额时的处罚或其他处理方法。

(4) 经销期限，即经销协议的有效期，一般是从签字生效起的一年或几年。此外，在协议中也要规定经销期限的延期办法、由于经销商或供货方的原因而终止经销期限的办法，以及说明在何种情况下可以解除经销协议。

(5) 经销商品的作价。经销协议中可以规定在经销期内销售的经销商品是采取一次作价的方法，还是采取分批作价的方法，由进出口双方每隔一段时间对经销商品的价格重新做出约定。分批作价的方法有利于减少双方在交易中承担的价格风险，所以在特许经销方式下比较常见。

(6) 经销商的义务。经销协议中一般规定经销商应承担以下义务：所经销商品的广告宣传与促销、维修服务、所经销商品的品牌与专利权的保护等。多数情况下，经销商从事商品经销活动的费用要自行负担，这也要在经销协议中有所约定。

此外，经销协议中还应规定不可抗力及仲裁条款等。

采用经销方式，有利于供货方在一定的期间内安排生产，避免产品分散经营所带来的自相竞争的弊病；有利于供货方（出口商）利用经销商的销售渠道扩大自己产品的销售；也有利于供货方及时收回货款，减少经营中的风险。对经销商（进口方）来说，当某种商品市场需求旺盛时，他有可能凭借与出口商之间的经销系统获得较多数量的商品，并以较高的价格出售，得到较多的经销利润。而在独家经销方式下，经销商通过出口商的授权，可以获得指定商品的专营权，取得市场垄断所带来的巨大利益，可以最大限度地调动经销商经销供货方产品（或商品）的积极性，也有利于供货方扩大销售规模。

可见，经销对供货方与经销商都有明显的好处，受到进出口双方的欢迎。但供货方在选择经销商时一定要慎重，一旦对经销商特别是独家经销商选择不当，至少在授权期限内会严重影响到自己在经销地区的市场份额和经济收益。因此，供货方应综合考虑经销商的销售网点数量、经营规模、地理位置、商业形象和服务水平等因素，挑选出对实现自身经营目标最有利的经销商。

【案例 12-1】

我国A公司与美国B公司签订了一份独家经销协议，A公司将其经营的草制品（狗窝）在美国的独家经营权（购买权）授予B公司，期限为一年。一年来，由于B公司销售不利，A公司蒙受了很大的损失。

问题：试分析A公司蒙受损失的原因。

分析提示：供货方在选择经销商时一定要慎重，特别是独家经销商选择不当，至少在授权期限内会严重影响到自己在经销地区的市场份额和经济收益。因此，供货方应综合考虑经销商的销售网点数量、经营规模、地理位置、商业形象和服务水平等因素，挑选出对实现自身经营目标最有利的经销商。

12.1.2 寄售

寄售（Consignment）是出口商委托国外代销商与用户进行现货买卖的一种交易方式。出口商作为寄售人，将准备销售的货物先行运往国外，委托当地的销售商按照寄售协议规定的条件在当地市场上销售。商品售出后，代销商扣除佣金和其他费用后，将货款交付给寄售人。

1）寄售的特点

寄售同一般的出口业务相比，具有以下特点：

（1）寄售人与代销商之间是委托代售关系。代销商只能根据寄售人的指示处置货物，不拥有货物的所有权，在货物售出前所有权属寄售人。

（2）寄售属于凭实物进行的现货交易，一般由寄售人先将货物运至寄售地，买主看货成交并可以立即提货，很受买主的欢迎。

（3）在寄售方式下，代销商不承担代销过程中的风险和费用，货物售出前的风险和费用均由寄售人承担。

2）寄售方式的利弊

对寄售人、代销商和买主而言，寄售的优点主要体现在以下三方面：

（1）对寄售人来说，寄售有利于开拓市场和扩大销路。通过寄售，寄售人可以与实际用户建立起一定的关系，扩大贸易渠道，便于了解和适应当地市场的需要，不断改进商品品质和包装。另外，寄售人还可以根据市场供求情况，掌握有利的推销时机，制定较高的售价。

（2）对代销商来说，在寄售方式下无须垫付资金，不承担经营风险和费用，又能得到一定的佣金收入。因此，寄售方式有利于调动那些有推销能力、经营作风好但资金不足的代销商的积极性。

（3）对买主而言，寄售是凭实物进行的现货买卖，买主看货成交，付款后即可提货，大大节省了交易时间，降低了交易风险；同时，买主也避免了资金的积压，有利于资金周转，为其提供了便利。

寄售的缺点主要是针对寄售人而言的，主要表现为：

（1）承担的贸易风险大。寄售人要承担货物售出前的一切风险，包括运输途中和到达目的地后货物损失或灭失的风险、货物价格下跌和不能售出的风险，以及代销商资信不佳而导致的损失。

（2）资金周转期长、收汇不安全。在寄售方式下，货物售出前的一切费用开支均由寄售人负担，而货款要等货物售出后才能收回，不利于其资金的周转。此外，一旦代销商违反协议，也会给寄售人带来意想不到的损失。

3）寄售协议的主要内容

寄售协议是寄售人和代销商之间为了开展寄售业务就双方的权利、义务和有关寄售的条件及具体做法所签订的书面协议。寄售协议一般应包括以下内容：协议的性质，寄售地区，寄售商品的名称、规格、数量、作价方法，佣金的支付和货款的收付等。在签订寄售协议时，要特别注意以下三点：

（1）选择适当的作价方法。寄售商品的作价方法，归纳起来，大致有四种：①寄售人限价；②随行就市；③销售前征得寄售人的同意；④规定结算价格。

（2）合理规定货款的收付时间和办法。在寄售方式下，货款多是在货物售出后收回的。寄售人和代销商之间通常采用记账的方法，定期或不定期地结算，由代销商将货款汇给寄售人，或者由寄售人用托收的方式向代销商收款。

（3）明确规定佣金的支付条件。佣金是寄售人付给代销商的作为其提供服务的报酬。在佣金条款中，一般应规定佣金的计算基础、佣金率以及佣金的支付时间和方法等内容。

【案例 12-2】

我国某外贸企业以寄售方式向某国装运出口一批在仓库积压已久的商品，货到目的地后，虽然代销商努力推销，货物还是无法售出，最后只得再装运回国。

问题：此举你认为有何不当？

分析提示：寄售人应慎重考虑寄售方式下的商品选择问题。寄售方式下的商品不宜选择积压品，否则会导致商品很难销售出去，徒增仓储费用等。

12.1.3 代理

1）代理的分类

代理（Agency）是国际贸易活动中的常见做法，是指代理人（Agent）按照委托人的授权，代表委托人与第三人订立合同或实施其他法律行为，而由委托人直接负责由此产生的权利和义务。代理人可在约定的时间和地区内，以委托人的名义从事业务活动，如为委托人介绍买主、招揽生意、转递订单或者按约定的条件与当地客户进行谈判并签约等，而由委托人直接负责由此而产生的后果。

在国际货物贸易中，有多种多样的代理，可从不同的角度对其进行分类。按委托人授权的大小，代理可分为总代理（General Agent）、独家代理（Sole/Exclusive Agent）和一般代理（Agent）；按行业性质的不同，代理又可分为销售代理、购货代理、货运代理、保险代理等。此外，还有广告代理、诉讼代理、仲裁代理等。

（1）总代理指在指定地区内，代理人除了代表委托人销售指定商品、签订买卖合同、处理货物外，还可以代表委托人处理其他商业活动和事务。

（2）独家代理是指在约定的时间和地区范围内，由代理商独家从事约定商品的销售活动，享有专营权。委托人在该地区不能再寻找第二个代理人，代理人也不能再做其他委托人的代理人。

（3）一般代理又称普通代理或佣金代理，是指在同一地区和一定的时间内，委托人可以同时委派几个代理人，也可以自己直接向该地区销售，委托人仅按代理人的实际销售业绩支付佣金。

2）代理协议的主要内容

代理协议也称代理合同，是明确委托人和代理人之间权利与义务的法律文件。代理协议的内容由双方当事人按照契约自由的原则，根据双方的合意加以规定。代理协议一般应包括以下内容：

（1）代理的商品和区域的规定。代理协议要明确规定代理商品的品名、规格以及代理权行使的地理范围。在独家代理的情况下，其规定方法与包销协议大体相同。

(2) 代理人的权利和义务。这是代理协议的核心部分，一般包括：

第一，明确代理人的权利范围以及是否享有独家专营权。

第二，规定代理人在一定时期内应推销商品的最低销售额。

第三，代理人应在代理权行使的范围内保护委托人的合法权益。在协议有效期内，代理人无权代理与委托人商品相竞争的商品，也无权做协议地区内与委托人相竞争的公司的代理。对于在代理区域内发生的侵犯委托人知识产权的不法行为，代理人有义务通知委托人，以便其采取必要措施。另外，代理人还负有保守商业秘密的责任。

第四，代理人应承担市场调研和广告宣传的义务。

(3) 委托人的权利与义务。委托人的权利主要包括：对客户的订单有权接受，也有权拒绝，对拒绝订单的理由可以不做解释，代理人也不能要求佣金。但对于代理人在授权范围内按委托人规定的条件与客户订立的合同，委托人应保证执行。委托人有义务维护代理人的合法权益，保证按协议规定的条件向代理人支付佣金。在独家代理的情况下，委托人要尽力维护代理人的专营权。如由于委托人的责任给代理人造成损失，委托人应予以补偿。

(4) 佣金条款。它是代理协议中最重要的条款之一。佣金是代理人为委托人提供服务所获得的报酬。代理协议需要规定在什么情况下代理人可以获得佣金。在独家代理协议中常常规定，如委托人直接与代理区域内的客户签订买卖合同，代理人仍可获取佣金。在佣金条款中应对佣金率、佣金的计算基础、佣金的支付时间和方法等做出明确的规定。

此外，还可在代理协议中规定不可抗力条款、仲裁条款以及协议的期限和终止办法等条款。这些条款的规定办法与包销协议大致相同。

【案例12-3】

我公司与马来西亚ABC公司签订了一份独家代理协议，把公司经营的净水器在马来西亚的独家代理权授予ABC公司，期限两年，由于ABC公司销售不力，致使我公司蒙受很大的损失。

问题：试分析我公司蒙受损失的原因。

分析提示：委托人应慎重选择独家代理商。委托人应综合考虑代理商的销售能力、经营规模、地理位置、商业形象和服务水平等因素，挑选出对实现自身经营目标最有利的代理商，防止其代而不销，影响到自己在该地区的市场份额和经济收益。

12.1.4 包销、寄售与代理三种方式的比较

包销、寄售与代理三种方式的比较见表12-1。

表12-1 **包销、寄售和代理三种方式的比较**

贸易方式	基本当事人	合同性质	操作特点
包销	供货方与包销人	买卖	包销人自担风险，自负盈亏，获取商业利润
寄售	寄售人与代销商	行纪	代销商以自己的名义推销商品，行为后果自负，一般以佣金作为报酬
代理	委托人与代理人	委托	代理人以委托人的名义从事商业活动，后果由委托人承担，以佣金作为报酬

12.2 招标、投标与拍卖

12.2.1 招标与投标

招标与投标（简称招投标）是传统的贸易方式，常常被一国政府机构、国有企业或公用事业单位在国际工程承包和大宗物资的采购业务中采用。

1）招投标的特点

招投标包括招标和投标两个方面。招标（Invitation to Tender）是指招标人（买方）发出招标通知，说明拟采购的商品名称、规格、数量及其他条件，邀请投标人（卖方）在规定的时间、地点按照一定的程序进行投标的行为。投标（Submission of Tender）是指投标人（卖方）应招标人的邀请，根据招标的要求和条件，在规定的时间内向招标人报盘，争取中标并与其签约的行为。

与其他贸易方式相比，招投标具有明显的特点，表现在：一是招标与投标通常都不经过交易磋商，投标人只按照招标人规定的招标条件进行报盘。这种报盘是对投标人有约束力的法律行为，一旦投标人违约，招标人可要求得到补偿。二是招标与投标属于竞卖方式，即一个买方面对多个卖方。卖方之间的激烈竞争，使买方在价格及其他条件上有较多的比较和选择。

2）招投标的基本做法

商品采购中的招投标业务基本上包括招标、投标、开标和评标、签订合约等步骤。

（1）招标。国际上采用的招标方式主要有以下三类：

第一，国际竞争性招标（International Competitive Bidding）。其特点是招标人要在为数众多的投标人中找出最理想的人选并与之成交。按其具体做法，可分为公开招标和选择性招标两种。

公开招标又称为无限竞争招标，是指招标人在国内外报纸、杂志、互联网上发布招标通告，以便使所有合法的投标者都有机会参与竞争。公开招标通常先进行资格预审，即对打算参加投标的企业的能力、资金和信誉等方面的情况进行预先审查，只有通过了资格预审的企业，才有权参加投标。资格预审，有利于提高投标质量。公开招标是竞争最激烈的一种招标方式，在国际招标中也最为常见。

选择性招标又称非公开招标、邀请式招标、有限竞争招标，是指招标人不公开发布招标通告，只根据以往的业务关系和情报资料或由咨询公司提供的投标者的情况，向少数客户发出招标通知。非公开招标，多用于购买技术要求较高的专业性设备或成套设备，应邀参加投标的企业通常是经验丰富、技术装备优良并在该行业内享有一定声誉的企业。

第二，谈判招标（Negotiated Bidding）。它又称议标，属于非竞争性招标，由招标人直接选择几家客户进行合同谈判、确定标价、达成交易、签订合同。严格地说，谈判招标不是通常意义上的招标，它与一般的通过谈判达成交易并直接签订合同的做法相似。

第三，两段招标（Two-stage Bidding）。它又称综合性招标、两步招标。在采购某些复杂的货物时，通常采用此种招标方式。第一阶段，采用公开招标方式，对众多投标人进行初步评价；第二阶段，再邀请几家比较理想的客商进行价格投标。

（2）投标。投标人收到招标人发出的招标通告并取得招标文件后，要对招标文件中规定的各项内容进行认真分析研究，这是投标中最重要的环节。鉴于投标是投标人向招标人发出的报盘，故投标人必须认真对待。投标主要包括以下几个环节：

第一，获取招标文件。招标文件是招标人为投标人制定的规范性文件，其中对投标人应具备的资格、合同的一般交易条件、技术性标准以及投标截止时间、开标日期等事项都有明确具体的规定，投标人要认真分析。

第二，缮制投标书。投标书实质上是一项有效期至规定开标日期为止的发盘，其内容必须十分明确，中标后与招标人签订合同所包含的重要内容应全部列入。投标人缮制投标书时，应认真考虑，慎重对待。

第三，提供投标担保。招标人招标时，通常都要求投标人提供投标担保，以促使投标者在有效期内保证完全履行投标文件中承诺的责任和义务。按照惯例，开标后，如投标人未中标，可收回其提供的保证金；但如果投标人在投标有效期内撤回标书，或投标人中标后却拒绝签约，则招标人可没收该项保证金作为补偿。投标担保可以采用投标保证金、银行保函和备用信用证等形式。

第四，递送投标文件。投标书应在投标截止日期之前送达招标人或其指定的收件人处，逾期无效。按照一般惯例，投标人在投标截止日期之前，即投标生效之前，可以书面提出修改或撤回。

3）开标和评标

开标是指招标人在招标文件规定的时间和地点，对投标人递交的投标文件进行比较，从中选出条件最优者作为中标人。开标有公开开标和不公开开标两种方式，究竟采用何种方式，应按照招标人在招标通告中对开标方式所做的规定办理。公开开标是指招标人在规定的时间和地点当众启封投标书，并宣读其内容。采用公开招标方式时，投标人都可参加，并当场监视开标情况。不公开开标是指在没有投标人参加的情况下，由招标人自行开标，并选定中标人。

开标后，招标人对各投标书中提出的条件进行评审、比较并从中选择对己最有利者为中标人，这一过程称为评标。如招标人认为所有的投标均不理想或所报条件不符合要求，可宣布招标失败，并拒绝全部投标。造成招标失败的主要原因有：最低的标价也超过了招标人预定的可接受标准；或者所有的投标书所提供的条件都与招标要求不符；或者只有个别人参与投标，不具有竞争性。

4）签订合约

招标人选定中标人之后，要向其发出中标通知书，约定双方签约的时间和地点。中标人签约时，要提交履约保证金，以作为中标人将遵照合同履行义务的担保。在实际业务中，保证金一般以银行保函代替，有时也可由银行开出备用信用证作为履约担保。

【案例12-4】

某国一政府机构为采购某商品进行国际公开招标，招标文件规定投标截止日期为10月31日。我国一家主要生产这类商品的工厂在认真研究了招标文件后认为，根据自身条件，完全能够满足招标文件所规定的要求。为推销其产品，该工厂决定投标；同时，为争取中标，该工厂在投标书中所报的价格极具竞争性。8月初，该工厂寄出投标书，并按招标文件的要求交纳了投标保证金5 000美元。之后不久，生产该商品的原料价格猛涨，倘若按投标书中所报价格中标，工厂将遭受极大的损失。不得已，该工厂只能电请招标人要求修改招标书中的报价。招标人以招标文件明确规定投标书一经送达不得撤销和修改为由加以拒绝，事后，原料市价涨势未减，眼看按投标书的价格进行交易已不可能，于是被迫通知招标人撤销投标书，已交纳的保证金被招标人全数没收。

问题：我方在工作中存在哪些问题？应当吸取哪些教训？

分析提示：投标人在投标前应该进行充分的市场调查，分析价格变动趋势，慎重报价，以免造成本案中的经济损失及信用损失等。

12.2.2 拍卖

拍卖（Auction）是由专营拍卖业务的拍卖行接受货主的委托，在一定的时间和地点，按照一定的章程和规则，以公开叫价的方法进行竞买，把货物卖给出价最高的买主的一种现货交易方式。采用国际拍卖方式交易的商品主要有三种类型：①品质不易标准化或难以用科学方法对其质量进行精确验定以及难以用语言或文字对质量或规格等进行明确表述的商品；②价值昂贵且浮动较大或难以准确估价的商品，如古董、字画、艺术品和名人遗物等；③特殊情况下的商品，如对倒闭企业所封存财产的销售和海关对逾期未提货物的处理等。可见，拍卖是为适应特殊性商品买卖而建立的一种独特的交易方式。

1）拍卖业务的特点

（1）拍卖是一种公开竞买的现货交易。拍卖开始前，买主可以查看货物。拍卖开始后，买主当场出价，公开竞买，拍卖主持人代表货主选择交易对象；成交后，买主即可付款提货。

（2）拍卖是由专营拍卖业务的拍卖行统一组织的。拍卖一般都是由拍卖行定期组织，集中在一定的时间和地点，买卖某种特定商品；也有由货主临时组织的拍卖会。

（3）拍卖具有自己独特的法律和规章。拍卖不同于一般的进出口交易，在交易磋商的程序和方式、合同的成立和履行等方面都有其特殊规定。各拍卖行也有其不同的章程和规则。

2）拍卖的出价方法

国际拍卖中的出价方法一般可以分为以下三种：

（1）增价拍卖。它是拍卖中最常见的一种出价方式。拍卖人按照拍卖目录规定的顺序，宣布预定拍卖的货物的底价，由竞买者按规定的增价额度竞相加价，当主持人认为无人再出更高价格时，即以击槌的方式宣布成交，将货物卖给出价最高的买主。

（2）减价拍卖。它又称荷兰式拍卖（Dutch Auction），是由拍卖人先开出最高价，然后逐渐减低叫价，直到有人表示接受而达成协议。减价拍卖成交速度快，常用于拍卖易腐和鲜活商品，如水果、花卉、蔬菜、鲜鱼等。

增价拍卖和减价拍卖都是公开竞买并当场成交。

（3）密封递价拍卖。它又称招标式拍卖，由拍卖人事先公布每批商品的具体情况和拍卖条件，然后由竞买者在规定的时间内，将自己的出价密封后递交给拍卖人，再由拍卖人选择条件最适合的达成交易。这种方式已失去了公开竞买的性质，采用此种方式，拍卖人不一定接受最高的递价，往往还要考虑其他因素。

3）拍卖的基本程序

（1）准备阶段。参加拍卖的货主先把货物运到拍卖地点，由拍卖行进行挑选、整理、分类和分批编号，拍卖行还要印发拍卖目录，刊登广告，提供各种书面资料，进行宣传。参加拍卖的买主，可以在规定的时间内到仓库查看货物，了解商品品质，拟定自己的出价标准，做好拍卖前的准备工作。

(2) 正式拍卖。它是指在规定的时间和地点，按照拍卖目录规定的次序，逐笔喊价成交。拍卖主持人作为货主的代理人掌握拍卖的进程。对于要拍卖的货物，货主可以提出保留价，也可以无保留价。对于无保留价的，拍卖主持人在拍卖前应予以说明；对于有保留价的，竞买人的最高应价未达到保留价时，主持人要停止拍卖。

在拍卖的过程中，买主在正式拍卖时的每一次叫价，都相当于一项发盘，当另一竞买者报出更高的价格时，该发盘即失效。拍卖主持人以敲槌的方式代表卖主表示接受后，交易即告达成。

(3) 付款与提货。拍卖成交后，买主即在成交确认书上签字，拍卖行分别向委托人和买主收取一定比例的佣金，佣金一般不超过成交价的5%。买主通常以现汇支付货款。拍卖行在买主付清货款后，有义务按规定向买主迅速交付货物。拍卖行通常开出栈单或提货单交给买主，买主在指定仓库提货。逾期不取而发生的保管、保险、运输等费用由买主承担。上述一切事项办妥无误后，拍卖行以书面或电话形式通知卖主取款结算或取回未拍卖出去的拍卖品。

由于拍卖前买主可事先看货，所以事后的索赔事件较少。若货物确有瑕疵，或拍卖人、委托人不能保证其真伪的，必须事先声明；否则，拍卖人要负担保责任。

【案例12-5】

某商人通过拍卖竞得一幅张大千的真迹，可事后经专家鉴定为赝品。该商人将拍卖行告上法庭，法院经鉴定后裁决：该商人将画退回拍卖行，拍卖行将拍卖款退给该商人并赔偿其损失。

问题：你怎样看待此案？

分析提示：若货物确有瑕疵，或拍卖人、委托人不能保证其真伪的，必须事先声明，否则拍卖行要负担保责任。本案中拍卖行因工作失误，未鉴定出该画为赝品而将其当真迹售卖，因此要承担责任，赔偿该商人的损失。

12.2.3 招投标与拍卖方式的比较

招投标与拍卖在货物买卖、工程承包以及其他经济活动中被广泛采用，显示出巨大的生命力。采取这两种交易方式，都是希望吸引众多的商家参与其中，形成公开竞争的局面，从而获取一定的利益。实践证明，这两种方式运用得当，均可取得良好的经济效益。招投标与拍卖，有各自的特点。

招投标属于竞卖方式。招标人通过招标吸引众多的卖方参与竞争。卖方之间的竞争，使买方在价格及其他条件上有较多的比较和选择，从而在一定程度上保证了所采购商品的最佳质量，并可使招标人以相对低廉的价格购进其所需的商品。另外，投标人提交的投标担保和履约担保，也在一定程度上减少了招标人的风险。对投标人而言，这种交易方式也有有利之处。因为招投标业务一般涉及的金额都比较大，属于大买卖，只要投标人事先进行了认真的可行性研究，在投标过程中谨慎小心、科学计算，一旦中标，认真履约，通常都能获得可观的经济效益。

拍卖属于竞买方式。拍卖会的主办人通常会利用媒体的宣传来扩大影响，吸引尽可能多的竞买人到场参与竞争。激烈的竞争使得价格步步攀升，卖主可从中受益。例如，在艺术品、文物的拍卖业务中，由于拍卖品奇货可居，竞买人在价格上互不相让，卖出天价的情况屡见不鲜。拍卖价格的高低，除取决于拍卖品本身的质量外，竞争的激烈程度也是重要的决定因素。对竞买人来讲，由于拍卖多采用公开的现场现货竞买方式，透明度很高，且有相关的法律保证其公正性，因而大大减少了竞买人的风险。

● 12.3 对销贸易与加工贸易

12.3.1 对销贸易

对销贸易又称对等贸易，是指在互惠的前提下，由两个或两个以上的贸易方达成协议，规定一方的进口产品款项可以部分或者全部以相对的出口产品来支付。对销贸易不同于单边进出口，它实质上是进口和出口相结合的方式，一方的商品或劳务出口必须以进口为条件，体现了互惠的特点，即相互提供出口机会。其目的是以进带出，开辟各自的出口市场，求得每宗交易的外汇收支平衡或基本平衡。可见，对销贸易是一种既买又卖、买卖互为条件的国际贸易方式。另外，在对销贸易方式下，一方从国外进口货物，不是用现汇支付，而是用相对的出口产品来支付。这样做有利于保持国际收支的平衡，尤其是对外汇储备较紧张的国家，具有重要的意义。

1）对销贸易的形式

对销贸易的基本形式有易货贸易、互购和补偿贸易三种。

(1) 易货贸易。它通常是指买卖双方将进出口结合起来，相互交换各自的商品。易货有狭义和广义之分。狭义的易货是纯粹的以货换货方式，不用货币支付。其特征是交换商品的价值相等或相近，没有第三者参加，并且是一次性交易，履约期较短。这种直接易货贸易，是一种最古老的贸易方式，也是最简单的交易方式，可以追溯到很久以前。在作为一般等价物的货币出现之前，人们就是用这种方式交换各自的劳动产品的。但这种易货方式具有很大的局限性，在现代国际贸易中很少采用。

现代的易货贸易都采用比较灵活的方式，即所谓广义的易货。这种易货方式主要有以下两种不同的做法：

第一，记账易货贸易。它是指一方用一种出口货物交换对方的另一种出口货物，双方都将货值记账，互相抵冲，货款逐笔平衡，或者在一定时期内平衡，无须使用现汇支付(如有逆差，再以现汇或商品支付)。采用这种方式时，进出口可以同时进行，也可以先后进行，但一般说来，时间间隔都不长。如中华人民共和国成立初期我国与斯里兰卡的米胶协议，我方以大米交换对方的橡胶，就是记账易货贸易。

第二，对开信用证方式。这是指进口和出口同时成交，金额大致相等，双方都采用信用证方式支付货款，也就是双方都开立以对方为受益人的信用证，并在信用证中规定，一方开出的信用证要在收到对方开出的信用证时才生效。也可以采用保留押金的方式，先开出的信用证先生效，但是结汇后银行把款扣下，留作受益人开回头证时的押金。这样表面上看，双方都以信用证支付从对方购买的货物，但实际上货款无法提出，还是以货换货的形式。

(2) 互购。它是指一方向另一方出口商品的同时，承担在约定的期限内从对方购买一定数量或金额商品的义务；而一方向另一方购买商品的同时，享有向对方出口一定数量或金额商品的权利。互购贸易涉及两个既独立又相互联系的合同，每个合同都以货币支付，金额不要求等值。这样虽然在两个合同中都使用货币来支付，但由于双方都承担了反购义务，实际上在一定时间内还是等于相互交换货物。这在一定程度上可以解决一方外汇支付能力不足的问题。

(3) 补偿贸易。它是在信贷的基础上，一方进口机器设备或技术不用现汇支付，而以产品或劳务分期全额或部分偿还价款的一种贸易方式。

补偿贸易区别于其他贸易方式的主要特点是：补偿贸易是在信贷的基础上进行的，设备引进方要承担利息；设备供应方必须承担回购对方产品或劳务的义务。补偿贸易是一种通过商品交易起到利用外资作用的贸易方式。根据补偿产品的不同，补偿可分为以下三种形式：

第一，直接产品补偿。它是补偿贸易中最基本的做法。设备与技术的进口方用以设备和技术生产出的直接产品来分期偿还设备和技术款。一般来讲，设备与技术的进口方大多愿意采用这种方式，我国在开展补偿贸易中也鼓励采用这种方式。

第二，间接产品补偿。它是补偿贸易中较常见的做法。被用来偿还进口设备与技术款的不是直接的产品，而是交易双方商定的其他商品。比如，苏联曾从意大利购进一批大口径的钢管，65%的货款用废金属、煤、铁矿石分期偿还。这种做法虽有点像反购，但不是反购，因为它仍在同一个补偿贸易合同中，而反购则是签订两个单独的合同。

第三，劳务补偿。它是将补偿贸易与来料加工相结合的做法，由承接对外加工、装配业务的单位用加工费收入分期偿还设备款。比如，我国企业为外商加工装配电子表，由外商提供装配线、元器件，我方用加工费分期偿还设备款。

根据商品、劳务在补偿价值中所占比重的不同，补偿还有全额补偿和部分补偿之分。全额补偿是指引进设备、技术的价款全部用商品、劳务补偿，进口方不动用外汇；部分补偿是指引进设备、技术的价款中有一定的比例需用现汇支付，其余的用商品或劳务偿还。

2）对销贸易的利弊

对销贸易是在第二次世界大战后发展起来的，20世纪70年代在东西方之间以及发展中国家和发达国家之间逐步推广，80年代又取得新的进展，达到相当的规模。究其原因，主要是由于对销贸易有利于发展中国家冲破贸易壁垒，扩大出口，并且在不增加外债的情况下能换取急需的技术、设备和物资。发达国家也可以通过对销贸易以较优惠的价格获得原材料。

对销贸易的局限性主要表现为：①对销贸易在互惠的原则下进行，因而使得交易对象的选择和交易的达成及履行存在很大的困难；②在对销贸易方式下，市场机制的作用受到削弱，合同价格往往与正常价格有很大的偏离；③对一国来说，难以获得社会劳动的最大节约。

12.3.2　加工贸易

加工贸易是一国的企业利用自己的设备和生产能力，对来自国外的原材料、零部件或元器件进行加工、制造或装配，然后再将产品销往国外的一种贸易做法。这里的加工又分为进料加工和来料加工两种。

1）进料加工

进料加工一般是从国外进口原料，利用本国的技术、设备、企业和劳力，加工生产出成品再出口，以获取成品价格与进料价格之间的差额的一种贸易做法。由于进口原料的目的是扶植出口，所以进料加工又称为“以进养出”。我国开展的以进养出业务，一方面包括进口轻工、纺织、机械、电子等行业的原材料、零部件、元器件，加工、制造或装配出成品后再出口；另一方面还包括从国外引进农、牧、渔业的优良品种，经过种植或繁育出成品后再出口。如进口棉花加工成棉纱和棉布出口，进口橡胶加工成轮胎和胶鞋出口。可见，开展这种贸易活动可以增加出口产品的品种和数量，也是提高产品质量和市场竞争力的必要手段。进料加工的具体做法，大致有以下三种：

（1）先签订进口原料的合同，加工出成品后再寻找市场和买主。采取这种做法的好处是进料时可选择适当时机，低价时购进，而且一签订出口合同就可交货，交货期短。但采取这种做法时要随时了解国外市场动向，以保证产品能适销对路，避免产品积压。

（2）先签订出口合同，再根据国外买方的订货要求从国外购进原料，加工生产。这种做法包括来样进料加工。其优点是产品销路有保障，但要注意原料来源必须落实好，否则会影响成品质量或导致无法按时交货。

（3）对口合同方式。它是指与对方签订进口原料合同的同时签订出口成品的合同，两个合同相互独立，分别结算。所以，有时原料提供者与成品购买者可以是不同的人。这样做的优点在于原料来源和成品销路均有保障，但适用面较窄。

2）来料加工

（1）来料加工的含义和性质。来料加工在我国又称为对外加工装配业务，是指外商提供全部或部分原材料、零部件、元器件、配套件，我方企业按外商的要求加工出成品后交由对方处置，我方按照约定收取工缴费作为报酬。

来料加工业务不属于货物买卖。因为原料和成品的所有权始终属于委托方，并未发生转移，我方只提供劳务并收取约定的工缴费。因此，可以说来料加工属于劳务贸易的范畴，是以商品为载体的劳务出口。

（2）来料加工合同的主要内容。

第一，对来料来件和成品的规定。在合同中要明确规定来料来件的质量、数量和到货时间。外商为了保证成品在国际市场上的销路，往往对成品的质量要求比较严格，因此我方在签订合同时必须从自身的技术水平和生产能力出发，以免交付成品时发生困难。

第二，关于耗料率和残次品率的规定。耗料率又称原材料消耗定额，是指生产每单位成品消耗原材料的数额。残次品率是指不合格产品在全部成品中的比率。这两个指标如定得过高，则委托方必然要增加成本，减少成品的收入；如定得过低，则承接方难以完成。因此，双方应根据实际情况，合理规定耗料率和残次品率。

第三，关于工缴费结算的规定。工缴费是涉及合同双方利害关系的核心问题。来料加工业务中的工缴费有两种结算办法：一是来料来件和成品均不作价，单收加工费，由对方在我方交付成品后通过信用证或汇付方式向我方支付；二是对来料来件和成品分别作价，两者之间的差额即工缴费。采用这种方式，我方应坚持先收后付的原则，以免垫付外汇。

第四，对运输和保险的规定。来料加工业务涉及两段运输，即原料运进和成品运出，需在合同中明确规定由谁承担有关的运输责任和费用。涉及的保险包括两段运输险以及货物加工期间存仓的财产险。从法律上讲，保险应归委托方负责。但从实际业务过程看，由承接方投保较为方便。

此外，来料加工合同还应订立工业产权的保证、不可抗力和仲裁等预防性条款。

12.3.3　对销贸易与加工贸易的比较

在国际贸易中，有些贸易方式下，出口和进口结合了起来，这就使得卖方和买方的界限有些模糊，因为交易中的任何一方都不是绝对的卖方或者买方。对销贸易与加工贸易即属于这类做法。

小资料12-1：来料加工与进料加工

对销贸易与加工贸易又都可分为各种具体的交易形式，每种形式各有其特点和利弊。总的来讲，对销贸易对开拓市场、互通有无并保持外汇收支平衡具有重要作用。而加工贸易则主要解决各国企业在参与国际分工的过程中如何发挥各自的优势、扬长避短、争取利益最大化的问题。

12.4　商品期货交易

期货交易（Futures Trading）又称期货合同交易，是在商品交易所早期的实物交易的基础上发展起来的。期货合同交易只是期货合同本身的买卖，交易结果是交付或取得以及买进或卖出同等数量的期货合同的价格差额。现代期货交易起源于19世纪后期的美国，目前已在世界范围内得到普遍发展。改革开放以来，我国的外贸企业开始涉足国际期货市场来配合现货交易；同时，我国也创建了自己的期货市场，利用它的风险转移机制和价格发现机制来促进国内外贸易的发展。

12.4.1　期货交易的特点

期货交易与现货交易有着明显的区别。现货交易，无论是即期交货还是远期交货，交易的当事人都必须交付和接受实际货物，转移货物所有权；而期货交易买卖的是标准期货合同，必须在商品交易所内进行，一般不涉及货物的实际交割，只需在期货合同到期前平仓。所谓平仓（对冲），是指在期货合同到期前，交易者做一笔方向相反、交割月份和数量相同的期货交易，从而解除其实物交割的义务。期货交易的特点包括：

（1）以标准期货合同作为交易标的。标准期货合同是由各商品交易所制定的。商品的品质、规格、数量以及其他交易条件都是统一拟定的，买卖双方只需洽定价格、交货期和合同数目。

（2）特殊的清算制度。交易所内买卖的期货合同由清算所统一交割、对冲和结算。清算所既是所有期货合同的买方，也是所有期货合同的卖方。交易双方分别与清算所建立法律关系。

（3）严格的保证金制度。清算所要求每个会员必须开立一个保证金账户，在开始进行期货交易时，按交易金额的一定百分比交纳初始保证金。每天交易结束后，清算所都按当日结算价格核算盈亏，如果亏损超过规定的百分比，清算所即要求会员追加保证金。该会员需在次日交易开盘前交纳追加保证金，否则清算所有权停止该会员的交易。

期货交易的做法有多种，其中最常见的是套期保值和投机交易。

12.4.2　套期保值的含义及方式

套期保值又译为“海琴业务”（Hedging）。套期保值的通常做法是：在卖出或买入实际货物的同时，在期货市场上买入或卖出同等数量的期货。套值保值者一般是从事实务交易的经营者或生产者。套期保值之所以能转移现货价格波动的风险，是因为同一商品的实物价格与期货价格变化的趋势基本上是一致的。在购入（卖出）现货的同时出售（买入）期货，这样在现货市场和期货市场上做等量相反的交易，必然会出现一亏一盈的情况，以期货的盈余弥补现货交易的亏损。套期保值可分为卖期保值和买期保值两种。

（1）卖期保值（Selling Hedge）。它是指经营者买进一批实物，为避免之后价格下跌而遭受损失，在交易所预售同等数量的期货合同，进行保值。例如，某家工厂买进棉花生产棉布，工厂主估计之后棉花价格要下跌，但为了生产，现在不得不买进。为了避免棉价下跌所造成的损失，工厂主可以在买进棉花的同时到期货市场上卖出同等数量的期货合约。这样，一旦价格下跌，工厂主在实际货物的交易中会有亏损，但在期货交易中却会有盈利，工厂主就能以期货之盈利来补实货之亏损。卖期保值示例见表 12–2。

表 12–2 **卖期保值示例**

现货市场	期货市场
4月5日购入棉花20万磅单价 US$0.65	4月5日卖出4张期货合约，共20万磅单价 US$0.63
6月25日现货价 US$0.58	6月25日补进4张期货合约，US$0.57
现货亏损：0.65–0.58=0.07	期货盈余 0.63–0.57=0.06

如表 12–2 所示，经营者每磅亏损 US$0.01，假定手续费为 US$200，全部算下来，亏损额为 2 200 美元（200 000×（0.07–0.06）+200）。如果不做套期保值，亏损额为 14 000 美元（200 000×0.07）。可见，套期保值使亏损大为减少。

又如，某储运商 10 月 1 日以每蒲式耳 3.20 美元的价格收购了 50 000 蒲式耳小麦，期货交易所 12 月份小麦的期货价为每蒲式耳 3.30 美元。为了保值，该储运商在买进现货的同时，在期货市场抛出 12 月份小麦期货合同 10 份（每份 5 000 蒲式耳），这实际上已将存货两个月后的价格先行确定下来。一个月后，现货市场上小麦的价格已经从每蒲式耳 3.20 美元跌到每蒲式耳 3.05 美元，储运商的存货总共损失 7 500 美元；但同时期货市场上小麦的价格也从每蒲式 3.30 美元下跌到每蒲式耳 3.15 美元，这样，该储运商可以在期货市场上每蒲式耳赚得盈利 0.15 美元，总共盈利 7 500 美元，刚好抵消其在现货市场上的损失。

（2）买期保值（Buying Hedge）。它是指经营者卖出一笔日后交货的商品时，在期货市场上买进同样数量、同一交货期的期货合同，以防止日后价格上涨而遭受损失。

就买期保值而言，主要是保值者担心商品价格上涨，为了配合现货交易，预先在期货市场上买入期货合约，然后再选择适当时机卖出期货合约进行平仓。通常情况下，未来有一笔 现货流入的加工商、中间商或贸易商为了防止价格上涨而遭受损失会选择买期保值。

例如，8 月 16 日，某中间商与国外某豆奶厂签订了一份出口合同，合同规定 12 月份交货，出售 100 吨大豆，价格为 23.5 美元/吨。为履行合同，中间商必须在 12 月份之前购进大豆现货。为了防止在此期间大豆价格上涨造成损失，中间商进入期货市场购买了 10 手 12 月份大豆期货合约，每手 10 吨，价格为 25 美元/吨。11 月 26 日，中间商买入现货，价格为 24.5 美元/吨，他在现货市场上每吨亏损 1 美元。但此时大豆期货价格也上涨为

26.5美元/吨，于是中间商售出期货合约进行平仓。这样，该中间商在期货市场上就获得了1.5美元/吨的盈利，他不但弥补了现货市场的亏损，而且还实现了0.5美元/吨的利润。买期保值示例见表12-3。

表12-3　买期保值示例

时间	现货市场	期货市场
8月16日	出售大豆100吨，合同价为23.5美元/吨，12月前交货	买入10手12月份大豆期货合约，价格为25美元/吨
11月26日	买入现货，价格为24.5美元/吨	售出期货合约，价格上涨为26.5美元/吨
经营结果	亏损：1美元/吨	盈余：1.5美元/吨

通过套期保值这种方式，保值者将价格变动的风险转移给了投机者。

【案例12-6】

某玉米出口商接到了一份3个月后交运900吨玉米的订单，而3个月后的玉米价格是否上涨尚不得而知。为了规避价格可能上涨的风险，该出口商在期货市场上买入3个月后交货的玉米期货合同900吨。由于一般的现货价格与期货价格走势是一样的，3个月后，当玉米出口商在现货市场上交运玉米时，价格已上涨，由于他已在期货市场上进行了买入操作，此时期货市场上的玉米价格也相应上涨，他就可用期货市场上的盈利来弥补现货市场上的亏蚀，从而保证了原定的玉米出口利润。

问题：该出口商用了什么方法达到了保值的目的？

分析提示：这是一个巧妙运用买期保值的典型案例。出口商卖出一笔日后交货的商品时，在期货市场上买入同样数量、同一交货期的期货合同，以防止日后价格上涨而遭受损失。通过这种方法，出口商将价格风险转移给了投机者。

12.4.3　投机交易

套期保值的目的是转移价格风险，而从事投机交易者则要承担风险，追求利润。投机交易（Speculation）的基本原则是低价购进、高价抛出，即贱买贵卖，以获取两次交易的差价。期货市场上主要的投机活动是买空和卖空。

1）买空（Bull/Long）

买空又称多头，进行这种投机的商人在预计价格将出现上涨时，先买进期货合同，使自己处于多头部位（Long Position），等到价格上涨后再卖出对冲，从中获利。

2）卖空（Bear/Short）

卖空又称空头，进行这种投机的商人估计行市看跌，所以先抛出期货合约，使自己处于空头部位（Short Position），等价格下跌到一定程度再补进对冲，同样赚取差价。

投机商是根据各自对期货市场价格走势的预测来决定是做多头还是空头的。他们进行投机交易时面临着盈利和亏损两种可能性，能否获利主要取决于他们对行情预测的准确程度。

从事投机交易的商人也有不同情况。有的属于小打小闹，价低时赶紧买进，价高时立即抛出，当日平仓，追逐蝇头小利，而不冒大风险。有些大投机商则以大进大出的方式来获取暴利，他们以各种方式窥测市场动向，寻找有利时机入市，由于成交量大，对市场有较大的影响力。由此可见，从事投机交易的商人在动机上完全不同于从事套期保值者。投机商对实际货物并无兴趣，他们关心的只是如何以贱买贵卖来获取盈利。要达到此目的，他们必须密切关注商品市场上供求关系的变化趋势，并结合较为科学的分析研究，做出有利于自己的决策。

【案例12-7】

某商人7月与一农场主订立了一份远期合同，购进10 000蒲式耳玉米，合同规定10月交货，价格为每蒲式耳4.30美元。该商人为避免11月玉米收获时市价下跌，遂即在期货交易所以每蒲式耳4.50美元买入11月份的期货合同2份（每份5 000蒲式耳）。11月中旬，他将向农场主购进的玉米全数转售给另一买主，当时由于新玉米上市，市价跌落，只售得每蒲式耳4.20美元，该商人亏蚀1 000美元。而此时期货市场的价格也趋疲软，由于交割期到，该商人无奈将原先购进的2份期货合同抛出对冲，价格为每蒲式耳4.20美元，连同期货交易所收取的佣金100美元，该商人在期货交易中共亏蚀3 100元。加上转售向农场主所购玉米交易，总计亏损4 100美元。

问题：该商人在以上经营活动中应吸取什么教训？

分析提示：做套期保值时，现货市场的买卖行为应与期货市场的买卖行为相反。该商人应做卖期保值而非买期保值。

【拓展阅读12-1】

中国出口跨境电商发展现状分析，B2C、C2C增长势头强劲

一、受政策利好及发展环境的影响，行业市场规模不断增大

中国是世界上重要的产品出口大国，在整体出口总量相对稳定的情况下，出口跨境电商逐步取代一般贸易，成长性良好。由于有政策扶持，加之行业发展环境的逐步完善，2017年我国出口跨境电商得到了良好的发展。电子商务研究中心发布的《2017年度中国出口跨境电商发展报告》显示，2017年中国出口跨境电商交易规模达6.3万亿元，同比增长14.5%。

二、按业务模式划分，B2B占比达到80%以上

2017年主流出口跨境电商B2B平台发展的重点是由信息撮合型平台转为交易型平台已取得一定的进展。外贸新时代催生出了新的贸易模式，在向新贸易模式转型的过程中，跨境电商B2B平台将扮演越来越重要的角色。平台将在全球贸易参与者中快速渗透，促使更多有贸易需求的买家和有跨境供应实力的供应商在平台上交易，并将更好地承接碎片化、高频的贸易订单。电子商务研究中心发布的《2017年度中国出口跨境电商发展报告》显示，2017年中国出口跨境电商中B2B市场交易规模为5.1万亿元，同比增长13.3%。

2017年，出口跨境网络零售市场继续快速发展，行业规模扩大，对产品供应链和物流的整合力度增强。例如，可以更加快速地提供品类丰富的商品，物流成本更低。这正是B2C电商最核心的优势所在。电子商务研究中心发布的《2017年度中国出口跨境电商发展报告》显示，2017年中国出口跨境电商网络零售市场交易规模为12 000亿元，同比增长21.2%。

按业务模式划分，我国跨境电商主要以B2B为主，占比达到80%以上。但随着智能手机、网购消费的兴起，以及物流、支付系统的完善，跨境电商零售（B2C、C2C）增长势头强劲。

三、从产品种类上看，3C电子和服饰类商品的占比较高

从产品种类上细分，成本优势强、标准化程度高的3C电子和服饰类商品的占比较高，健康美容、母婴产品等的增长势头强劲。2017年中国出口跨境电商卖家品类主要分布是：3C电子产品20.8%、服装服饰9.5%、家居园艺6.5%、户外用品5.4%、健康美容5%、鞋帽箱包4.7%、母婴玩具3.3%、汽车配件3.1%、灯光照明2.8%、安全监控2.2%、其他36.7%。

当前，凭借低成本、高效率的制造业优势，中国已经成为“世界工厂”，在纺织服装、3C电子等产品上的优势明显。3C电子产品在中国的供应链优势明显，已成为标准化产品。在供应端，容易形成规模经济；重量小、价值高，物流成本占比较低，适合跨境电商销售；新兴品类不断涌现，创造增量。消费者需求变化较快，技术革新加速，新的产品需求不断产生，国外的一些差异化的细分类目仍有待拓展。

四、在卖家地域分布上，广东、浙江、江苏3省占比超一半

2017年中国出口跨境电商卖家地域分布主要是：广东24.8%、浙江16.8%、江苏11.3%、北京8.6%、上海6.5%、福建5.4%、山东3.6%、河南3.2%、其他19.8%。广东、浙江、江苏3省跨境电商卖家贡献的收入占全国的52.9%。广东庞大的经济基础、高度集中的生产制造基地、丰富的外贸人才储备是其成为出口电商卖家集聚地的主要因素。

五、在出口目的国方面，新兴市场有待发展

2017年中国出口跨境电商的主要目的国分布是：美国15%、俄罗斯12.5%、法国11.4%、英国8.7%、巴西6.5%、加拿大4.7%、德国3.4%、日本3.1%、韩国2.8%、印度1.6%、其他30.2%。新兴市场仍然有待发展，如东南亚、南美、非洲等市场都处于初级阶段，拉美、中东欧、中亚、中东、非洲是快速增长的新兴市场，跨境电商发展市场仍较为广阔。

● 课堂讨论

12.1　何谓独家经销？经销协议中应包括哪些主要内容？

12.2　何谓寄售贸易？它有何特点？签订寄售协议应注意哪些问题？

12.3　国际贸易中的销售代理有哪些主要形式？

12.4　出口销售业务中的独家代理与独家经销有何异同？

12.5　国际货物拍卖的出价方法有哪些？

● 知识掌握

12.1　招投标与拍卖有何不同？公开招标与选择性招标有何区别？

12.2　对销贸易有哪些主要做法？

12.3　来料加工与进料加工有何异同点？

12.4　按照交易者动机的不同，商品期货交易可分为哪两类不同做法？

● 知识应用

12.1　在海内外收藏家瞩目的蓝天拍卖行秋季艺术品拍卖会上，部分书画、瓷器珍品受到了买家的追捧，经过数十回合的竞买，成交价数倍增长。在中国书画拍卖专场中，仅一平方尺的刘奎龄小画《霜叶红于二月花》，从12 000元起拍，经激烈竞价后，最终以26 000元成交。黄宾虹的一幅山水画从90 000元起拍，至120 000元落槌。张大千的《月下荷花》、齐白石的《蝴蝶蓝》则分别拍至280 000元和190 000元。玉器专场也拍出了高价位。高潮出现在晚间的瓷器杂项拍卖专场上。一件清代胭脂地粉彩花卉五蝠捧寿盘从8 000元起拍，经过十几个回合的竞拍，最终以52 000元落槌。一对清代大雅斋黄地花卉方花盆从12 000元起拍，几位买家互不相让，成交价高达48 000元。业内人士评价说，此次拍卖增价幅度之高较为少见，反映了人们对收藏投资行情的看好。

问题：案例中涉及拍卖的哪种方式？

12.2　某年10月20日，A公司同B公司签订了一份委托代销某种电子元器件的合同。合同规定：代销产品的价格由A公司确定，开具B公司发票，每季度结算一次，代销费为6%，未售出的货物可以退回，合同期为一年。因当时该元器件销路较好，货物很快销完。第二年9月4日，B公司与A公司又签订了一份经销合同。该合同规定：A公司向B公司提供2万套元器件，单价86美元，货到付款，10月底之前交货。签约后不久，市场行情发生变化，该产品由畅销变为滞销。B公司收到货物后迟迟不付款，A公司多次催要，B公司均以货未售出为由拖延付款，并要求将存货返回。A公司予以拒绝，双方多次协商未果，A公司遂向法院提起诉讼。

问题：你认为此案的结果会怎样？理由是什么？

主要参考文献

[1] 赵铁. 国际贸易实务［M］. 2版. 北京：清华大学出版社，2015.

[2] 谢娟娟. 精编国际贸易实务［M］. 北京：首都经济贸易大学出版社，2014.

[3] 董本云，季彬. 国际贸易实务［M］. 上海：上海财经大学出版社，2014.

[4] 陈春燕. 国际贸易实务［M］. 2版. 北京：电子工业出版社，2016.

[5] 唐军荣. 国际贸易实务［M］. 杭州：浙江大学出版社，2015.

[6] 聂洪臣，刘建武，张新国. 国际贸易实务［M］. 西安：西安交通大学出版社，2014.

[7] 冷柏军，段秀芳. 国际贸易实务［M］. 3版. 北京：北京大学出版社，2017.

[8] 黎孝先，石玉川. 国际贸易实务［M］. 6版. 北京：对外经济贸易大学出版社，2016.

[9] 崔亚娜. 国际贸易实务：原理·技能·规则［M］. 上海：上海社会科学院出版社，2014.

[10] 袁建新. 国际贸易实务［M］. 4版. 上海：复旦大学出版社，2015.

[11] 黄辉，田俊芳. 国际贸易实务［M］. 北京：北京大学出版社，2013.

[12] 朱保芹. 国际贸易实务［M］. 北京：电子工业出版社，2013.